中职学生健康教育导论

王振鹏　曹志国　主编

中国农业大学出版社

·北京·

内 容 简 介

本书共分8章，分别从健康与健康教育的内涵、理论基础，健康教育与中职学生的生理、职业病、生活习惯、心理、体育运动、性及生殖等方面，较为系统地介绍了中职学生应当掌握的有关自身健康的主要内容。本书立足中职学生健康实际，以相关研究成果为依据，通过改变中职学生不良行为，最终促进中职学生的健康而使其适应未来发展的需要。在编纂的过程中力求深入浅出、通俗易懂，便于组织教学，体现知识技能的前沿性、实用性。本书可作为中等职业学校健康教育的通用教材，也可作为同年龄段人群的学习参考书，还可作为职业教育相关领域研究者和管理人员的参考书。

图书在版编目(CIP)数据

中职学生健康教育导论 / 王振鹏，曹志国主编. —北京：中国农业大学出版社，2020. 4

ISBN 978-7-5655-2342-7

Ⅰ. ①中… Ⅱ. ①王…②曹… Ⅲ. ①健康教育-中等职业学校-教材 Ⅳ. ①G637. 9

中国版本图书馆 CIP 数据核字(2020)第 054779 号

书　　名 中职学生健康教育导论

作　　者 王振鹏　曹志国　主编

策划编辑 张　玉　　**责任编辑** 韩元凤

封面设计 郑　川

出版发行 中国农业大学出版社

社　　址 北京市海淀区圆明园西路2号　　**邮政编码** 100193

电　　话 发行部 010-62733489，1190　　读者服务部 010-62732336

编辑部 010-62732617，2618　　出　版　部 010-62733440

网　　址 http：//www. caupress. cn　　**E-mail** cbsszs @ cau. edu. cn

经　　销 新华书店

印　　刷 北京时代华都印刷有限公司

版　　次 2020年4月第1版　2020年4月第1次印刷

规　　格 787×1 092　16开本　12. 75印张　300千字

定　　价 39. 00元

“健康教育导论丛书”编委会

本书编委会

主任委员	李鹏丽	邯郸市农业学校校长
副主任委员	李章林	邯郸市第二财经学校校长
	张文卓	邯郸市工业学校校长
	张志祥	邯郸市第一财经学校校长
	刘剑利	邯郸市教育局高职处副处长
委　　员	邢永富	首都师范大学教授
	李五一	国家教育行政学院原副院长
	吕秋芳	北京电子科技学院教授
	王振鹏	邯郸市农业学校高级讲师
	刘　芳	邯郸市工业学校副校长
	丁金娥	邯郸市卫生学校副校长
	王社民	邯郸市理工学校副校长
	张　杰	邯郸市第二财经学校高级讲师
	曹志国	邯郸市工业学校高级讲师
	王同科	邯郸市第一财经学校正高级讲师
	霍恒雷	邯郸市卫生学校讲师
	段文田	邯郸市大名县职业教育技术中心高级讲师

总 策 划　王振鹏　张　杰　曹志国

本书编写人员

主　编	王振鹏	邯郸市农业学校高级讲师
	曹志国	邯郸市工业学校高级讲师
副主编	孔海珍	邯郸市农业学校高级讲师
	李俊勇	邯郸市第二财经学校高级讲师
	吕翠芹	邯郸市工业学校高级讲师
	霍恒雷	邯郸市卫生学校讲师
	张　杰	邯郸市第二财经学校高级讲师
	蒋丽俐	邢台现代职业学校讲师
编　者	沈　颖	邯郸市第二财经学校讲师
	王颜斌	邯郸市第一财经学校高级讲师
	烟玉华	邯郸市农业学校讲师
	白亚群	邯郸市农业学校医师
	董锋利	邯郸市农业学校高级讲师
	程清海	邯郸市农业学校高级讲师
	庞朝奇	邯郸市卫生学校助理讲师
	张聚方	邯郸市工业学校高级讲师
	吴晓颖	邯郸市工业学校高级讲师
	张晓静	邯郸市第二财经学校讲师
	贾洪信	广东环境保护工程职业学院讲师

健康是国民教育的起点，教育是保持健康的手段

——“健康教育导论丛书”序言

一个人到底拥有怎样的能力，才能在这个社会立足？这个问题，有太多的答案。2003年的SARS和2020年的新冠肺炎疫情，两次世界范围的公共卫生事件给出了最直白的回答：健康是一切的基础，保持健康的能力是一个人最基础的能力。对于个体，健康是人的基本权利之一，个人保持维护自身健康也是每个人的责任。健康是生活质量的第一基础，是人们追求幸福生活的资源。个体的健康是组织健康、社会健康的元素性保障，“没有全民健康，就没有全面小康。”对于国家，为每位公民提供基本公共卫生服务与健康保障是国家的使命，国民健康意识与健康水平日益成为社会发展和进步的重要标志。早在2016年的全国卫生与健康大会上，习近平总书记从实现民族复兴、增进人民福祉的高度，把人民健康放在优先发展的战略地位，深刻论述推进健康中国建设的重大意义、工作方针、重点任务。

其实即便不是因为疫情，每一个人从出生到死亡的整个生命全程也无时无刻不在面临健康问题，对健康的教育和管理也无时无刻不在影响着每一个人的生活。悠悠民生，健康最大，保障人民健康一直是各级政府的重要目标。学校健康教育政策实施将是深化教育体制机制改革的重要环节，建立学校健康教育推进机制是对“健康中国”国家战略的具体落实，把健康教育纳入国民教育政策体系是将“健康融入所有政策”的实践体现，建立从幼儿园到老年的终身健康教育体系已经是迫在眉睫的现实。

1978年，在世界卫生组织（WHO）和联合国儿童基金会（UNICEF）通过的《阿拉木图宣言》中，健康教育被列在“初级卫生保健”八项任务的首位。世界上很多国家都十分重视学校健康教育，法国教育部与卫生部共同承担学生身体与心理健康教育的职责，将学生培养成对个人与社会都具有健康责任感的国民。除了健康科学课以外，健康在国民教育等课程中都有所涉及。从幼儿园到高中，法国的健康教育有三大目标：确保学生受到健康教育，保护学生的身体健康，以及预防学生的成瘾行为。美国SHPPS 2000（the School Health Policies and Programs Study 2000）显示：要求在小学、初中、高中进行健康教育教学的比例都在80%以上，各州分别制定相关法律与规

定，给出关于学校健康教育的要求，明确规定了家长、学校管理人员与教师在健康教育中的共同职责。日本政府早在 1958 年就出台了《学校健康法》，为日本学校健康教育提供了完善的组织框架。这部法律标志着日本的健康教育从提高健康照顾转向开展健康教育，健康教育被纳入学校教育法的权限之内。澳大利亚各州政府都十分重视健康教育，在中学把健康教育作为必修课。课程内容多涉及跨学科领域，澳大利亚中小学健康教育也是采用多部门协作的方式开展，就在此次新冠肺炎疫情出现后不久，澳大利亚教育、技能与就业部就发布了由澳大利亚卫生部与澳大利亚传染病网络制定的《新型冠状病毒的国家公共卫生机构行动指南》，内容包括病例定义、实验室检测、病例管理、环境评估、接触管理，对于有关学校的应对也做了说明。

根据我国 2018 年教育事业发展统计公报显示，中国有各级各类学历教育在校生 2.76 亿人，他们处在人生的准备阶段，其身心发育和群体学习生活特点，注定他们是健康教育、健康促进的最佳目标人群，任何忽视青少年群体的公共健康政策都是不严谨、不负责任的。学生近视率的持续攀升、学生营养状况的不均衡发展、部分地区学校体育的流于形式、学生龋齿、肥胖及对常见病、传染病的低预防能力等问题在当下教育领域大有蔓延之势，学生过重的课业负担、应试导向下狭隘化的分数导向培养模式更加重了上述的问题。我们认为，“健康第一”必须成为教育改革与发展的方向。面向国民健康需求，宣传普及健康教育的理念、常识，将健康教育融入国民教育政策体系是适时之举。

拥有健康是每个人的基本权利之一，但是不可能自动拥有，尤其是未成年人，需要通过健康教育来进行干预和促进，需要全社会的共同努力。我们最近出版的《学生健康素养评估指标体系研究》也特别强调需要营造良好的政策环境，进一步改良学校健康教育的教学内容和教学形式，发展多元的教育方法来提升学生的健康素养。而“健康第一”的教育理念需要以教育为媒介、以教育内容为载体，针对生理常识教育、营养科学教育、常见病预防及管理教育、积极心理教育、科学体育运动、健康行为促进等内容进行体系化地教学和课程资源搭建。

结合国际经验和中国国情，国家高端智库试点单位北京师范大学中国教育政策研究院杨玉春副教授的研究团队尝试着从教育学的角度研判学校健康教育的主题、框架、要素，他担纲中央财政预算单位交叉学科建设课题“健康教育交叉学科建设与政策研究”，以教育学研究者为基础，联合预防医学、体育科学、心理学、中医药学等不同学科教师协同开展研究。在 2015 年，杨玉春已经领衔出版“健康教育导论丛书”（义务教育阶段 1—9 年级），从生理、营养、疾病（包括常见疾病和传染病）、心理、运动五大方面，面向各个年级学生初步完成了健康教育科普的体系架构。在其前期著作基础上，研究团队从专题调研、选题论证和专家讨论，在北京师范大学教育学部的支持下，结合复旦大学公共卫生学院、北京大学医学部公共卫生学院等相关领域的专家指导，组织多领域、跨学科专家团队从幼儿、小学、中学、中职、大学健康教育导论，最后是老年健康教育导论，进行分学段、分模块编写。这套跨越学科、纵贯生命周期的“健康教育导论丛书”，目标定位是服务于培养将来志在从事教育工作的高校学生、服务于基础教育阶段的教师职后培训，以健康教育理论与技能夯实为国家进行下一代人才培养的健康基础；也定位于服务不同年龄阶段人群的健康素养提升、健康行为促进。

丛书将会推动教育学科与其他健康相关学科的深度融合，推动国家健康战略落地；从教育学角度研发健康教育专业丛书对于健康教育二级学科建设至关重要，涵盖大部分学段的“健康教育导论丛书”不但是高校开展健康教育人才培养的基础素材和重要载体，更从新的角度推动我国基础教育领域的健康教育课程标准制定。编者从人的认知发展规律和基本教育规律出发，准确定位、拿捏不同年龄段人群的生理、心理、常见病与传染病、营养水平、生活方式等特征，结合当下各教育阶段的学生面临的健康问题，准确定义各个年龄阶段健康教育的核心内容及概念。分别从哲学、教育学、预防医学、社会学、心理学等不同学科进行理论基础的建构，在内容上呈现出递进性。常见病预防及管理、传染病预防、营养科学、心理健康等板块更是抓住年龄规律和疾病图谱特征，在丛书中进行合理的知识点布局，运用教育学语言进行症状描述、病例（病理）讲解、预防要义等知识呈现。

在丛书编写过程中作者注重政策理论与实践的结合，注重健康教育的评价，更注重了案例的应用。核心内容用符合教育教学规律的文本进行引导，使读者掌握健康知识，实现健康觉醒，形成健康素养。特别是这套丛书的编辑团队在课题研究过程中严格按照北师大双一流学科建设标准，具有国际和国内视角，在丛书、教法、评价体系上体现一流大学水平，形成教育学视角下的健康教育教学体系、课程体系和评价体系。

复旦大学公共卫生学院院长　傅　华

2020 年 3 月

编者说明

健康是人类永恒的话题，也是学生全面发展的首要目标。随着社会的发展，人们对自身健康水平愈来愈重视。与此同时，健康教育也受到人们的广泛关注。自20世纪80年代以来，健康教育以“学校卫生工作”“生理卫生”“心理健康教育”“体育与健康”等学校教育的形式迅速发展。教育部2008年印发《中小学健康教育指导纲要》（教体艺〔2008〕12号），大力推动了学校健康教育的发展。中共中央、国务院2016年颁布《“健康中国2030”规划纲要》更进一步强调要“加强健康教育，将健康教育纳入国民教育体系，把健康教育作为所有阶段素质教育的重要内容。”为响应党中央号召，回应国家战略要求，推动健康教育在各级各类学校层面的普及，北京师范大学中国教育政策研究院（国家高端智库试点单位）和教育学部分别设立课题：“健康中国与健康教育政策研究”“健康教育交叉学科研究”，为国家战略资政建言的同时开展系列“健康教育导论丛书”的编撰工作。在课题主持人杨玉春副教授统筹下，邯郸市农业学校联合相关职业院校的专家，立项开展“职业院校学生健康教育研究”项目，编纂《中职学生健康教育导论》。

《中职学生健康教育导论》定位为适用于中职学校的健康教育教学指导用书。导论构思新颖、内容丰富、结构完整、特色突出，系统阐述中职学生健康成长应当掌握的健康知识、健康态度和健康技能，结构化呈现近年来职业院校学生健康教育教学改革的研究成果，将成为推进中职学校健康教育的有益尝试。

《中职学生健康教育导论》共分八章，分别从中职学生健康与健康教育的内涵、理论基础，中职学生的生理、心理、生活习惯、性及生殖、体育运动、职业病认知与防范等方面，较为系统地介绍中职学生应当掌握的健康教育主要内容。本书立足中职学生健康实际，以相关研究成果为依据，通过有针对性的中职学生健康教育和行为促进，最终达到提升中职学生健康水平使其适应未来职业发展的需要。编纂过程中力求深入浅出、通俗易懂，便于组织教学，体现知识技能的科学性、实用性，内容的针对性、专业性等特点，是中等职业学校健康教育的通用教材，也可作为同年龄段人群的学习参考书，还可作为职业教育相关领域研究者和管理人员的参考书。

本书由王振鹏、曹志国担任主编，孔海珍、李俊勇、吕翠芹、霍恒雷、张杰、蒋丽俐任副主编，沈颖、王颜斌、烟玉华、白亚群、董锋利、程清海、庞朝奇、张聚方、吴晓颖、张晓静、贾洪信等参加编写，全书最后由王振鹏、曹志国负责统稿。由于经验不足、学养有限，对中职学校健康教育的把握和深入研究还远远不够，疏漏错讹在所难免，恳请广大读者批评指正。

编　者

2019 年 11 月 18 日

目录

第一章
绪　论

◆ **教学目标：** 通过对健康及健康教育相关概念的阐述，让学生对健康和健康教育有比较清晰的认识，能够自觉地树立正确的健康理念和健康教育意识，从而转变健康教育态度、提高健康教育技能，养成良好的健康素质和行为。

◆ **教学重点：** 健康教育的核心是教育人们树立健康意识、改变健康观念、促使人们改变不健康的行为方式，养成良好的行为生活方式，以降低或消除影响健康的危险因素。通过健康教育，重点可以帮助受教育者了解哪些行为是影响健康的，使其自觉地选择有益于健康的行为方式。

◆ **教学难点：** 本章的难点在于如何通过对健康和健康教育相关概念的理解，培养学生正确的健康观念，使之充分认识到健康教育的目的和意义，并能自觉有效地接受健康教育。

第一节　健康教育的概念

一、健康

对于人类来说，健康的重要性是不言而喻的，因此健康是一个永恒的话题。但健康的内涵却是动态发展的，人们很难简单地说清楚健康到底是什么，健康的标志又是什么。

传统意义上，人们总是把身体没有毛病看成是健康。所以，一个人感冒了会去看医生，但一个人心情抑郁、沮丧，或者一个人总是人际关系紧张，抑或感觉生活没有意义、百无聊赖，是不会去看医生的。然而，随着现代科学技术的进步和各类医学模式的发展，人们对传统意义上的健康观念提出了质疑。

大量的医学实践证明，很多疾病都不是纯生物学因素造成的，而是由于紧张的社会压力所致。由于生活水平的提高和物质生活条件的改善，由恶劣的生活条件导致的疾病，如结核、伤寒、痢疾等，已经大大减少了，而由于情绪紧张抑郁造成的疾病却大大地增加了，如高血压、头疼、冠心病、癌症、消化道溃疡等。因情绪不佳而患病的病人占比不断提高，很多癌症病人大多都有生活中遇到挫折而长期心情抑郁的经历；冠心病病人大多都有长期工作紧张的经历。

可以预见，随着社会经济的快速发展，竞争日益加剧，精神障碍、社会适应不良患者占比将持续增加，甚至有可能超过心脑血管、呼吸系统及恶性肿瘤等疾病。因此，传统的健康概念已经不适应现代社会的实际情况，必须赋予新的内涵。

1948 年，世界卫生组织（WHO）将健康定义为："一种生理、心理和社会适应都臻完满的状态，而不仅仅是没有疾病和虚弱的状态。" 1989 年，世界卫生组织对健康的概念进行了新的解释（图 1-1）。其中的社会适应和道德健康可以归结到心理健康的范畴，因此健康的一般理解仍然是指躯体健康和心理健康即身心健康的统一。

躯体健康即生理健康，表现为人体生理功能上健康状态的总和，是人的健康的基础。生理健康更多的是强调自然界对人体生理和病理的影响。虽然至今仍然无法对所有生理性疾病进行有效控制，但毕竟随着医学领域不断进步，防治生理性疾病的方法将越来越多且更加有效。

心理健康反映的是某个时间段人心理的特定状态，明确一个固定的标准可能是不切实

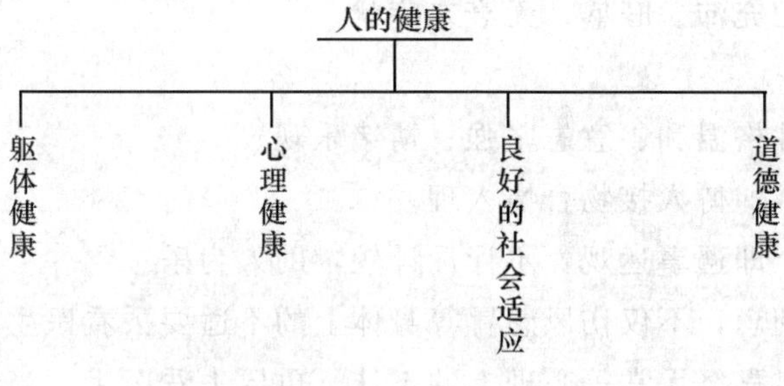

图 1-1 人的健康

际的。但总体上，我们可以就其智力、情绪、意志、人格、自我评价、人际关系、适应能力等方面进行分析判断，来推定个人心理健康状态。

社会适应对健康的影响是综合性的，主要来自社会环境因素，具体包括社会为人类日常生活提供的衣食住行等物质条件，也受社会制度、文化传统、经济发展及与之有关的其他因素的制约。人们为适应社会环境，必须要学会选择适合自我的价值观，并有效建立起能促进个人发展的社会关系，以便能够按社会运行法则处理好个人和社会条件之间的矛盾。

道德健康是人的一种内在力量，本质上是处于一定社会环境的人在与他人交往时所遵循的价值准则和社会规范。个人的道德健康强调在不损害他人健康的前提下，自身健康的维护和促进，因此更要关注他人的健康。

进入 21 世纪以来，健康成为人类极为关注的焦点问题之一，对健康的理解也发生了显著变化。2009 年，世界卫生组织明确规定：健康，不仅仅是没有疾病，而是一种在身体上、在精神上和社会适应能力的完好状态。即人的健康应包括躯体和精神的健康，可用“五快”“三良好”八大标准来概括（图 1-2）。

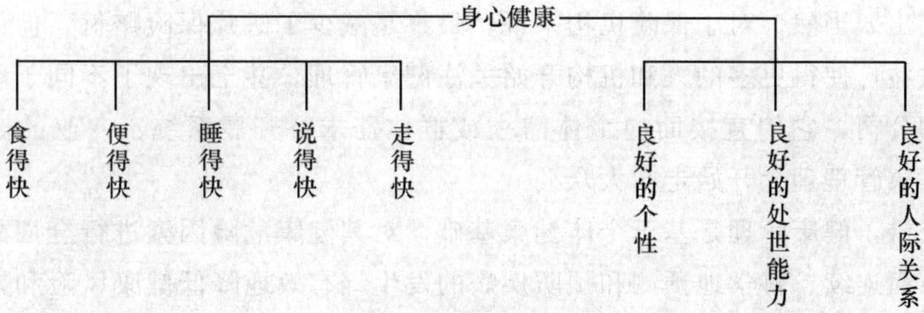

图 1-2 健康的标准

“五快”是指：

食得快，说明胃口好，不挑食，证明内脏功能正常。

便得快，说明排泄轻松自如，胃肠功能良好。

睡得快，证明中枢神经系统功能协调，内脏无病理信息干扰。

说得快，表明头脑清楚，思维敏捷，心脏功能正常。

走得快，证明精力充沛、旺盛，无衰老症状。

“三良好”是指：

良好的个性，即性格温和、意志坚强、情绪乐观。

良好的处世能力，即待人接物合情入理。

良好的人际关系，即遇事达观，不斤斤计较，助人为乐。

按照这样的健康理念，不仅伤风感冒等身体上的不适要去看医生，心情不佳、人际关系紧张、情绪不稳定、喜怒无常等心理上的不佳，也要去看医生。当然，不是去看传统意义上的医生，而是去看心理医生。事实上，现代社会青少年面临着比前人更为严峻的健康问题，体力劳动减少、心理问题增加、精神负担加重、生活方式复杂等，这都给青少年的身心健康带来了巨大影响，中小学生健康教育被提上议事日程。在高中阶段教育中，中等职业院校学生是一个不可忽视的群体，近几年中职学校的在校生规模已基本维持在 1 600 万左右，每年的毕业生接近 600 万，而且他们的健康状况也面临着许多问题。目前，中职学校都比较重视健康教育，普遍开设了体育与健康课程。同时，教育部也明确要求，要把心理健康教育纳入德育，在中职学校开设心理教育课程，许多中职学校都陆续设立了心理咨询中心或心理治疗室，开展心理健康教育和心理咨询服务，并将包括中职在内的高中阶段学校学生健康教育纳入健康中国行动计划。

二、健康管理

以人为中心的健康理念，其核心内容是维护健康和促进健康。于是，健康管理被提到议事日程上来，最早的健康管理出现在 20 世纪 50 年代美国的医疗保险机构，其主要目的是对医疗保险客户推行系统的健康管理，适度控制客户疾病的发生和发展，从而降低出险概率和医疗支出。当然，对于保险机构来说，最终是减少了医疗保险赔付。但由此给人们带来的健康收益，使得更多的人和机构开始关注健康管理，甚至出现了不同于医疗机构的专业健康管理公司，它们直接面向个体需求或群体需求，开展系统、专业的健康管理服务，科学的健康管理理念开始走向大众。

从广义上讲，健康管理是基于个体健康基础，对其健康危险因素进行全面的检测、分析、评估，从而连续、科学地预测和预防疾病的发生，有效地降低健康风险和减少医疗支出，最终提高接受健康管理者的生活质量，使其达到身心健康的生活状态。简单地说，就是根据个体健康体检的结果，建立专门的健康档案，做出健康评估，有针对性地提出个性化的健康管理方案。

从操作程序上来讲，专业的健康管理首先是对个体的健康基础进行检测、分析，并建立专属的健康档案；其次是对个体的健康状况进行评估；最后是建立完整的健康管理方案，为个体提供专业的健康咨询和跟踪服务。最终使个体在营养改善、运动选择、行为改良、环境适应、心理调适、社会关系融合等方面获得全面的健康维护和健康保障。

显然，健康管理无论是对于个体还是群体，其积极意义不言而喻。有效的健康管理以较少的投入换取了巨大的回报，既能降低医疗费用支出，还能减少住院治疗的时间。虽然健康管理是一个长期的缓慢的过程，但其收效很快。健康危险因素的消除、健康行为的促进，让参与健康管理的人群提高生命质量、生活质量，势必也更有利于他们应付快节奏的生活、工作和学习，更加有效地处理好各种错综复杂的社会关系。

我国的健康管理起步较晚，21 世纪初才有专业的健康管理机构出现。2005 年国家设立了健康管理师职业资格，一些高等院校设立了健康管理专业，健康管理开始进入快车道，健康管理理论研究也陆续取得了一系列成果。

对于中职学生来说，了解健康管理有着诸多益处：

一是了解自己。通过身体检测、分析、评估，了解自己身体组织各器官的健康水平，看自己的身体和心理是否处于健康与疾病之间，从而判断今后一段时期的患病可能性，提早做出预防措施。

二是长期跟踪。较长时间甚至终生有专业的健康管理师跟踪和关注自己的体测指征和健康记录，相对稳定的专业人员的健康管理有助于准确预见未来的身心状况。

三是及时就医。时间对于病人来说十分珍贵，在健康管理师指导下及时就医，能够及早处理健康问题，最大限度地降低健康风险。

四是减少大病。科学的健康管理、专业的健康服务、及时的健康处置，自然会防患于未然，达到生理与心理的动态平衡，最大限度地减少大病的发生。

五是精力旺盛。长期稳定的健康管理常使身心处于健康状态，也就能精力充沛、体质强健、做事专注、事半功倍。

六是增进收益。投资健康管理不仅会减少因疾病带来的支出，还会让人少走弯路、提高效率、节约时间和资本，获取更大的收益。

需要说明的是，健康管理不是一次或几次体检，在医疗机构的技术性体检只是初级的健康检测，在此基础上开展健康和疾病风险评估，并进行相应的健康干预，才是真正意义上的健康管理。因此，健康管理从流程上看包括：健康管理体检、健康评估、健康管理咨询、健康管理跟踪服务，直至专项健康和疾病管理。

三、健康教育

健康教育是一个随着社会发展而不断丰富内容的概念。世界卫生组织（WHO）在 1954 年的《健康教育专家委员会报告》中指出：健康教育和一般教育一样，关系到人们知识、态度和行为的改变。一般来说，它致力于引导人们养成有益于健康的行为，使其达到最佳的健康状态。在 1969 年的《健康教育规划及评估专家会议报告》中提道：健康教育工作的着眼点是人民群众和他们的活动，在于引导并鼓励人们养成并保持有益于健康的生活，合理而明智地利用保健措施，并自觉地开展改善个人和集体健康状况或环境的活动。

世界卫生组织第十三届世界健康大会给健康教育的定义是：健康教育是一门研究以传播保健知识和技术，影响个人和群体行为，预防疾病，消除对健康的危险因素，促进健康的科学。第十四届世界健康大会将健康教育定义为：健康教育是帮助人们通过系统的、有计划的社会行动和学习经验的综合，使人们获得控制健康和健康相关行为的决定因素，控制和影响个人和他人健康的环境条件的能力。第三十五届世界健康大会提道：健康教育是帮助并鼓励人们建立达到健康状态的愿望，知道怎样才能实现健康的目的。

不过，人们较为认可的是 1981 年世界卫生组织健康教育处前处长慕沃勒菲(A. Moarefi)博士为健康教育所做的界定：健康教育帮助并鼓励人们有达到健康状态的愿望；知道怎样做以达到这样的目的；每个人尽力做好本身或集体应做的努力；并知道在必要时如何寻求适当的帮助。中国疾病控制中心健康教育首席专家田本淳，在其所著《健康教育与健康促进实用方法》中给健康教育下的定义是：健康教育是以传播、教育、干预为手段，以帮助个体和群体改变不健康行为和建立健康行为为目标，以促进健康为目的所进行的系列活动及其过程。①

复旦大学健康传播研究所所长傅华教授认为，健康教育是有计划地应用循证的教学原理与技术，为学习者提供获取科学的健康知识、树立健康观念、掌握健康技能的机会，帮助他们做出有益健康的决定和有效且成功地执行有益健康的生活行为方式的过程。他认为，健康教育包括教学者、健康相关信息、教学活动、学习者和效果五个主要环节。②

综合上述观点，可以看到，健康教育就是以促进人们健康的知识、态度和技能为内容的教育教学活动。目的是提高人们的生命质量，核心是促进人们自觉地采取健康行为，前提是拥有健康知识、树立正确的健康态度，手段是有计划、有组织、有评价的社会和教育活动。

因此不难看出，健康教育可以从以下几个方面来界定：

健康教育是一个教育教学活动，应当遵循教育教学的一般规律。因此，健康教育应当有系统完整的计划，有明确具体的组织实施步骤，有符合实际要求的教学方法，有是否达到健康教育目的的评价手段。

健康教育的核心问题是教育人们树立正确的健康观，养成良好的行为和生活方式，促使个体和群体改变不健康的行为和生活方式，增强自我保健和群体保健的意识和能力。

健康教育的内容离不开与健康相联系的医学、行为学、传播学等相关信息，包括人的生长发育、养生保健、疾病预防、疾病治疗、健康管理、职业保护等等，而且这些信息还要符合相应年龄段个人和人群的需求。

健康教育最终是要人们自觉地采纳有益健康的行为和生活方式，实现预防疾病、促进健康和提高生活质量的目的，具有很强的实践性和针对性。

---

① 田本淳．健康教育与健康促进实用方法［M］．2 版．北京：北京大学医学出版社，2014：42.

② 傅华．健康教育学［M］．3 版．北京：人民卫生出版社，2017：8-9.

健康教育与人们的先天遗传、家庭背景、学校教育、社会环境密切相关，个人的健康和健康教育不是孤立的，仅靠学校教育不能解决健康教育的所有问题，每个人的生活方式、生活状况、社会关系、文化背景等各种因素都相互作用、相互影响并决定着健康行为的选择。

上述关于健康教育的论述虽然在表述方式上有所不同，但其内在本质是一致的，即健康教育以提高人们生活质量为目的，以传播健康知识、技能和观念为手段，通过改变人们的行为方式，引导人们采取有益健康的生活、行为，从而促进、改善和维持个人和群体的健康。

四、中职学生的健康和健康教育

中职学生的健康和健康教育是针对中等职业学校在校生这一特定群体而开展的研究。中等职业教育的目的是使受教育者获得某种职业知识、技能，形成良好的职业道德，培养的是技术技能型人才。相对于其他教育类型而言，职业教育更加关注人才培养的应用性，侧重于实践技能和实际工作能力的培养，因此是以技能的教学训练为主的教育方式。对于中职学生而言，健康的价值不仅体现在学习阶段，对未来的职业选择也具有深刻的影响。

（一）中职学生的健康状况

在生理方面，中职学生年龄通常在 15～19 岁，正处于青春发育期。根据生长发育特点的不同，青春发育期又可划分为青春早期、青春中期、青春后期三个阶段。中职学生多数处于青春中、后期，但由于个体差异，少数晚熟型学生在入学时也可能处于青春早期。这样的学生心智尚不成熟，且普遍文化基础偏差，健康意识薄弱，或多或少存在一些影响健康的行为习惯。如不良的饮食习惯：不规律饮食、不营养饮食、不卫生饮食等；不良的作息习惯：熬夜晚睡、早晨赖床；不良的嗜好：沉迷游戏、吸烟、酗酒等。

在心理方面，由于中职学生受义务教育阶段教育教学的影响和家庭环境的影响，他们更多地表现为心智技能的不成熟。比如：缺乏理想，信心不足，进取心差；自卑感严重，反抗性强烈；思想意识活跃但不健全，学习动机缺失；渴望得到认可，但人际交往存在障碍；自我意识增强，但自控能力不足；具有较强的表现欲望，容易出现分帮结派现象，等等。

在体育运动方面，职业学校学生的运动基础差是主要特征，他们在义务教育阶段被忽视的状态导致体育方面的知识、技能和方法严重不足，不会进行经常性的体育锻炼，既缺乏必要的安全防范意识，也不会科学合理地进行体育活动。

在性健康与生殖健康方面，多数学校还是空白，还未能正确、直面地对学生进行生殖健康教育，学生对性健康和生殖健康知识的学习途径少、知识比较匮乏、困扰较多，他们的心理与生理发育不同步，在对性健康和生殖健康的认识上存在严重的性别差异，部分学生存在不正确的婚恋观。

在职业健康方面，当前我国中等职业学校的学生在学习中偏重知识和技能，对设备和工具的正确使用的认识不够全面，对相关法律法规不熟悉甚至不知道，不了解作业环境的要求，缺乏基本的安全生产知识，不具备基础的安全技能，没有形成职业健康安全意识。

（二）中职学生健康教育的目标和要求

1. 中职学生健康教育的目标

中职教育在中等教育中占有接近一半的规模，承担着为生产、服务一线培养劳动者的任务。中职学生健康教育作为中职学校教育的一部分，也应当成为教育教学的重要内容。从社会发展上说，这关系到整个国民的身心素质，关系到民族复兴和中国梦的实现；从教育意义上说，健康教育是培养德智体美劳全面发展的社会主义事业建设者和接班人，促进中职学生个性全面发展、和谐发展的重要内容；从学生成长上说，健康教育有助于学生树立健康意识、养成良好行为习惯、提高学生心理素质、健全学生优秀品德。中职学生健康教育的具体目标如下：

第一，指导学生对健康和健康教育有一个比较清晰的认识，能够自觉地树立正确的健康理念和健康教育意识，从而转变健康教育态度、提高健康教育技能，养成良好的健康素质和行为。

第二，帮助学生认识自己身体生长发育的基本规律，熟悉这一时期生长发育的特点和青春期生理特点，掌握青春期卫生保健的基本知识，认识青春期的健康风险因素。

第三，通过普及健康生活方式与膳食营养的常识，促进中职学生建立关注健康、预防为主的文明健康生活理念，改变影响健康的不良生活习惯和行为，真正践行文明健康的生活方式。

第四，提高全体学生的心理素质，帮助学生树立心理健康意识，培养学生乐观向上的心理品质，增强心理调适能力，促进学生人格的健全发展；帮助学生正确认识自我，增强自信心，学会合作与竞争，培养学生的职业兴趣和敬业乐群的心理品质，提高应对挫折、匹配职业、适应社会的能力；帮助学生解决在成长、学习和生活中遇到的心理困惑和心理行为问题，并给予科学有效的心理辅导与咨询，提供必要的援助，提高学生的心理健康水平。

第五，唤起中职学生的体育运动意识，通过适当的方式来增强他们的体能，督促他们掌握一定的体育运动技能，指导他们建立正确的体育健康意识和树立良好的体育品德修养。

第六，帮助学生正确认识和面对自己青春期的生理变化与心理变化，为学生建立正确的婚恋观、价值观、人生观及世界观奠定基础；帮助学生获取正确的性观念和性知识，保障其身心健康、性格健全、安全度过青春期这一人生中最敏感的阶段。

第七，向学生普及常见典型职业病的基本知识，理解职业健康与安全的基本常识，了解相关专业的职业类型和特点及如何有效地预防职业性相关疾病的发生。在熟悉职业与职业性危险因素之间关系的基础上，引导学生在职业活动中树立职业健康与安全的意识，有效地预防职业病的发生。

2. 中职学生健康教育的要求

第一，以中职学生的健康实际为基础，因人施教、因时而教、因地制宜。中职学生在身心健康上有着自己的特征，健康教育必须建立在学生的健康实际状况的基础之上，有针对性地开展教育活动，坚持问题导向，促进个体身心的全面发展。而且还要根据学生成长的年龄阶段，分年级、分学期安排健康教育活动，满足他们成长的需要。特别是要注意不同地区、不同家庭环境的学生健康情况，对学生给予有效的健康指导和援助。

第二，以系统科学的健康知识为内容，全面促进学生的更好发展。《中小学健康教育指导纲要》和《中等职业学校学生心理健康教育指导纲要》对中职学生的健康教育内容有着明确的规定和标准，国内外很多学者也对中职学生健康教育有着丰富的研究成果。我们要善于利用这些科学知识和科学方法，既能帮助少数有健康问题的学生恢复正常，也能通过健康指导防止一些学生出现健康问题，还能促进多数学生身心有更好的发展。

第三，以中职学生为中心，发挥学生的积极性、主动性和自觉性。健康教育不同于其他学科教育，一定要突破传统的教师中心、课堂中心、教材中心的理念，突出学生的参与和探索，培养学生自觉主动地投身于健康教育活动之中，以自身的体验和实践来运用和掌握健康知识、技能、方法。

第四，以专业化的健康教育教学，指导学生健康成长。健康教育专业化既涉及健康领域的专业化，也涉及教育领域的专业化，因此要运用教育学、心理学、医学、生理学、体育学、行为学等相关学科的理论和技术，通过相应的教育方法和途径，如开设健康教育课、心理辅导课、体育健康课，或开展心理咨询、健康辅导和健康管理，指导和帮助学生解决他们成长过程中的生理问题、心理问题、行为习惯问题、饮食营养问题、体育运动问题和职业健康问题，等等。

第五，以全方位的健康教育教学，将健康教育渗透到教育教学全过程。中职学生健康教育不只是一个或几个教师、一门或几门课程的事情，而是渗透在整个职业学校的教育教学活动之中，是一项系统工程。课程教学、实习实训、思政教育、团队活动、课外活动，甚至校园环境和校园文化也都关系到学生的身心健康。因此，要动员全校之力关注学生健康、促进学生健康。

第六，以学校、家庭、社会一体化的健康教育体系，提高健康教育的效果。中职学生的健康离不开家庭的支持和社会环境的影响。许多对健康有利的或不利的因素也都源于家庭的干预和社会的引导。因此，要发动学生家庭成员参与到学生健康教育之中，要充分发挥社会环境中的有利条件和资源，建成学校、家庭、社会相互联系、相互支持的健康教育网络。

第二节　中职学生健康教育的发展与特征

健康教育的发展历史可以追溯到人类本身历史的最早期。两千多年前，中国最负盛名的哲学家、教育家、思想家孔子就已形成了对人的身心健康的教育教学丰富的思想体系和实践经验，他在教育教学实践中以身作则，严格自律，一心向善，诲人不倦，为后人展示了极为崇高的道德教化榜样。“天行健，君子以自强不息。地势坤，君子以厚德载物。”其所蕴含的阴阳动静刚柔的观点，对于人类顺应自然而休养生息有重要指导作用，构建了中国古代健康教育的理论根基。当然，老庄的“致虚极，守静笃”，荀子的“养备而动时，则天不能使之病”，也都代表了中国古代传统的健康教育智慧。古代西方哲学家、思想家如苏格拉底、柏拉图、亚里士多德、斯宾塞等也都关注身体强健、身心和谐，注重良好的、健康和愉快的情绪，主张“教育是为完美生活做准备的”，教育就应当顺应人的本性，培养人的习惯，启发人的心智。虽然这些经典的论断对后人的健康教育起到了不可估量的作用，但真正意义上的、科学地开展的健康教育与健康促进活动还是近代以来的事情。

一、国外职业学校的健康教育

职业学校是古代学徒制发展到现代职业教育的产物，集中体现了现代教育的特征。职业教育“传授某种职业或生产劳动所需要的知识和技能”，① 强调适应产业需求，追求教育与生产劳动相结合，不仅促进学生升学，而且促进学生就业。最早的职业学校产生于18世纪末的欧洲，早期采取的是学徒制形式，19世纪随着工业化的发展，一些欧洲国家陆续设立中等阶段的职业学校，也有一些职业补习培训机构承担着职业训练任务。第二次世界大战后，新技术的不断发展，世界各个国家对职业教育实施了相应的改造，各国的职业教育形式变化很大，既有单独设立的职业学校，也有在综合中学内设职业训练课程，还有企业和一些公共机构开展职业培训。

（一）美国中等学校的健康教育

纵观世界各国的学校健康教育，美国综合中学的健康教育提供了有益的经验。美国的

① 顾明远．教育大辞典［M］．第三卷．上海：上海教育出版社，1989：230-231．

中等职业教育是比较典型的一类，[①] 既为升学做准备，也为就业做准备，因此其中等职业教育主要是由综合中学完成的。比如早在 1918 年，正是大力提倡职业教育的时期，美国全国教育协会就提出报告，要求综合中学的教学计划应当包括以下 7 种教育目的：健康、应用基本学识的能力、有价值的家庭成员、职业能力、胜任公民职责、有价值地利用闲暇时间、合乎伦理的品格，健康成为其第一位的教育目标。在这样的背景下，各类学校普遍开设健康课程，美国成为实施学校健康教育较早的国家之一。20 世纪 80 年代，美国政府推行了一个协作性学校健康计划，对儿童和青少年健康和教育状况做出回应，学校健康教育的整体性、系统性发展模式被肯定。经过近百年的发展，美国学校的健康教育形成了一定的特色：一是建立了较为完善的健康教育课程体系，内容明确、标准可行、评价科学；二是课程实施生活化，密切联系实际，形式多样灵活；三是关注学生身心的全面发展，结合学生已有健康知识基础以及身心健康实际，为不同需求的学生提供有针对性的健康教育。[②]

（二）德国职业学校的健康教育

德国中等职业教育的主要特点是“双元制”，学生在企业接受实践技能培训和在学校接受理论培养相结合的职业教育形式。生产性实训是双元制的主要特色，学生大部分时间是在企业进行实践操作技能培训，接触的是企业的实际生产场景、设备和技术，实践教学实质上就是以生产性劳作方式进行。在德国，《青少年保护法》中明确规定了 4～18 岁儿童青少年一律要进行系统的健康教育，学生就业前必须进行严格的身体检查。而且从政府到社会、医保公司、健康机构等都关注健康教育，学校里也设有保健课程，教育学生加强体育活动，健康教育效果良好。

德国是较早开展学校心理健康教育的国家之一。早在 19 世纪末 20 世纪初就成立了学校心理发展服务中心，随着社会发展，德国的学校心理服务实现了专业化。由于职业学校的学生类型更为复杂，因此其心理服务专业划分也更加细致，如设有心理咨询师、社会工作者、专业指导师、劳动局咨询人员，甚至还设有特殊教育专家。同时，完善强大的专业社会机构和政府职能部门也还为学校心理服务工作提供支持。[③]

二、我国职业学校健康教育的发展与特征

1840 年鸦片战争后，中国兴起了学习西方科学的运动，“变科举、兴学校”“尚自然、展个性”“平民教育”“实业教育”等职业教育思想逐渐形成，一些学校开始实施职业教育，我国职业教育体系由此肇端。此后，经历了清末、民国时期以及新中国成立以后的历史时期，中国的职业教育发展成为现在的一个完整的类型教育。我国健康教育的发展起步

① 顾明远，梁忠义. 世界教育大系职业教育卷［M］. 长春：吉林教育出版社，2000：142-154.

② 赵香柳. 美国中学健康教育课程研究［D］. 河北大学硕士学位论文，2010.

③ 梁燕. 德国职业学校心理服务工作的特色及启示［J］. 江苏教育研究，2016（18）.

于20世纪30年代，在20世纪80年代之前，我国健康教育长期处于卫生宣教阶段，90年代以后，健康教育得以改革发展，健康教育的理论和实践内容日益丰富起来。因此，职业学校的健康教育大致可以分为两个阶段：从实业教育兴起到新中国成立之前是职业学校健康教育的起步阶段，新中国成立后至今是发展变革阶段。

（一）职业学校健康教育的起步阶段

1902年的《钦定学堂章程》是我国职业教育发展的起始性标志，在此前后，福建船政学堂和江南制造局附设工艺学堂，以及铁路学堂、蚕桑学堂、农林学堂、商务教育等实业学堂的设立是这一时期的典型代表，这标志着学习西艺运动的真正开始。此后，一些与实业相关的中等实业学堂陆续建立，实业学堂的学制也有变更，教育教学内容也有调整，但关系学生身体健康的体育一直是十分重要的组成部分。

同时，随着西方现代医学在我国逐渐传开，健康教育活动也开始在医学科学的基础上活跃起来：成立“中华医学会”“卫生教育联合会”，创办健康教育期刊《卫生》，出版《健康教育原理》（陈志潜译）、《学校健康教育》（徐苏恩著）等，健康教育逐步引入了现代科学理念。

这一阶段我国实业学堂中的健康教育的基本特征包括：

（1）鲜明的办学宗旨　实业教育以富国强民为基，以挽救民族危亡为本，目的是要保证中华民族在战争中取得胜利。办学中强调中西兼顾、知识与技能并重、德育与智育共同发展的理念，也注重工学结合、学以致用，特别是蔡元培“军国民教育、实利主义教育、公民道德教育、世界观教育、美感教育”五育并举的教育思想，把军事体育发展为学校体育，培养学生健全的身体和健全的精神，体育不仅锻炼学生的身体，还要振作学生的精神，培养学生健全的人格。

（2）西化的职教体系　这一时期，一大批仁人志士近乎完整地引入了西方的职业教育理论体系，先是学习日本并通过日本学习西方先进的职业教育，后又转向欧美各国。中国初设的职业教育基本上都是以国外职业教育为模板，结合中国实际略加调整。虽然在民国时期职业教育在全国范围内开始兴起，但由于中国社会还没有西方国家先进的产业体系，在仍以农业为主的落后条件下，西方模式的职业教育必会产生许多问题，存在诸多弊病，最终没能发展壮大起来。

（3）简单的健康教育　脱胎于封建体制的中国半殖民地半封建社会，百业停滞、民不聊生，受社会政治经济文化的影响，真正意义的健康教育还无法深入学校教育，健康教育处于以讲究卫生、医治疾患、增强体质为主要内容的传统健康教育阶段。虽然当时也有一些心理学著作、译著和研究成果，但结合实际开展心理健康教育还比较少见。不过，这也都为我国健康教育的兴起做出了积极贡献。

（二）职业学校健康教育的发展与变革阶段

新中国成立以后，我国职业教育进入新的发展时期。新中国成立到“文革”前，我国初步建立了职业教育体系，中等职业教育得到迅速发展，中等专业学校、技工学校、农业中学、成人中专等形式的中等层次的职业教育逐步形成规模，其中中专学校和技工学校作为这一层次职业教育的中坚力量，为我国职业教育发展做出很大贡献。

20世纪六七十年代，职业教育受到冲击，大批职业学校被迫停办或转为其他形式办学。“文革”结束以后，我国职业教育体系逐步变革，1985年，《中共中央关于教育体制改革的决定》提出了大力发展职业技术教育，建设结构合理、职普融通的职业技术教育体系；1991年后，国家先后颁布了《关于大力发展职业教育的决定》《中国教育发展和改革纲要》《中华人民共和国职业教育法》，我国职业教育体系基本确立，以中等专业学校、职业技术教育中学、技工学校为主体的中等职业教育成为我国职业教育体系的重要组成部分；1999年的《中共中央、国务院关于深化教育改革，全面推进素质教育的决定》，2002年的《国务院关于大力推进职业教育改革与发展的决定》，2005年的《教育部关于加快发展中等职业教育的意见》等，对中职教育的内涵发展质量发展特色发展产生了巨大的推动作用。此后，中央有关部门启动实施了一系列推动职业教育发展的重大举措，2019年中共中央、国务院颁布《中国教育现代化2035》，国务院印发《国家职业教育改革实施方案》，职业教育又迎来了一个大发展的好时期。

与此同时，我国健康教育的专业机构、人才培养机构、研究机构和学术团体不断发展，颁布了一系列有关卫生和健康教育的法规和政策，至20世纪90年代，我国彻底由新中国成立初期的卫生宣传教育升级为健康教育，以国家的高度提出了开展健康教育的重要意义。1990年，《学校卫生工作条例》正式颁布，涉及的学校包括普通中小学、农业中学、职业中学、中等专业学校、技工学校、普通高等学校，主要任务是：监测学生健康状况；对学生进行健康教育，培养学生良好的卫生习惯；改善学校卫生环境和教学卫生条件，加强对传染病、学生常见病的预防和治疗。之后，《全国健康教育与健康促进工作规划纲要（2005—2010年）》《全国亿万农民健康促进行动规划（2006—2010年）》《中国公民健康素养促进行动工作方案（2008—2010年）》《全民健康素养促进行动规划（2014—2020年）》《关于加强健康促进与教育的指导意见》《“健康中国2030”规划纲要》《健康中国行动（2019—2030年）》等相关文件陆续颁布，极大地促进了我国健康教育学科建设，进一步完善了健康促进与教育工作的体系，明确卫生与健康工作是整个政府和全社会的责任，健康教育成为建设健康中国的重要保障。

这一阶段我国职业学校健康教育的基本特征包括：

（1）体育一直是中等职业学校学生全面发展的基础教育内容。无论是新中国成立初期中专、技工学校教学计划中的文化基础课，还是新时期中职学校专业教学标准里的公共基础课，体育都是重要的必修课之一，而且随着社会经济的不断发展，体育的教学内容也不断更新、教学方式不断改革、教学条件不断完善、教学效果不断提高。2009年，教育部颁布的《中等职业学校体育与健康教学指导纲要》提出，体育与健康课程要坚持“健康第一”的指导思想，“帮助学生建立健康意识，养成良好的生活方式，使学生在运动能力、健康行为和体育品德等核心素养方面获得全面发展”。

（2）心理健康教育逐步成为中职学生健康教育的重要教育内容。随着心理科学和职业教育的发展，职业教育心理学研究逐渐成为职业教育和心理学专业人士的关注点。20 世纪 90 年代初，一系列职业教育心理学专著正式出版，[①] 2014 年颁布的《中等职业学校德育大纲（2014 年修订）》把心理健康教育与理想信念教育、中国精神教育、道德品行教育、法治知识教育和职业生涯教育列为德育的教育内容，中职学生心理健康教育正在成为大部分中职学校的必修或选修课程，中职学生的心理咨询和辅导也走入一些中职学校。2017 年教育部颁布的《中等职业学校心理健康教学大纲》将心理健康作为中职学生选修的一门德育课程，对学生进行心理健康的基本知识、方法和意识的教育，旨在提高全体学生的心理素质，帮助学生正确认识和处理成长、学习、生活和求职就业中遇到的心理行为问题，指导学生正确处理各种人际关系，学会合作与竞争，培养职业兴趣，提高应对挫折、求职就业、适应社会的能力，提高全体学生的心理健康水平和职业心理素质。

（3）政府和社会始终把职业教育作为推动公民身心健康的主要手段。中职学校不只教授学生专业知识和技能，还有职业能力和职业操守，以及服务社会、团结合作的精神。针对初中后分流的高中阶段教育时期，职业学校更加关注学生的职业技能、职业品德、敬业精神和人格塑造，这给那些被认为是“差生”的初中毕业生，能够充满自信地走向社会、实现幸福的生活提供可靠的保障。

（4）中职学生健康教育正在成为职业学校教育教学的着力点。受近年来职业学校发展的多重影响，中职学生健康教育越来越成为全社会关注的焦点，系统、科学地推进中职学生的健康教育逐步形成共识，中职学生健康教育的目标、原则、内容、方法、手段等将不断完善，水平也将不断提高。

（5）健康教育正在成为国家行动。《“健康中国 2030”规划纲要》《健康中国行动（2019—2030 年）》都明确提出要加强学校健康教育力度，将健康教育纳入国民教育体系，把健康教育作为各级各类学校素质教育的重要内容，以中小学为重点，建立学校健康教育推进机制，构建相关学科教学与教育活动相结合、课堂教育与课外实践相结合、经常性宣传教育与集中式宣传教育相结合的健康教育模式，将健康教育纳入体育教师职前教育和职后培训内容，通过课堂教学和健康教育活动，使儿童青少年掌握常见疾病防治和卫生保健知识，增强学生自我保健意识，养成科学、文明、健康的生活方式和行为习惯，达到预防疾病、增进健康、提高学生个体和群体的健康水平的目的。

（6）中等职业学校健康教育整体上还是处于发展调整阶段。在健康教育的实施层面还存在一些问题，如职业学校的健康教育体系不健全、健康教育教学还缺乏可操作的标准和方法、以体育或心理咨询替代健康教育的较为普遍、健康教育的专业化水平较低。同时，各地各学校的健康教育状况差异较大，而且越是落后的地区，学生的健康状况问题越多，健康教育的实施情况也越不容乐观。

---

① 胡克祖．职业教育心理学［M］．北京：中国人民大学出版社，2018：19.

第三节 中职学生健康教育的内容

中职学生健康教育的内容，从理论上看包括躯体健康、心理健康、行为健康，从实施上看包括健康及健康教育的理论基础、学生身心发育和疾病特征、学习卫生和起居卫生、饮食与营养、运动健康、行为健康、性健康、职业健康等内容，具体到本书所设计的框架，主要有以下几个方面。

一、健康及健康教育的理论基础

健康教育的核心是教育人们树立健康意识、改变健康观念，促使人们改变不健康的行为方式，养成良好的行为生活方式，以降低或消除影响健康的危险因素。通过健康教育，重点是帮助受教育者了解哪些行为是影响健康的，并能自觉地选择有益于健康的行为方式。

通过对健康和健康教育相关概念的解读，培养学生正确的健康观念，使之充分认识到健康教育的目的、原则、内容、方法和意义，并能有效地评价自己的健康行为和健康教育实践。

健康教育既关注个体又关注群体，既涉及方法论又涉及价值观，当然更离不开医学、心理学、教育学、传播学、行为学等基础理论的支撑。应当通过对哲学、社会学、教育学、心理学、医学等学科与健康教育的内在联系进行分析，搭建健康教育理论和实践的体系框架，让中职学生了解和把握开展健康教育的理论基础。

二、生理健康教育

中职学生正处在未成年向成年过渡阶段，心智尚不成熟，且普遍文化基础偏差，健康意识薄弱，或多或少存在一些影响健康的行为习惯。因此，根据中职学生年龄阶段特点，重点介绍青少年时期，尤其是青春期生长发育规律及生理特征，生理健康的内涵、标准，影响生长发育的因素，男女生青春期生理特点与常见疾病，认识和鉴别不良行为习惯，在此基础上使学生掌握此阶段卫生保健基本知识，树立防病意识，减少健康风险。

三、生活习惯与健康教育

中职学生大多自我意识迅速发展并已形成了自己的生活饮食习惯。解决其中的问题关键是发挥学生的主观能动性，让学生积极参与和主动学习，达到情感认同，从而引导学生构建良好习惯和合理营养的知识及观念框架，切实改进学生在生活和饮食方面的不良习惯，达到健康教育的目的。

通过对中职学生生活习惯的分析，建立中职学生健康生活的范式，识别生活中的不良行为，做到忌烟忌酒、合理使用电子产品和互联网、合理膳食、均衡营养。

四、心理与健康教育

中职学生的心理问题较为普遍，个别时候、个别人的心理问题还十分严重。因此有必要普及心理健康基本知识，树立心理健康意识，了解简单的心理调适方法，认识心理异常现象，正确认识和把握自我，以及掌握一定的心理保健常识，根据学生特点和他们在成长、学习、生活和求职就业等方面的实际需要进行教学、咨询、辅导和援助。

以积极的心理品质培养，使学生不断正确认识自我，增强调控自我、承受挫折、适应环境的能力；培养学生健全的人格和良好的个性心理品质；对少数有心理困扰或心理障碍的学生，给予科学有效的心理咨询和辅导，使他们尽快摆脱障碍，调节自我，提高心理健康水平，增强自我教育能力。

五、体育与健康教育

由于小学和初中期间接受的体育运动教育极为有限，对健康和健康教育的理解又有偏见，导致中职学生在体育运动方面存在严重问题。因此，通过对中职学校体育运动的基本分析，了解中职学生适合的体育运动项目，以及体能、技能、品格的锻炼方法，让中职学生认识到，只有通过体育技能的培养才能逐步提高他们的体能和体育品德。而体育技能的习得又是一个循序渐进的过程，中职学生要充分了解自己的体育运动基础，并能在此基础上建立合理的体育运动的方式和方法，为今后的健康生活奠定基础。

六、性与生殖健康教育

青春期是中职学生最迷茫的阶段，了解自身性发育及特点，帮助学生在思想上正视自己的变化，通过学校正确的引导与教育，帮助其判断相关性认识的对错，能够规范与指导其在生活中的行为，为其长大、成熟走向社会保驾护航。现在社会的多元化、网络化，使中职学生获取性知识也变得多途径化，学生的心理特点具备了多样性、隐晦性、突变性。因此，应把握中职学生的性意识、性心理发展变化，推动学生形成性道德观念，帮助其正确面对与解决性困扰。

七、职业健康

从职业学校的专业入手，分析中等职业学校学生未来职业岗位可能出现的职业病，普及技术技能型人才的职业健康与安全理念，把握常见职业病的基本常识，掌握一些预防典型职业病的方法，并能够根据环境的特点采取有效的措施预防职业性危险因素所致的身体损伤。帮助引导学生树立正确的职业健康与安全观念，使学生不断地适应环境，增强自身的调节能力，能够敏感地捕捉到危害身体健康的职业性危险因素，并能迅速采取有效措施预防职业病的发生，防止危害的加重，提高职业健康水平，保证健康的生活。

第四节 中职学生健康教育的原则和意义

健康教育是使受教育者接受科学的健康知识、健康技能和健康态度，并在实际生活中能自觉行动起来。所以，本质上，健康教育是一个教育过程，应当遵循教育学的一般规律。

以教育学的基本观点来审视健康教育，就要充分重视和运用教育学的基本教学原则，处理好健康教育过程中的遗传、环境和教育的关系。而且，由于健康以及教育本身的复杂性，对健康教育内容和方法的选择也是健康教育必须关注的重要问题。

一、健康教育的基本原则

健康教育作为一个教育教学过程，无论是从健康知识的传授与习得，健康技能的培养与训练，还是健康理念的传承与建立，都必须遵循以下几个原则，即科学性与思想性相统一的原则、理论与实践相统一的原则、因材施教的原则和循序渐进的原则。

（一）科学性与思想性相统一的原则

健康教育关乎人的成长，这不仅涉及人的躯体健康，还涉及心理健康和行为健康。如果没有一套科学的健康教育体系，健康教育会适得其反。同时，如果不能在健康教育活动中坚持正确的教育方向，注重培养受教育者的世界观和方法论，让受教育者同时受到健康品德教育，健康教育的效果就会大打折扣。

注重健康教育的科学性，既有教育内容的科学性问题，也有教育方法的科学性问题。一方面，要求我们传授的健康知识、技能是符合客观实际的，既要遵循人的生命成长的自然规律，也要符合医学、运动学、脑科学等科学规律，保证学生接受的健康知识和技能是科学的、正确的；另一方面，要求我们在教育学生的过程中也要遵循教育学、心理学等基本原理，做到以科学的方法来培养学生的健康能力。因此，健康教育需要汇集医学、教育学、心理学、社会学、哲学等多学科领域的研究成果，来解决健康教育实践中的具体问题。

注重健康教育的思想性，就是要在具体的健康教育过程中全面贯彻党的教育方针，坚持立德树人、推进素质教育，以健壮的体魄、良好的心理素质和健康的生活方式，实现德智体美劳全面发展。这就要求我们在健康教育教学中体现社会主义核心价值观，引导学生明辨是与非、善与恶、真与假、美与丑，加强对他们的思想教育，培养他们良好的思想品质；在具体的教学实践中还要注意挖掘健康知识的内在属性，教育学生在接受健康知识的同时，领悟一定的健康理念和健康品德教育，在健康教育的每一个环节都能润物无痕地渗透思想教育。

科学性与思想性的统一是健康教育必须遵循的一条基本原则。因为一切健康教育的最终目标都要落实到健康的行为方式上，这关系到一个人生活、工作的方方面面。健康知识水平的提高、健康相关技能的获得，都依赖于相应健康态度的确立。当然，健康态度的转变也会更有利于健康知识和技能的提高。因此，科学性与思想性的紧密结合、相辅相成、相互促进是健康教育的必然选择。

（二）理论与实践相统一的原则

毫无疑问，促进人的健康具有很强的实践性。但这并不排斥健康教育强大的理论体系，包括哲学、社会学、教育学、医学、生物学、心理学、传播学以及脑科学、行为科学、公共卫生科学等在内的科学原理，构成了健康教育的学科框架。健康教育的理论为我们界定了不同人群应该理解和掌握的健康概念体系、知识体系、方法体系、技术技能体系和健康思想体系，这与人的生命成长的理论体系一脉相承。我们应当沿着健康以及健康教育的逻辑体系和理论体系，整体把握不同年龄阶段、不同教育时段关于健康的要求，系统地施以相应的健康教育，让教育对象明白促进自身健康的基本内涵和行为特点，从而自觉地投身于健康实践。

所有健康教育的理论都源于实践，我们无法想象还有什么样的健康教育内容和方法与健康教育实践无关。人们生长生活的时间、季节、场合、地区等差异，带来了身心健康的不同内容和特点，所进行的健康教育也就应采取不同的方式和方法。了解和熟悉教育对象的出生背景、生活经历、知识水平、兴趣爱好等，健康教育才能做到有的放矢。

理论与实践相统一就是要做到理论联系实际，坚持问题导向，针对不同人群健康中的实际问题和需求，实施相应的健康教育。坚持理论与实践相结合，就要注重教育过程的实践性，减少空洞的说教，增强理论的指导性和应用性，以科学的健康教育理论统领教育对象的健康实践。

（三）因材施教的原则

治病要对症下药。医治病人必须针对病人的年龄特征、生活习惯和具体病因施以不同的药物配方和医治方法，做到辨证施治。“同病异治”“异病同治”就是辨证施治的很好体现，也是传统中医认识疾病、治疗疾病的基本原则。

育人要因材施教。健康教育的因材施教就是要针对教育对象的年龄结构、健康状况和知识水平、认知能力，在教学内容、教学方法、教学形式等方面要有相应的特征，既要照顾到教育对象的个体健康差异，也要考虑到教育对象的接受能力。“视其所以，观其所由，察其所安”，孔子育人，各因其材。因材施教实际上就是知材施教，只有在通过“望闻问切”全面掌握教育对象实际健康状况的基础上，有针对性地施以相应的教育，才能实现所有教育对象的全面发展、主动发展。

值得庆幸的是，大数据、人工智能为健康教育的因材施教提供了丰富的发展空间。人们可以通过“互联网＋健康教育”实现健康教育的精准化、个性化，健康教育势必会进入一个崭新的时代。可以预见不久的将来，在云计算、数据挖掘和移动互联的支撑下，包括健康教育在内的精准化、个性化教学将会发生颠覆性的变化。

（四）循序渐进的原则

人的健康不是一朝一夕的事情，人的成长也不可能速成。教育要按照人的身心发展规律循序而行，健康教育也不例外。

首先，健康教育要按照人的成长的“序”组织教育教学，对于不同年龄段的人群应该有着不同的内容和方法。如学前儿童重在发育健康、小学生重在习惯养成、中学生重在生理卫生、中职学生重在职业病预防、大学生重在生活方式培养、老年人重在卫生保健。

其次，健康教育的内容浩如烟海、包罗万象，应当按照健康教育内容的逻辑体系进行教学。在教育内容和方法的选择上，我们必须分清轻重缓急，做到由简到繁、由易到难、由局部到全部、由个体到整体，如此循序渐进，才能实现预期的效果。比如，体育运动的教学，在教学内容、教学方法和运动负荷、运动技巧等方面，都要顺序安排，逐步提高，使学生系统地掌握体育的基础知识、技术、技能和科学的训练方法。

最后，健康教育应当是贯穿生命始终的。终身教育是现代人必须拥有的教育理念，从学前儿童的发育到老年人的临终关怀教育，都是生命历程中不可缺少的教育内容。为了维持和改善个人的生命质量，健康教育一定是开始于生命孕育之初，终止于生命停止之末。因此，从幼儿园到中小学，再从大学到老年大学，健康教育将伴随人的整个生命历程。

二、健康教育的意义

《“健康中国2030”规划纲要》明确指出：“健康是促进人的全面发展的必然要求，是经济社会发展的基础条件。实现国民健康长寿，是国家富强、民族振兴的重要标志，也是全国各族人民的共同愿望。”在国家层面上要“将健康教育纳入国民教育体系，把健康教育作为所有教育阶段素质教育的重要内容。以中小学为重点，建立学校健康教育推进机制”，以更好地拓展健康教育的内容、方法和措施，强化健康教育服务的能力，解决人们的健康问题，提高人们的健康水平。因此，健康教育既是关系到民族兴亡的重要战略举措，也是人的全面发展的基础内容，更是解决健康问题的有效途径。

1. 健康的身心素质是中职学生职业发展的基本前提

中等职业教育培养的是生产、管理、服务一线的技术技能型人才，中职学生未来从事的工作对身心素质的要求自然要高，因此中职学生的健康关系到国家产业的发展与兴旺。这就要求中职学校的健康教育教学，要在锤炼学生的健康知识、技能和态度，在全面提高学生身心健康水平上狠下功夫，为将来中职学生胜任工作打造良好的身心素质，奠定职业发展的健康条件。

2. 优秀的健康品德是中职学生职业发展的重要保证

在中职学校的健康教育教学中，通过多种形式的健康教育活动，学生能够自尊自强，主动克服内外困难，具有勇敢顽强、积极进取、挑战自我、追求卓越的精神；正确对待生活中的胜负，胜不骄、败不馁；胜任不同的角色，表现出团队合作与负责任的行为；遵守规则、文明礼貌、尊重他人，具有公平竞争的意识和行为。这些健康、良好的习惯和精神必然会迁移到他们的生活和工作之中，有利于解决工作和生活中的困难，有利于职业发展。

3. 积极的健康行为是中职学生幸福生活的必要途径

技术技能型人才的工作有很强的专业性，职业习惯会给人的身体健康带来深刻的影响，进而影响到人们的生活甚至生命质量。顾拜旦在《体育颂》中说：“啊！体育，你就是乐趣！想起你，内心充满欢喜，血液循环加剧，思路更加清晰。你可以使忧伤的人散心解闷，你可以使快乐的人生活更加甜蜜！”随着科学技术的不断进步，人们将有更多的时间用于闲暇，健康活动将成为现代人生活的重要组成部分。中职学生在健康教育教学中养成的积极的健康行为会促使他们自主学习、自主锻炼、自我评价、自主调控，建立终身锻炼的健康意识，从而高效地投入到职业活动之中，并且能有效地预防职业病的发生，延长职业寿命、增进幸福生活。

思考题

1. 简要说明健康、健康管理、健康教育的基本内涵。
2. 结合自身实际分析自己的健康状况。
3. 中职学生健康教育的目标是什么?
4. 中职学生健康教育的主要内容有哪些?
5. 你认为健康教育的意义是什么?

第二章

中职学生健康教育的理论基础

◆ **教学目标：** 健康教育既关注个体又关注群体，既涉及方法论又涉及价值观，因此也离不开医学、心理学、教育学、传播学、行为学等基础理论的支撑。本章的教学目标旨在通过对哲学、社会学、教育学、心理学、医学等学科与健康教育的内在联系进行分析，搭建健康教育理论和实践的体系框架，让读者了解和把握开展健康教育的理论依据。

◆ **教学重点：** 人们通常总是把健康教育与卫生保健相联系，关注健康教育的人更多的是医疗卫生领域的专家学者和一线医务工作者。但很明显，健康教育离不开哲学、社会学、教育学等基础理论，因此，本章的重点是健康教育的哲学思考、社会学定位以及教育学的影响。

◆ **教学难点：** 从教育学、心理学、医学和行为学视角看待健康教育的理论和实践并不难，但探究健康教育的哲学、社会学基础就会让人觉得距离遥远。因此，本章的难点在于如何建立这些最基础的哲学、社会科学与健康教育的逻辑关系，在方法论、价值观、生命观方面获得对健康教育的理解与认同。

第一节　中职学生健康教育的哲学基础

随着社会生产的不断发展和进步，其对参与社会生产的劳动者也提出了更高的要求，由此引发人类对群体及个体的健康日益关注，整个社会的健康意识日益增强，各级各类健康教育也在迅速发展。但是，有关健康教育的理论研究大多还是“各自为政”，不能形成全社会的一种共识，不能形成普遍而长久的影响力。脱离了坚实哲学基础的偏工具化、偏医学化的健康教育研究必然会造成如此的局面。

一、西方哲学的健康教育论

（一）“古希腊三哲”论健康教育

作为“古希腊三哲”的苏格拉底、柏拉图和亚里士多德，在西方哲学史上占据着举足轻重的地位，三人自前至后，亦师亦友，成为世界哲学史上的一段佳话，他们在思想上有着大师层面的激荡与碰撞，在教育的价值目标方面都趋于一致地注重德育，强调身心健康。

苏格拉底指出：禀赋最好的人，精力最旺盛的人最能成为最优良最有用的人……因为他们能够做出极多极大的业绩来，但是如果没有受过教育而不学无术的话，那他们就会成为最不好最有害的人。这里表达出清楚的信息：强健的身体和卓越的技能固然能让人有成就辉煌业绩的可能，但是如果缺乏良好的道德教育，他就会误入歧途，给社会、他人带来更大的灾难。在苏格拉底的认识里，一个健康的人，一定要具备健康的品德。在教育过程中，德育自然应该贯穿始终。

柏拉图的《理想国》之所以被后来的学者们奉为教育学名著，就是因为其着重论述了教育问题，特别是品德教育问题。他认为，德育一定要尊重个人的天赋，一定要用道德教育来塑造人健康的“善”的灵魂，才能实现社会的正义与和谐，这关系着国家的前途与命运。柏拉图在《理想国》中宣称，每个人必须在国家里执行一种最适合他天性的职务……只有培养出品德合格的公民，才能实现社会和谐、国家安定。柏拉图还认为道德教育应从学前抓起，儿童自3岁始就应接受道德熏陶，促其形成良好品德，在7～18岁阶段，要重视音乐和体育的学习，促其身体强健、身心和谐。

亚里士多德把人的灵魂从低到高分为植物灵魂、动物灵魂和理性灵魂，并且第一次提出教育要适应人的自然发展原则。依此，他把青少年教育分为三个阶段：第一阶段从出生到 7 岁，属于家庭教育阶段；第二阶段是 7～14 岁，属于学校教育阶段；第三阶段是 14～21 岁，属于学校教育的高级阶段。亚里士多德认为在家庭教育阶段主要是“植物灵魂”的发展，教育的中心任务是身体健康教育；在学校教育阶段主要是“动物灵魂”的发展，虽然身体健康教育还很重要，但更重要的是品德教育和情感教育，强调的是品德和心理健康；在学校教育的高级阶段主要是“理性灵魂”的发展，教育内容应以哲学、伦理学、逻辑学等为主。

“古希腊三哲”对健康教育的论述无疑对中职学生健康教育有着良好的借鉴和指导，但受其历史局限性的影响，也有着一些先天的不足。譬如，苏格拉底仅仅指明了道德的基础地位，却忽视了道德培养方式与途径；柏拉图的教育制度等级森严、界限分明，形而上学的特征明显；亚里士多德的“灵魂三阶段”理论则带有典型的唯心主义烙印。

（二）斯宾塞谈健康教育

斯宾塞是英国著名哲学家、教育家，是人所共知的“社会达尔文主义之父”，他把适者生存的进化理论应用到了教育学之中。他说：长期以来的教育误区，就是把教育仅仅看作是在严肃教室中进行的苦行僧的生活，而忽视了对孩子来说更有意义的自然教育和自助教育。

斯宾塞重视身体健康教育，他提出：良好的健康状况和由之而来的愉快的情绪，是幸福的最好的资金，而教育是为完美生活做准备的。他提倡重视儿童的饮食营养和运动健康，要避免学习中的用脑过度。

他认为，无论何时德育都是至关重要的。但他有着自己独特的道德判断标准，一种行为，如果它当时的和日后的整个结果是有益的，就是良好行为；而一种当时的和日后的整个结果都是有害的行为就是坏行为。归根结底，人们是从结果的愉快或痛苦来判断行为的好坏的。这种不管行为的动机与目的，而只以结果的好坏来判断行为好坏的标准是很难让人苟同的，其背后掩盖的其实是它的资产阶级性质道德的本来面目，我们必须要擦亮眼睛，明辨是非。

二、中国传统哲学的健康教育观

中国的古代先哲们在思想研究上大多都贯穿着“以人为本”的传统，自然也十分注重健康教育。道家的“修身养性”、儒家的“修身齐家”以及医家的“防患未然”都可以说属于健康教育的范畴，直到今天还依然是很多国人的健康信条。但是，如果以这些传统哲学为基础来确立健康教育理念，就会显得比较单薄、零散和不系统，有时甚至会出现让人左右为难的尴尬局面。比如，有的观念支持“生命在于动”，有的观念却支持“生命在于静”，让受教育者在“动”“静”之间无所适从。

（一）中国传统哲学之德育观

注重道德教化是中华文明之重要表征，自先秦时期，中国古代先哲们的道德教育体系就已基本成型，多以“德化”“教化”“教育”“开化”等来表达。譬如荀子所言“政令教化，形下如影”；孟子所愿“得天下英才而教育之”，如此字句不胜枚举。

孔子为推行和实践他的仁政理想而周游列国来寻找以德为政的支持者，未遂心愿转而专心讲学，以德化人，一部《论语》处处浓缩着孔子的德育理想精华。孔子的教育内容突出了礼、乐、射、御、书、数，也体现了德育本位的特征。他认为德性的理想是“仁”的境界，而它的基础是遵守礼的规范。礼是基础，也是衡量德性的具体标准，“不学礼，无以立”。[①] 尤其是孔子能够在德育实践中以身作则，严格自律，一心向善，诲人不倦，从而树立了后人很难企及的道德标杆，成为全社会推行道德教化的榜样。自汉代“罢黜百家，独尊儒术”之后，儒家的“礼义纲常”规范就成了中国德育航向的压舱石，影响深远。

与孔子同时期的其他学派先哲也分别在德育方面提出了自己的观点。比如老子、庄子在道德上主张以朴善为美；墨子以利天下及行义为宗旨，主张兼爱，奉行节俭和勤劳的优良品德。

（二）中国传统哲学之体育观

中国是世界上最早的体育发源地之一，这说明中国人的先祖很早就意识到了体育锻炼对于人体健康的重要性。体育之于人体健康的重要性有两方面：一是人体物质机能方面，使人更加健美壮硕、迅捷灵活等；二是人的精神意志方面，使人更加吃苦耐劳、拼搏奋进、团结协作、公平正义等。中国古代体育从诞生之日起就注重“身心结合”“身心一体”。“天行健，君子以自强不息；地势坤，君子以厚德载物”，此《周易》名句所蕴含的阴阳动静刚柔的观点，对于人类顺应自然而修身养性有重要指导作用，构建了中国古代养生体育的理论根基。

在养生方法上，自古就形成了“动”“静”迥异的两大流派。老子的基本观点是“无为”“无欲”“好静”“致虚极，守静笃”等，这些观点都被后人尊奉为身体健康长寿的养生信条。庄子继承了老子的主要哲学思想，并把老子的哲学思想融入他的养生理论中。《庄子·刻意》在讲到养生原则时说，要“纯粹而不杂，静一而不变，淡而无为，动而以天行，此养神之道也……”。庄子主张养神（即精神修炼），反对养形（即肉体修炼）。[②]

《荀子·天论》有言：“养备而动时，则天不能使之病。”“养略而动罕，则天不能使之

① 陈少峰．中华文化通志·第5典·德育志［M］．上海：上海人民出版社，2010：50.
② 毕世明．中华文化通志·第5典·体育志［M］．上海：上海人民出版社，2010：12.

全。”他认为，人们只要具备衣食等生活条件，并经常进行肢体运动，身体就会强健；反之，如果生活条件欠缺，又不注意肢体运动，就不会有身体的康宁。①

实则，“动”“静”之间并不能人为的完全割裂开来，二者是你中有我、我中有你的辩证关系，理论的貌似相悖不过是有的以“动”为主，有的以“静”为重罢了。

三、马克思主义哲学对健康教育的重大指导意义

（一）马克思主义哲学基本原理与健康教育

列宁说：“唯物主义的基本前提是承认外部世界，承认物在我们的意识之外并且不依赖于我们的意识而存在着。”这就要求我们无论任何地点、任何时间、任何条件、从事任何具体工作，都要坚持从客观物质世界本身出发，都要坚持从客观物质世界的固有运动规律出发，也即是一切从实际出发，尊重客观规律，实事求是。在健康教育过程中，教育者的理论水平、专业能力、硬件设施等要素与受教育者的身体基础、心智能力、学习习惯、社会学校大环境、班级家庭小环境等要素都是“客观实在”，都是物质的。健康教育工作者要明白身体健康教育在健康教育中的基础地位。“身体是革命的本钱”，首先有了健康的身体和健康的大脑，才具备了心理健康和行为健康的客观物质条件，让身心全面健康成为可能。然后从身体健康的目标倒推出体育锻炼、营养膳食、劳逸结合、预防疾病等健康教育理念。

唯物辩证法基本规律和范畴是：对立统一规律，质量互变规律，否定之否定规律以及本质与现象、形式和内容、原因和结果、必然和偶然、可能和现实等范畴。其中，对立统一规律是唯物辩证法的最根本的规律，是唯物辩证法的实质和核心。

健康教育就是为了解决一些矛盾而存在和发展的，在其发展的过程中无时无处不包含着矛盾。在中职学生健康教育发展过程中最主要、最本质的矛盾就是社会对中等职业技术人才全面健康的需求和中职学生群体健康状况相对落后的现实之间的矛盾。抓住了这个主要矛盾，我们才能把握健康教育研究的意义之所在，才能从根本上解决这个矛盾。在健康教育实践中，如果我们制定的方针、措施等不能适合健康教育的发展时，我们要毫不犹豫地摒弃旧形式，采用新形式；反之，我们要及时总结，让这些形式相对地稳定下来，逐步完善并可推而广之。当然，面对中职学生健康的实际情况，我们要充分估计各种偶然因素，利用有利因素促进工作的开展，努力避免不利因素的影响，做好不利因素出现时的预案，方能有备无患。

① 毕世明．中华文化通志·第5典·体育志［M］．上海：上海人民出版社，2010：12.

（二）人的全面发展原理与健康教育

马克思认为，人的全面解放只有在高度发展的生产力的推动下才能实现，生产力的高度发展为个人的全面发展提供了可能性。中国的马克思主义者历来重视人的全面发展。毛泽东对青年学生提出的要求是德智体全面发展，并把德育、智育、体育当作是培养社会主义新人的三个基本方面。

习近平总书记说："马克思主义是人类历史上的伟大创造。在人类思想史上，就科学性、真理性、影响力、传播面而言，没有一种思想理论能达到马克思主义的高度，也没有一种学说能像马克思主义那样对世界产生了如此巨大的影响。"国际与国内的历史实践都可证明，马克思主义哲学是目前所有哲学流派中最科学的哲学，是最有生命力的哲学，也是最能使人健康的哲学。很自然的，马克思主义哲学对于我国健康教育全面实施与发展的重要意义不言而喻。首先，由于马克思主义哲学在中国的广泛传播与认可，由它作为健康教育理论研究的哲学基础，可以较容易引起大家的共鸣以达成思想上的共识。其次，以马克思主义思想为健康教育之哲学基础，也意味着教育过程的双方要首先掌握马克思主义哲学基本原理，逐渐树立正确的世界观与人生观，因此看问题时不再片面，做事情时不再偏激，解决矛盾时，就会坚持一切从实际出发、实事求是，抓住主要矛盾和矛盾的主要方面，"有的放矢"地解决现实存在的一切问题，从而逐步成长为一个理性的、身心健康的、行为端正的"四有"新人。

在党的坚强领导下，全面贯彻党的教育方针，坚持马克思主义指导地位，坚持中国特色社会主义教育发展道路，坚持社会主义办学方向，立足基本国情，遵循教育规律，坚持改革创新，以凝聚人心、完善人格、开发人力、培育人才、造福人民为工作目标，培养德智体美劳全面发展的社会主义建设者和接班人，加快推进教育现代化，建设教育强国，办好人民满意的教育。要树立健康第一的教育理念，开齐开足体育课，帮助学生在体育锻炼中享受乐趣、增强体质、健全人格、锤炼意志。要全面加强和改进学校美育，坚持以美育人、以文化育人，提高学生审美和人文素养。

马克思主义者对人全面发展理论的发展和丰富，为我们的健康教育事业提供了强大的理论支撑。依照这些论述，要求我们教育者在制定教育规划时，要把学生的身体健康放在第一位；在心理健康教育过程中，首要的是德育，培养社会主义核心价值观，树立正确的政治立场；中职学生明白了自己肩负的使命，就再不会妄自菲薄，也不会妄自尊大，有了准确定位，就有了主观能动性，身体锻炼就有了自觉性，身体健康就有了保证，行为健康就会水到渠成。

第二节　中职学生健康教育的社会学基础

健康是一个人最基础的需要，但健康须臾也离不开社会因素的影响，也就是说健康离不开社会群体、离不开社会环境。事实上，人们也不可能不关注健康和疾病的社会原因和社会后果。美国社会学家塔尔科特·帕森斯就认为，社会成员需要接受和遵守所处的社会环境里的社会共享价值观，是这些共享价值观将这些个人“粘”在一起，社会环境势必深刻地影响一个人的生理健康和心理健康。社会因素很显然在个人、群体和社会的健康方面发挥着重要作用：社会生活的条件和机制、社会群体的结构和功能、社会制度的形成与变迁、社会文化的积累与进步等，都会给人类健康带来这样或那样的影响。

一、社会群体因素与健康教育

人类对由自身活动所构成的社会而进行的思考从来就没有停止过。早在中国先秦时期的思想家荀子就曾论述道：离居不相待则穷，群而无分则争。穷者患也，争者祸也，救患除祸，则莫若明分使群矣。他辩证地分析了“群”与“分”的关系。“群”即“社会”，“分”即“个体”，“群”作为与人自身相适应的社会组织形式，可以通过“分”加以构建，同时对“分”的影响十分巨大。

社会群体是人们通过直接的社会关系结合起来，进行共同活动的集体。家庭是人们接受社会化最基本的环境和基层单位，是唯一从事两种社会生产的基本群体，是人类社会重要的社会群体和社会关系之一，具有多种社会功能。家庭教育是在一个家庭里父母或长辈的人格、学识、言行对子女产生潜移默化的作用。父母或长辈通过对未成年子女言行的引导、熏陶、影响和矫正，使他们逐步了解社会行为规范，获得独立生活的能力，从而成为身心健康、社会需要的人。通过适宜的家庭环境和物质条件，家庭成员得以休养生息，形成良好的、健康的精神状态投入到社会生产和再生产活动中去。在 2014 年进行的“中职学生人文素养调查与研究”的课题研究中显示，[①] 有超过一半以上的学生表现出学习成绩不良、行为习惯不佳、违反校纪校规等不健康的现象，而且与家庭教育缺失有显著正相关。因此，家庭教育对健康教育有重要的影响和作用，家庭健康教育是健康教育的重要组

---

① 王振鹏，刘凤彪．河北省职业教育发展研究报告［M］．保定：河北大学出版社，2018：252.

成部分。当然其他社会群体对职业学校学生健康教育也有着相应的影响，这里不再赘述。

二、社会经济与健康教育

经济是人类赖以生存和保持健康的基础，人们的衣食住行以及医疗保健等方面的需要，都要依靠经济条件作保障。首先，衡量社会经济发展水平的高低和运行质量的好坏，不仅包括公认的国民生产总值、人均国民生产总值等经济指标，也必须包括诸如出生率、婴儿死亡率、人均期望寿命等反映居民健康状况的健康指标来进行综合分析和评价。其次，经济发展水平与居民健康状况之间呈现正相关关系。经济发展创造出越来越丰富的物质财富，为人们采取维护和增加健康的行为提供了最重要的物质基础和最有力的保障。经济发达的国家和地区，能够为其居民提供更为丰富的食品、清洁的饮水、安全的居室和劳动场所、良好的教育和卫生服务等。经济发展能通过给居民提供更多的受教育机会和卫生保健措施，为人们提高健康认识水平、采取健康行为创造条件。但是，经济的发展在给人们带来丰富的物质生活的同时也导致严重的健康威胁问题。如环境污染和破坏、社会流动性人口增加、不良行为和心理压力增加等。今天，我们的劳动条件和生活条件得到了极大的改善，使人们的体力劳动时间大为减少、强度减轻。但随着人们生活中电视、电脑和智能手机的普及，人们的健康活动越来越少，体力劳动也越来越少，带给人们的是生理功能退化、心脑血管疾病增加等健康问题。

应当看到，经济发展对健康行为造成的消极影响，属于社会转型时期的健康教育面临的新矛盾，主要是由物质性的原因引起的，是非社会对抗性的利益冲突。只要我们采取适当的健康措施，就会大幅度减少这些消极的影响，促进健康行为和生活方式的发展。比如通过调节物质利益缓解经济冲突；优化健康环境鼓励大众参与；培育休闲文化完善大众人格；畅通邻里社区共建和谐群体，这一切都需要强大的经济基础做支撑。①

三、社会制度与健康教育

健康教育虽然强调的是人们自愿采取健康行为，但对于严重危害人群健康的现象，也必须适时地通过法律法规加以制止和惩罚，保障健康教育顺利进行。健康教育也应推动卫生立法工作进行，并逐渐完善健康教育法律体系。健康教育还应该使受教育者知法、懂法、守法，自觉地维护自身和他人的健康利益。健康教育法律法规在越来越多的群众性的健康行为方面发挥着重要的作用，比如对规范野外运动、广场舞、卫生保健等群众自发的健康群体的行为来说是势在必行。

为了维护社会有效运行，我国相继制定并实施了《中华人民共和国食品安全法》《中华人民共和国母婴保健法》《中华人民共和国传染病管理法》《中华人民共和国职业病防治

① 肖卿．冲突论视角下休闲的社会和谐功能探究［D］．山东大学硕士学位论文，2011.

法》《中华人民共和国安全生产法》以及《公共场所卫生管理条例》《学校卫生工作条例》等与人们健康有关的法律法规，这对指导和引领人们采取健康行为、维护健康水平发挥了积极而重要的作用。

健康教育工作要善于利用组织和团体的力量，依靠制度来保障人们采取健康的生活方式，这是促使人们采取健康行为的重要途径。健康教育工作必须不断完善和制定新的健康制度和规范，从而从根本上保障人们获得健康的信息、采取健康行为的权利，同时限制人群中危害健康行为的发生。

四、社会阶层与健康教育

人类社会存在着不同的阶层是一种客观历史现象。经济收入、职业地位和受教育程度是划分社会阶层的三个主要因素，从近年来的一些研究报道来看，职业地位和受教育程度很大程度上决定了一个人的社会地位，不同社会地位对人们的健康产生程度更大的直接或间接的影响。[①] 总的来看，健康状况是随着收入水平和社会经济地位的提升而改善的，收入水平和社会经济地位较高的人通常拥有较大的健康选择权，他们往往在居住环境、营养膳食等方面有更大的自由，有足够的资源用于医疗保健和维护自身健康。

中职学生多数来自相对贫困的家庭、甚至问题家庭，面临着很多生活问题和健康问题。按照吴晓灵的调查结果显示，中职学生的幸福感在所有人群中最低，“非常幸福”的比例为13%。[②] 事实上，中职学生也正面临着许多健康问题，这在本书各章均有详细讨论。

五、社会文化与健康教育

社会文化是一个复杂的概念，一般包括知识、思想、信仰、道德、法律、风俗、艺术等，本质上讲是人本身所拥有的一切关系的总和。在社会生活中，许多行为都有着独特的文化背景，人们的言谈举止、行为方式都是一定的文化选择、积累和塑造的结果，是人们文化内涵的外在反映。研究健康教育就要结合个体所处的文化环境，从中探寻其内在的文化基因，有的放矢地施以相应的教育，才能实现健康教育的目的。比如与个体健康密切关联的饮食文化、酒文化就有着复杂的文化背景，很多学生酗酒、吸烟就是很具典型意义的健康教育问题。不少学生认为饮酒、吸烟是时髦的象征、是增进感情的手段、是成熟的标志，有的家长对此并不反对。学生的酗酒、吸烟已经不只是个健康问题，还是一个社会文化问题，仅以健康教育的角度来看待是无法彻底解决的，必须从社会体系出发，关注社会的文化背景，把学生健康的维护同社会文明进步结合起来，才会获得有益的效果。

---

① 黄克．民族地区农村居民受教育水平对阶层流动的影响研究：基于广西三江侗族自治县和平乡青江村的调查［D］．广西大学硕士学位论文，2014.

② 肖云忠．社会学概论［M］．2 版．北京：清华大学出版社，2018：234.

毫无疑问，健康教育与社会学理论有着密切的关系，以社会学的视角、理论和方法来看待健康教育的实践研究，也是医学从生物医学模式到心理、社会医学模式发展的必然。起源于19世纪三四十年代的社会学，是一门系统研究人类社会行为与群体的学科，研究对象大都集中在社会群体、社会流动、社会制度、社会控制等主要领域。随着人类活动的不断扩展，社会学研究也进一步扩大到了医疗、健康、军事和互联网等领域。运用社会学的理论和方法来研究健康教育，具有十分重要的现实性、必要性和紧迫性，这是因为社会因素会深刻地影响健康教育的实施和发展，社会学的基本原理和基本理论对健康教育有十分重要的指导意义和引领性作用。

第三节　中职学生健康教育的教育学基础

《“健康中国2030”规划纲要》指出，要“将健康教育纳入国民教育体系，把健康教育作为所有教育阶段素质教育的重要内容。”所以，健康教育离不开教育学的理论支撑，我们有必要探讨健康教育的教育学基础，从而更好地在中等职业学校贯彻纲要的要求，也更好地培养德智体美劳全面发展的技术技能型人才。

一、中职学生健康教育与人的发展

从本质上说，教育是培养人的社会活动，那健康教育就是培养健康的人的教育活动，人是其中的关键要素，教育的对象是人，教育的目的也是人，教育的内容主要是人的身心健康。柏拉图说：教育是使身心达到他们可以达到的完满；夸美纽斯说：教育是全人的发展；荀子说：君子之学也，以美其身。俄国著名教育家乌申斯基在其著作《教育人类学》中也提道：如果教育学希望从一切方面去教育人，那么就必须首先也从一切方面去了解人。

（一）人的发展

人的发展既包括身体的发展也包括心理的发展，遗传和环境都对人的身心发展产生相应的作用。从健康的角度来看，学校教育和人自身的主观能动性也是不可忽视的重要因素，学校教育在人的发展中发挥着主导作用，当然教育也必须遵循人的身心发展规律。

从历史上看，关于人的身心发展力量的问题有着不同的认识，一种认识是说人的身心发展力量来自自身，诸如遗传决定论、性善论、成熟论、人本主义心理学等，都强调人本身的内在因素。

孟子是性善论的典型代表，他认为人的本性是善的，教育就是要遵循人性的自然发展，唤醒人内心的善良本性。老子崇尚“人法地，地法天，天法道，道法自然”，强调“天地任自然，无为无造，万物自相治理”（王弼注《道德经》），所以“万物以自然为性，故可因而不可为也，可通而不可执也”。

法国思想家卢梭也是性善论的代表人物，他在《爱弥儿》中就说道：“出自造物主之手的东西都是好的，而一到人的手里就全变坏了。”精神分析学派创始人弗洛伊德认为，人的本能是最原始的自然本能，这样的自然本能是潜在的、无意识的，而且是推动人发展的最根本动因。

另一种认识是说，人的身心发展主要依靠外在的力量，诸如环境决定论、性恶论、教育万能论、行为主义心理学等，强调的是环境的影响、他人的影响、学校的教育等，认为外在的力量能够支配内在的需要。

荀子是性恶论者，他认为人性本恶、好利、好斗，若任其发展对社会则是十分有害的。所谓“今人之性，生而有好利焉，顺是，故争夺生而辞让亡焉。”

英国哲学家、教育家洛克主张教育万能，他认为人的心灵如同“白板”，可以任意图画，所有发展均来自后天：“人类之所以千差万别，便是由于教育之故”“健康的心灵寓于健康的身体”。

行为主义心理学创始人约翰·华生是典型的环境决定论者，他在1925年发表的《行为主义》一书中说：“给我一打健康的婴儿，一个由我支配的特殊的环境，让我在这个环境里养育他们，我可担保，任意选择一个，不论他父母的才干、倾向、爱好如何，他父母的职业及种族如何，我都可以按照我的意愿把他们训练成为任何一种人物——医生、律师、艺术家、大商人，甚至乞丐或强盗。”

也有人认为，人的身心发展是遗传和环境共同作用的结果，但辩证唯物主义者认为，人的身心发展不是纯粹单一的因素造成的，影响人的身心发展的因素很多，主要包括遗传、环境、教育和个体主观能动性等几个方面。其中遗传是人的身心发展的生物基础，遗传因素为人的身心发展提供可能性，而且由于遗传素质的个体差异、阶段性和可塑性等特点也为环境、教育改变个体遗传素质带来机遇。环境是一切生物赖以生存的外部条件，自然界、人类本身以及社会意识形态、社会经济发展水平、文化传统等构成的复杂的综合体，是人的身心发展的现实根基与重要资源。教育是一种特殊的环境，在人的身心发展上起主导作用，首先，教育是具有明确目的性的活动，是在学校进行的一种特殊的实际活动；其次，教育是在教师的指导下，按照一定的社会要求进行的专门训练和系统学习；最后，教育能够协调遗传因素和环境影响，按照科学的规律使人获得体系化的知识技能，形成比较完善的价值观，从而在人的身心发展中产生深刻、全面的影响。个体的主观能动性是人的主观意识和活动对于环境的积极作用，是人的身心发展的内在动力，一个倾向于自我奋斗的个体能够更有效地转化遗传和环境方面的积极因素，能动地接受外部的影响并获得自我发展。

（二）中职学生的全面发展

在2018年的全国教育大会上，中共中央总书记、国家主席、中央军委主席习近平强调：在党的坚强领导下，全面贯彻党的教育方针，坚持马克思主义指导地位，坚持中国特色社会主义教育发展道路，坚持社会主义办学方向，立足基本国情，遵循教育规律，坚持改革创新，以凝聚人心、完善人格、开发人力、培育人才、造福人民为工作目标，培养德智体美劳全面发展的社会主义建设者和接班人，加快推进教育现代化、建设教育强国、办好人民满意的教育。① 2019年7月8日，《中共中央国务院关于深化教育教学改革全面提高义务教育质量的意见》进一步明确，要坚持“五育”并举，全面发展素质教育，围绕“发展素质教育”的新要求，强化德育、智育、体育、美育和劳动教育应有地位，突出德育实效，提升智育水平，强化体育锻炼，增强美育熏陶，加强劳动教育，促进学生全面发展。

促进学生全面发展是马克思主义关于人的全面发展学说中的根本性问题。虽然有关人的全面发展的概念在理论界有不同的理解，但总的来说全面发展无外乎人的体力和智力充分的自由的发展和运用，也包含社会全体成员的才能得到全面发展。这里，体力是人同自然斗争的能力，智力是人的精神生产的能力，有了这两个方面的能力，人的其他能力发展就奠定了扎实的基础。

新时代中国特色社会主义的根本任务是要解决人民日益增长的美好生活需要和不平衡不充分的发展之间的矛盾，对教育提出了培养德、智、体、美、劳五育并举的全面发展的总要求。相应地，职业教育的培养目标也是要培养全面发展的技术技能型人才，在德育、智育、体育、美育和劳动教育等方面的全面提高。

德育是培养学生正确的人生观、世界观、价值观，具有优良的道德品质和正确的思想方法的教育。没有正确的思想观念和道德品质，其他四育就无从谈起，正所谓“立德树人”。也是说，德育是其他四育的现实基础，是推动智育、体育、美育和劳动教育的动力和源泉。中等职业教育的根本任务是为社会生产提供一线最需要的、大量的技术技能人才，在使学生掌握必要的知识和熟练的技能的同时，还应当使学生具备科学的世界观、人生观和价值观以及良好的职业道德和行为规范。而从职业学校在校学生的现实来看，很多人认为他们是“一群不懂事的孩子”。所以，对职业学校学生有针对性地开展思想观念、职业道德、行为规范教育是提高教育质量、培养有用人才的必要保证。

智育直接关系到职业学校学生对文化基础知识、专业技能的学习，关系到与学生学习

---

① 《人民日报》2018年9月11日01版.

相关的非智力因素的教育，为其他四育奠定科学基础和认识依据，在“五育”之中占据核心地位。职业学校的学生受应试教育的影响而被认为是文化基础知识薄弱的“差生”和考试的“失败者”，也就理所当然地将他们视为“低等学生”，这显然有悖教育的基本规律。在小学、初中阶段教育的落伍不应当成为中职学生成长的障碍，职业教育工作者要立足学生的既有基础，创造性地实施相应的教育，有效地提高学生的智力水平。

体育是教授学生健康知识、技能，发展学生体质，培养体育品德，促进学生身体全面发展的教育活动，为其他各育奠定物质基础。中职教育的培养目标里也明确学生要具有健康的身体和心理，所以，中职学生健康教育离不开体育。而且，中职体育不仅指体力活动，还应当包括各种运动技能技巧，发展身体各方面素质，培养学生的体育品德，使身心得到全面发展。毛泽东在《体育之研究》中指出：体育一道，配德育与智育，而德智皆寄于体，无体是无德智也。体育于吾人实居第一之位置，体强壮而后学问道德之进修勇而收效远。[①] 可见，体育是学生学习文化科学基础知识、掌握一定专业技能的重要保证，也是对学生施予道德品质教育的重要手段。

美育是要培养学生的个性和才能，树立正确的审美观点，具有感受美、鉴赏美和创造美的能力，在学习生活中实现心灵美与行为美、内在美与外在美的统一。美育的特殊教育功能不可替代，它与德智体劳互为条件、相辅相成，对整个身心发展都起着催化作用。审美教育对于中职学生来说有着很强的迫切性，因为在基础教育阶段审美教育的缺失、社会环境中各种文化思想和生活方式的渗透，他们对于美好与丑陋、善良与邪恶、文明与腐朽的辨别能力比较欠缺，对生活态度、生活方式、行为作风的理解也有失偏颇。所以，把中职学生培养成为美的社会主义建设者具有战略意义。

劳动教育旨在培养学生的劳动观念和劳动习惯。实际上，劳动教育就是要在学生中弘扬劳动精神，引导学生懂得劳动、崇尚劳动、热爱劳动、尊重劳动，理解劳动创造一切的深刻含义，进而摈弃厌恶劳动的不良态度，形成辛勤劳动、诚实劳动、创造性劳动的良好习惯。职业技术教育区别于其他教育的重要特点就是它的实践性和技术性，在本质上与劳动教育的内在含义完全一致，因此对职业学校学生加强劳动教育就有了更直接、更深层次的意义。

二、中职学生健康教育的教育理论基础

（一）中国古代教育思想

在中国古代历史长河中，涌现出许多教育思想家，其教育思想蕴含着对生活的理解与指导，包含着丰富的职业教育思想，影响着职业教育的发展。

---

① 崔乐全．中国体育通史［M］．第三卷．北京：人民体育出版社，2008：217-218.

儒家思想是中国传统文化学术思想的主流代表，比其他学派有更深刻的影响。儒家教育思想理论和教育作用的思想基础是对人性的关注，即孔子提出的“性相近，习相远”的“人性论”。所谓的“性”类似今天所说的遗传素质，是人先天与生俱来的特质；所谓的“习”既指社会习染和教育作用，也指的是行为习惯的意思。“性相近，习相远”首先提出了人的先天秉性的平等性、遗传素质的可塑性和教育的必要性等重要论点和实践意义。现代心理测量学运用科学的实验手段得出结论，认为占 2%～3%的个体属于超能者和低能者，很大一部分人都是基本相同的，是否接受教育和接受什么样的教育则更大程度上决定着他们今后的发展。这与职业教育不拘一格培养人才的理念极其相似。国家大力发展职业技术教育，一方面是社会发展所需要的，另一方面则是从人的先天本性出发，一些动手能力强的人，通过职业技术训练和实践，找到他们在社会中的位置。“孔子施教，各因其材”，这种教育活动形象地说明了在个体差异中，教育在一定程度上遵循了个体的身心发展规律。

孔子非常重视德育，十分强调将道德教育与知识教育结合起来。他认为：知识是道德教育的基础，道德教育是知识教育的目的，道德教育通过知识教育来实现，知识教育是为道德教育服务的。这种道德教育观是与当时孔子的“治理”思想分不开的。这对我们当前重视德育，以及如何做好德育具有一定的启发作用。

孔子从“以学论教”的角度出发，将教学过程归结为“学、思、习、行”四个基本阶段。从教育原则和方法论的角度来看，与当前我们的职业教育的教育过程和教学手段类似。首先，学习是一个由简单到复杂，由“温故”到“知新”的量变积累过程，“学”与“习”结合起来才更有效。“行”在学习过程中是一个非常重要的环节，认识来自实践。其次，教育应该坚持因材施教、启发诱导、敏而好学、学行结合等原则，在教育教学方法上追求创新和适应，主张“有教无类”，实行平等教育。

但是，儒家思想也包含着轻视劳动者、鄙视劳动的糟粕思想。“学而优则仕”是孔子施行“德政仁治”社会政治思想的基础，认为教育就是培养“君子”的“成人”教育，应当把“性相近，习相远”的人培养成符合统治阶级需要的治术人才，这与当前大力发展职业教育的潮流和国策的要求格格不入。

儒家教育潮流之后，出现了“诸子百家”争鸣的论点频出的局面，有许多光辉的思想值得我们重视和继承。孟子的人格教育目标，“人皆可以为尧舜”的“民本论”教育倡导，与当今职业教育培养亿万劳动者的目标不谋而合；道家崇尚的自然主义思想，是克服当前以我为中心的“功利主义”社会思潮的利器；墨家重视科技创新思想，对重视职业教育的技术创造也有重要的启发意义。明末清初的颜元是实学教育思想家的代表人物，他所倡导的教育思想，是流行于明清时期讲求经世致用的学术思潮，对中国近现代职业教育的影响很大。

（二）中国近现代职业教育思想

从影响中国近代教育发展的角度来看，主要有洋务派的“中体西用”的教育思想；维新改良派的“变科举、兴学校”的教育思潮；民主革命派的“尚自然、展个性”的教育思想；黄炎培的“手脑并用”、陶行知的“教学做合一”的教育思想；晏阳初和梁漱溟的“平民教育”思想；重视儿童教育的陈鹤琴“活教育”思想等。中国近代教育思想和职业教育思潮，是在西方列强的武力征服和文教渗透的情况下，西方各种思潮涌入中国，并在激烈碰撞中产生的，其外源性的特点十分明显。

洋务派的“中体西用”教育思想的形成，与当时社会思潮与教育思潮的历史背景分不开，这一教育思潮发轫于19世纪40年代，兴起于60年代，盛行至20世纪初。在“中体西用”“振兴实业、为国储才”等思想的驱动下，洋务派代表人物除了积极倡导并兴办各类实业救国教育机构外，还借鉴国外设计了“三等各类纵向衔接横向联合”的实业教育体系，为我国近代职业技术教育体系的建立和发展做出了一定的贡献。

洋务运动后的维新改良派，以康有为、梁启超和严复等为代表人物，他们在反思批评传统教育、鼓吹和创办新式教育的实践中，也形成了丰富的教育思想，对清末传统教育改革和新教育制度的创建产生过非常重要的影响。对近代中国职业教育贡献最大的教育思想家严复，一生著作甚丰，在《论教育与国家之关系》《西学通门径功用说》等著作中，比较详细地提出了学校教育的蓝图，并对各级学校教学内容和教学方法提出了自己的主张和见解，为中国新式教育的创制做出贡献。他提出的德、智、体“三育论”明显受到近代著名教育学家斯宾塞的教育观的影响，“三育论”教育目标体系，无论从其结构要素，还是从内容而言，都基本确立了中国教育目标体系的近代模式，对现代的职业技术教育仍具有一定的启发性。在教育方法上，严复主张注重实证的教育方法，认为西方科学的发展是建立在实证的基础上，重视观察、实验在学习中的作用，“陶练之使成真实业家，则必仍求之实业之实境，作坊商店，铁路矿山，此无疑义者也”，充分肯定了实践在培养人才中的重要作用。

蔡元培主张“五育并举”的教育思想，重视所谓的“实利主义”教育。主张既要传授各种科学文化知识和适应技能，也要训练学生的思维能力和培养脚踏实地的科学态度。学校课程的设置，不仅要设置物理、化学、地理等，也要设置诸如金工、木工等技能性课程。

黄炎培是中国职业教育的先驱，对中国职业教育的发展做出了突出的贡献。关于职业教育的性质和特点，黄炎培认为，职业是社会存在和发展所必需的分工的产物，教育是保持和发展各行业的条件，从促进社会发展和人们生活的角度看，沟通职业与教育是必需的。由于职业本身具有双重意义，那么与之相应的教育也应该有双重功能。职业教育具有几个主要的特点：第一，职业教育与个人的生活相联系。第二，职业教育与生产劳动相结合。第三，职业教育与社会发展紧密联系。一方面职业教育的发展离不开全社会的支持和参与，另一方面职业教育必须适应社会发展尤其是经济发展的需要。第四，学和用相结合。主张“手脑并用”，把读书和做工两下联系起来，才能产生“世界文明”，推动国家的进步。

关于对职业教育的作用及其地位的论述，黄炎培认为，职业教育要“谋个性之发展”“为个人谋生之准备”“为个人服务社会之准备”“为国家及世界增进生产力之准备”，使“无业者有业，有业者乐业”。这些论述对解决当时中国最大、最重要、最困难、最急需的人的生计问题，消灭贫困，使国家的每一位公民都能享受到基本权利有一定意义。他认为，职业教育是个人生活和社会需要之间的必然联系，并旗帜鲜明地指出：“凡平民教育性质的职业学校，最合现今社会所需要。”职业教育在学校教育制度上的地位应是一贯的、整个的和正统的；在教育内容上，强调既要重视职业知识技能教育，也要重视职业个性和道德教育，并且提倡“敬业乐群”；在教学方法上，大力提倡“手脑并用”“做学合一”“理论与实习并行”“知识与技能并重”，把职业教育和经济建设与发展社会生产力紧密结合起来。黄炎培的教育思想，在我国教育思想史上是个重大进步，为职业教育的发展做出了重大贡献。

（三）实用主义教育思想

实用主义教育思想形成的实践基础是杜威在芝加哥创办的以实验活动为主要内容的杜威学校。他认为：首先，教育的根本目的是为了培养分享和建设民主社会的合格公民，所以把学校建设成为一个社会生活的形式。其次，实验学校根据实用主义教育思想着手发展一种新型的课程，改变“传统课程大部分由互不联系的科目组成，每个科目只不过是一些或多或少独立的知识点，这种课程即使在智育上也是极度贫乏的更别说是培养道德精神了”。杜威的这些思想对当今职业技术教育仍然具有实际的指导作用：中等职业教育不同于普通中学的升学教育，知识点、考点的讲解和掌握已经不是职业学校教育的主要内容。中等职业学校教育的根本目标是培养合格的公民、劳动者，不能以普通教育来要求职业教育。

杜威十分重视学生的德育，认为道德教育是社会民主进步的基石，道德与人的整个性格有关，与人的全部特性和表现有关。对道德教育的含义，杜威认为一切能发展有效参与社会生活能力的教育都是德育的内容。另一方面又明确提出，道德教育要塑造一种性格，道德教育应以个体顺利生长为目的。杜威认为德育对学生的成长有两种作用，即内作用和外作用：内作用是让个人生活有品位；外作用能让个体之外的人生活的有质量。杜威的这些德育观点，对我们职业教育加强德育、培养社会新型人才有参考价值。

杜威的经验课程理论不仅在美国引起了一次课程变革，也对世界各国的教育发展产生过深刻的影响。他在课程理论上独树一帜，某些观点对于今天的职业教育教学改革，仍然具有一定的现实意义。但是，杜威的经验课程对教师的要求过高，由于没有基本的、稳定的教材，要求教师根据当时、当地的活动情景，利用各种时机灵活甚至临时组织教材。这对已经习惯拿着教科书，照本宣科的教师来说，任务十分艰巨。杜威的经验课程要求教师改变自身的角色，教师应该把学生和教师都看成是独立、平等、自由的教育主体，师生之间是充满友爱的交往，并且应当成为教育教学活动的有机组成部分。

杜威还十分重视“经验”的作用，认为：“一盎司的经验胜过一吨的理论。”他反对学生的“静坐、静听”，要求学生“动”起来，从“经验”中学、从“活动”中学、从“做”中学。杜威反对普通教育与职业教育的分离，“如果把所谓的职业技能只传给那些被认为不需要自由教育的广大民众，以增进工作效率的话，那便是不合理的社会制度，是与民主主义的教育目标相背离的”。

（四）结构主义教育思想

20 世纪 60 年代，以美国为首的资本主义国家出现了一系列教育改革运动和新的教育思想，旨在培养大批具有科学技术的合格人才，满足国家在政治、经济和军事上的需要，同时满足后工业社会对个人智能发展的需要。结构主义教育思想正是在这种复杂的历史背景下产生的。

结构主义教育思想包括如下主要内容：一是对知识的观点。认为知识不是一成不变的，是随着人们认识程度的深入而不断变革、改写或升华；知识不是实体存在的，而是取决于特定情境下的学习活动过程。二是教育目的观。认为教育目的就是将各个部分组成一个整体结构，“学生掌握了结构，就获得了运用一个学科的基本概念的能力，然后，学生就可以利用这些基本概念当作认识和攻克其他问题的基础”。三是关于课程的论述。强调掌握学科的基本结构、基本概念、基本原理的同时，还要求采用一种最能使学生有效掌握学科结构的方法，即发现学习和探究学习。四是关于对教师的论述。认为教师必须创设一种良好的学习环境，是学生知识构建“图式”的忠实支持者、帮助者和引导者，如果教师的作用没有让学生“知识结构”不断丰富和有机地联系起来，那么教师就失去了教育的意义。五是对学生观的独特论述。认为学生是教学活动的参与者和知识的构建者，学生要成为意义的主动构建者。结构主义教育思想的这些主张对职业教育十分有益，职业学校教师必须在充分肯定学生主体地位的前提下，做学生构建活动的设计者、组织者、参与者、指导者和评价者，良好地发挥其“导演”的作用。

结构主义教育思想还特别重视知识的生活化和适用化，认为过分强调知识结构化，忽视知识与现实生活的联系，即用“验证”的手段去巩固知识与现实的联系，就必然会导致学生只掌握了抽象的概念、原理、规则，而远离了丰富多彩的社会生活和现实的需要。结构主义教育思想家布鲁纳认为：由于当今世界科学技术发展迅猛，学生在学校所学的一定数量的知识技能已经远远不够他们适应社会和科技迅速发展的需要，因此，通过教育，不仅能帮助每个学生掌握必要的知识和技能，更为重要的是要提高学生的综合素质，使他们成为善于解决各种新问题的人。布鲁纳十分重视教师在教学过程中的作用，认为：教师是不可替代的主导者，在科技发展的今天，任何先进的教学手段，也只能是教学的一种辅助工具，它们今天不能代替教师，以后也不能代替教师应起到的作用。装置本身不能决定自己的目的，很清楚，机器不是将要代替教师！现代化教学手段对教师提出了更高的要求，不管教师是否采用教学机器或者采用什么辅助工具，在很大程度上都要依靠他所要传播知识的精通程度，因此，必须提高教师队伍的质量。

第四节　中职学生健康教育的医学基础

一、　中职学生健康教育的医学理论

1. 解剖学

解剖学是临床医学的基础，是研究机体正常形态与结构的科学。近代解剖学创始人维萨里于1543年出版了《人体构造》一书，采用大量准确、精美的插图，系统阐述了人体各部分解剖结构特点，为人体疾病的正确诊断及治疗奠定了坚实的基础。

2. 生理学

生理学是一门医学基础课程，是研究人体基本生命活动规律的科学。现代实验生理学之父哈维于1628年发表了《心血运动论》一书，提出血液循环理论，详细阐述了血液在心脏收缩的作用下，在全身闭合路线内做循环运动的规律，奠定了生理学科学研究的地位。

3. 病理学

病理学是搭建基础医学与临床医学之间关系的桥梁学科，主要研究人体疾病的发生原因、发病机制及疾病发展过程中机体的形态、结构、功能代谢变化及病变转归的一门科学。病理学发展历程可以概括为从最原始的解剖刀剪开始的器官病理学，到显微镜发明百年后建立的细胞病理学，再到分子生物学发展带动兴起的分子病理学等。

4. 诊断学

诊断学也是一门由基础医学过渡到临床医学的桥梁学科，是把医学基础理论、基本知识与基本技能应用到临床实践的一门学科。主要通过问诊、体格检查、实验室检查、器械检查、影像学检查等，来揭示或发现患病机体的整体临床表现，并总结出可能性的诊断，为临床治疗提供依据。

5. 临床医学

临床医学既包括对疾病的病因和诊断的研究，也包括对疾病的治疗及预后的研究，是一门直接面对疾病、病人并且实施治疗的科学。近代临床医学之父西登哈姆于 17 世纪提出医生的首要任务是探究痛苦的本质，倡导医生应该回到患者身边，深入观察病人的情况来进行临床观察与研究。19 世纪以来逐渐形成生物—心理—社会的医学模式；20 世纪以来逐渐形成以分科专业化、技术专业化、学科相互渗透交叉的现代临床医学模式。

6. 预防医学

预防医学是研究疾病预防、探索社会环境因素对疾病与健康的作用规律，以达到增强体质、促进健康、提高生活质量、预防疾病的一门科学。预防医学的发展迄今经历了两次变革：第一次变革是从 17 世纪下半叶开始，使当时流行的传染病发病率和死亡率大幅度下降；第二次变革从 20 世纪下半叶开始，开展了大量以保护环境和减少心脑血管、恶性肿瘤等疾病的研究工作，使预防医学得到迅速发展。

7. 中医学

“中医药学凝聚着深邃的哲学智慧和中华民族几千年的健康养生理念及其实践经验，是中国古代科学的瑰宝，也是打开中华文明宝库的钥匙。”① 中医学源于中国，有数千年的历史，是中华民族独有的传统医学体系。中医学以中医药理论和实践经验为主体，涵盖自然科学和社会科学的经典内容，是研究人的健康与疾病规律包括预防、诊断、治疗、保健等在内的综合学科。传统中医强调“阴阳平衡”“天人合一”“辨证施治”和“以人为本”。

二、中职学生健康教育的医学理念

在中职学生健康教育阶段，我们所倡导的是让学生从改变日常的不良行为及习惯做起，认识环境中影响健康的危险因素，从疾病治疗逐渐转向以疾病预防为重点的医学模式中，让学生能够自愿采纳有利于健康的行为和生活方式，进而促进学生的全面发展。

（一）中医学健康教育理念

中医学治未病包含三种意义：一是防病于未然，强调摄生，预防疾病的发生；二是既病之后防其转变，强调早期诊断和早期治疗，及时控制疾病的发展演变；三是预后防止疾病的复发及治愈后遗症。这样的理念显然与健康教育一脉相承，健康教育也无非是让人们根据已有的知识技能来防患于未然，即以健康的行为预防疾病的发生。

“未病”一词最早见于《黄帝内经·素问》，“是故圣人不治已病，治未病，不治已乱，治未乱，此之谓也。夫病已成而后药之，乱已成而后治之，譬犹渴而穿井，斗而铸锥，不亦晚乎。”这段话从正反两方面强调治未病的重要性，已成为预防医学的座右铭。而在《黄帝内经》中提出来的防病养生谋略，是至今为止中医卫生界所遵守的“预防为主”战略的最早思想，它包括未病先防、已病防变、已变防渐等多个方面，要求人们不但要治

① 习近平 2010 年 6 月 20 日在墨尔本皇家理工大学中医孔子学院授牌仪式上的讲话.

病，而且要防病，不但要防病，而且要注意阻挡病变发生的趋势，并在病变未产生之前就想好能够采用的救急方法，从而掌握疾病控制的主动权，达到中医学的健康标准即形神统一、七情相关、人与自然社会统一三方面的要求。

（二）西医学健康教育理念

西医学医学模式自1977年美国医生恩格尔在《科学》杂志上发表文章《需要新的医学模式——对生物医学模式的挑战》以来，已经逐步从生物医学模式转变为生物—心理—社会医学模式。西医学根据时代发展、社会需求以及人类疾病谱的变化，在健康教育方面提倡自我健康管理，关注各类影响健康的危险因素，围绕日常行为习惯的改变从而达到生理、心理、社会、环境、道德等方面的完全健康。

西医学的生物医学模式更加强调科学、准确，以系统科学的解剖、生理、病理、诊断、治疗以及预防等医学基本原理来研究人体结构与功能，以各种先进的仪器设备准确测量人体器官的客观状况，从而实现人体疾病精准化、个性化的快速治疗。这样的医学模式奠定了医学试验研究的基础，能够有效推动特异性诊断和治疗的发展，可以有效控制传染病和寄生虫病。但很明显，生物医学模式只重视局部而忽视整体系统、重视躯体因素而忽视心理因素和社会因素，将人当作生物人，而忽视了人的社会性，对于人的心理因素和社会因素给健康带来的影响关注不够。为此，生物—心理—社会医学模式应运而生。

随着社会经济的发展，社会心理因素已成为各种疾病的直接或间接诱因，心理压力、生活方式等都对人的健康产生了深刻的影响，以人及人的群体生态系统综合研究健康与疾病成为必然。生物—心理—社会医学模式是用系统综合的思维方式处理健康与疾病问题，解决问题的思路更加广泛。这种模式强调人的健康是生物因素、心理因素和社会因素共同作用的结果，不能把生理和心理分开或对立起来，在对疾病做出诊断时，要考虑到生物的、心理的、社会的因素对人的影响，要以多学科协同分析来做出诊断。同时，还要考虑生物、心理、社会三方面的作用来制订治疗方案，特别是心理卫生和医务工作者与病人之间的关系对治疗的影响。

（三）中职学生健康教育的医学常识

1. 健康管理

（1）身心健康的关键是要消除不良的生活方式与工作方式。

（2）环境与每个人的健康息息相关，保护周围环境、促进健康生活。

（3）定期进行健康体检可以有效维护身体健康。

2. 健康特征

（1）青春期是指由童年发育为成年人的过渡时期，特别是性生理成熟时期。

（2）中职学生思维独立性和批判性显著增强，感情丰富、强烈而持久，且自尊心强。

（3）中职学生异性之间应以群体交往为主，积极参加集体活动有利于健康发展。

（4）中职学生主要行为活动仍是学习，不良姿势容易造成脊柱侧弯与变形。

3. 营养与运动

（1）人体所需的七大类营养素是水、蛋白质、脂肪、矿物质、维生素、碳水化合物和纤维素。

（2）平衡膳食要求做到粗细粮搭配、动植物油搭配、荤素搭配、干稀搭配等。

（3）预防青少年高血压病，在膳食中应做到少脂肪、少精糖、少食盐，多食新鲜蔬菜、水果粗粮、豆类制品、不饱和脂肪酸如鱼类和各种植物油等。

（4）体育锻炼可以增强体质、预防心血管疾病、增加呼吸肌收缩力、促进骨骼生长、愉悦身心等。

（5）不饮酒、不抽烟，并且养成良好的生活作息习惯，可以促进中职学生身心健康全面发展。

4. 其他医学常识

（1）艾滋病、乙肝和丙肝主要传播途径是血液、母婴及性接触三种，日常工作和生活接触不会传播。

（2）蚊子、苍蝇、老鼠、蟑螂是多种疾病的传播媒介。

（3）发现病死禽畜要及时上报，不拖延、不加工、不食用。

（4）劳动者要了解工作岗位及工作环境中存在的危险因素。

（5）从事有毒、有害工种的劳动者依法享有职业保护的权利。

（6）正确认识抑郁症和焦虑症，每个人都有可能出现抑郁或焦虑情绪。

三、中职学生健康教育的医学建议

中职学生大多处于生长发育、性发育以及心智发育的关键时期。由于其自身发育特点，导致很多中职学生常常受到各种疾病或正常生理现象的困扰，如果得不到及时正确的健康引导，将会导致各种疾病的发生，影响学生健康成长与生活。

健康教育就是鼓励人们采取有益于健康的行为和生活方式，避免危险因素，进而达到健康的生活目标。中职学生正处于从未成年人向成年人过渡的关键时期，这一时期健康教育的目的就是促使学生养成健康的行为习惯。同时，在健康教育过程中还要重点普及中职学生常见疾病的病因、临床表现及处理原则等知识和技能的教学，教育学生树立预防大于治疗等先进的医疗理念，让学生在学到知识的同时也能从自身做起来关注健康，更加重视科学健康生活方式的养成，引导学生远离烟酒，低盐饮食，限制霉变腌制等污染食物摄入，消除亚健康，提高身体素质，做好健康保障、健康管理、健康维护等；帮助学生从透支健康、对抗疾病的理念转向呵护健康、预防疾病的新健康理念。

第五节 中职学生健康教育的心理学基础

一、中职学生的心理健康

（一）中职学生心理健康的标准

关于心理健康的含义，国内外学者有着不同认识。目前在心理学理论中，特别是在人格心理学和临床心理学中，美国心理学家杰哈塔的“心理健康”概念最为著名，他提倡一种“积极的精神健康”，对于现代社会中的人们来说很有裨益。主要包括六个方面内容。

（1）自我认知的态度 心理健康的人，能对自我做出客观的分析，对自己的体验、感情、能力和欲求等做出正确的判断和认知。

（2）自我成长、发展和自我实现的能力 心理健康的人的心态绝对不会是消极的、厌世的或万念俱灰的，他会努力去实现自己内在的潜能，即使遇到挫折，也会成长起来，去追求人生真正的价值。

（3）统一、安定的人格 心理健康的人，能有效地处理内心的各种能量，使之不产生矛盾和对立，保持均衡心态。他对于人生有一种统一的认知态度，当产生心理压力和欲求不满时，有较高的抗压力及坚韧的忍耐力。

（4）自我调控能力 对于环境的压力和刺激，能保持自我相对的稳定，并具有自我判断和决定的能力。不依附或盲从于他人，善于调节自我的情绪和能力，果断地决定自己的发展方向。

（5）对现实的感知能力 心理健康的人，在现实生活中不会迷失方向，他能正确地认知现实世界，判断现实。

（6）积极地改善环境的能力 心理健康的人，不会受环境的支配、控制，而是顺应环境、适应环境，并积极地发问、变革环境，使之更适应人的生存。在这样的环境中，他热爱人类，适当地工作和游戏，保持良好的人际关系，并有效率地处理、解决问题。

在我国，吴增强教授认为，中职学生是青少年群体的一部分，心理健康标准应该有别于成年人，具体表述为：

（1）具有良好的认识自己、接纳自己的心态和意识；

（2）能够调节、控制自己的情绪，使之保持愉悦、平静；

（3）能够承受挫折；

（4）能够较客观地认识自己周围的环境，适应环境并改造环境；

（5）人际关系协调，具有合群、同情、爱心、助人的精神；

（6）具有健康的生活方式与生活习惯；

（7）思维发展正常，有创造力；

（8）有积极的人生态度、道德观和良好的行为规范。

也有学者根据我国中职学生的年龄、心理和社会角色，提出了中职学生的心理健康标准：智力正常；情绪健康；意志健全；人格完整；恰当的自我评价；人际关系和谐；较强的适应能力；心理行为符合年龄特征。[①] 即中职学生要有强烈的求知欲、乐于学习、拥有积极乐观的人生态度、艰苦奋斗的精神、适应环境及自我控制情绪的能力和人际交往的能力等心理素质。

由此可见，一个健康的人，绝不仅仅指拥有没有疾病的健康身体，还应该具有包括情绪、意志品质、适应能力等诸多方面的健康心理。心理健康含义是与心理障碍和疾患相对而言的。人的躯体健康是有客观标准的，生理健康的指标是确定的、相对不变的。而心理健康是一种状态，没有可定量的、一成不变的绝对标准，心理健康并非是静态的、固定不变的，而是动态的、不断变化的，它是一个不断变化发展的动态系统。随着社会的飞速发展，人类对心理健康的概念也有一个不断修正、完善的过程。

因此，我们认为心理健康是指人的内心世界与客观环境的一种平衡关系，是自我与他人之间的一种良好的人际关系的维持，即不仅能获得确保自我安定感和安心感，还能自我实现，具有为他人的健康贡献、服务的能力。

（二）人人都来关注中职学生心理健康

我国的中等职业教育正在经历着深刻的变革，招生数量的增长率开始逐年提高，中等职业教育的规模出现历史性的变化，使中等职业教育面临不少新的问题和困难。因此，从社会层面来说，政府部门、医疗机构、学生所在社区、相关企业以及学生的家庭都要关心中职学生的心理健康；从学校层面来说，既要重视中职学生的健康教育尤其是心理健康教育，也要本着教书育人的准则，动员学校教师队伍的力量，把心理健康教育渗透于学科教学之中。

在学科教学中渗透心理素质方面的内容，这是现代学科教学理论与实践发展的内在要求。实践表明，任何一门学科的教学都应把实现学生能力的培养和提高作为中心任务，为完成这个任务，教师要善于发现并利用学科知识中有关心理教育的具体内容，适时地对学生进行心理辅导，使学生在潜移默化中培养良好的心理品质和健全的人格。在学科教学中，教师通过运用思维、记忆、想象能力的心理训练方式，可以提高学生的感知力、注意

① 胡克祖．职业教育心理学［M］．北京：中国人民大学出版社，2018：236.

力、记忆力、创造力特别是动手的能力等；通过运用激励手段，来激发学生学习的主动性；通过采用强化与积极的心理暗示的措施，增强学生学习的积极性、自信心和意志力，传播心理自我调适和消除心理困扰的方法；通过个案分析，使学生对常见的心理问题及其产生的原因与主要表现有所了解，以乐观向上、平和积极的心态面对学习、面对人生。

二、中职学生心理健康教育的理论基础

（一）弗洛伊德的经典精神分析理论

19 世纪奥地利的心理学家西格蒙德·弗洛伊德的精神分析理论影响是巨大的，不仅限于心理学，还扩展到哲学、文学创作与评论、医学、艺术、电影等各个领域，成为一种无所不包的人生哲学。可以这样说，没有弗洛伊德的精神分析理论，就没有今天的心理咨询理论，因为今天的各种心理咨询理论都是在弗洛伊德精神分析理论的基础上发展起来的，或者说是对弗洛伊德精神分析理论的批判、继承和发展。弗洛伊德认为，人的精神活动依其能否容易被人意识到而分为“意识”“下意识”和“潜意识”三种状态。

意识状态是指个体能够知觉的精神生活。如一个人头脑清醒时，其所作所为所思考的事物，都是本人知道的，则称为“意识”状态下所发生的心理活动。可是我们的一些精神活动不一定都是在有意识的状态下进行的，还有一些是我们没有意识到的精神活动，这就是弗洛伊德所说的“无意识”状态。无意识状态也称为“潜意识”状态，是指个体不能知觉到的精神生活。人的无意识状态有两个部分，一部分是个体生来就有的、没有分化的心理能量，即人的本能的原始冲动；另一部分是被压抑的记忆、动机、态度等，即由于厌恶而被压抑到无意识状态的被封存了的心理活动。

弗洛伊德认为在意识或无意识（潜意识）之间夹着很小一部分中间的状态，为“下意识”或“前意识”状态。这种中间的意识状态较接近于“意识”状态，虽然此时此刻尚没有意识到，但在集中注意力，认真回想之后是容易随时被回忆、感觉而重复出现于意识状态的部分。这种“前意识”或“下意识”状态，与无意识状态不同，它并没有被“封存”于当事人自己也难以察觉的心理活动之中，而较容易被搬到意识的层面来，可被当事人清醒地意识到。

弗洛伊德认为，在意识、无意识、下意识三种状态中，意识只是人的心理活动的外显部分，对个体精神活动的支配是最无能为力的，下意识也同意识一样没有什么重要作用，而无意识是最为重要的部分，对人的心理活动起支配作用，是人的精神活动的基础和主宰。

弗洛伊德将意识、无意识、下意识三者的关系形象地比喻为汪洋大海中的一座冰山，意识部分仅仅是冰山露出海面的尖尖一角，下意识是在海面上时隐时现的部分，无意识则是深深地隐匿于海洋深处为人们无法看到的巨大部分，它包括了我们没有察觉到的人的个性的所有方面。

弗洛伊德还认为，无意识不仅是人的一切正常心理活动的基础，也是一切心理疾患产生的深层基础。许多神经症都是压抑到潜意识中的某种本能的欲望、意念、情感、矛盾情节及精神创伤等因素在作怪，而精神分析的实质就是揭示出潜意识的内容，使来访者得以领悟，症状也就会随之消失。

（二）班杜拉的社会学习理论

美国心理学家阿尔伯特·班杜拉于1977年提出社会学习理论又称模仿学习理论。班杜拉认为，人的几乎所有的、重要的学习行为都是通过“观察学习”而获得的。在观察学习中，人们不用什么奖励或强化，甚至也不用参加实践，只需要通过对榜样的观察和模仿就可以了。班杜拉认为早期的行为主义过分专注于操作的作用和价值，而忽略了人的认知功能在引导人们行为方面的决定性作用。他认为人有主观能动性，有理性认知的能力，有给自己提供某种自我指导力量的潜在能力，有合理地控制和调节自己行为的能力。因此，人完全可以通过观察他人，受他人行为的启发，来实现自己原有行为的重新组合。

模仿学习理论有助于帮助人们习得某些恰当的、新的、社会倡导的行为方式，也可以帮助人们矫正某些不良的、不恰当的行为反应。这对中职学生的心理调适和行为规范有着很强的理论指导和实践指南意义。

（三）马斯洛的人本主义思想

马斯洛被人们誉为现代人本主义心理学之父。他曾经师从行为主义心理学家华生而对行为主义着了迷，后来也研究过弗洛伊德的心理学，但他的第一个婴孩的出生改变了他对行为主义的迷恋。1941年12月7日，日本偷袭珍珠港事件给马斯洛的心灵以强烈的震撼，使他将提高人类认识、战胜仇恨和毁灭视为心理学家最崇高的责任，并设想通过对心理上最健康的人的研究来实现自己的夙愿。

马斯洛对精神分析和行为主义的理论采取了既不全盘吸收也不全盘否定的态度，剔除其不合理不恰当的成分，对其中合理的有意义的部分给予正确的分析和评价，并在此基础上创建自己的人本主义心理学理论。

首先，马斯洛对弗洛伊德紧紧围绕神经病和精神患者来进行研究持严厉的批评态度，他认为科学研究的重点不应该放在人的缺陷上，不应放在人的消极的焦虑、紧张、压抑等方面的研究上，而应放在对人的潜力的发展研究上。马斯洛认为，“如果一个人只潜心研究精神错乱者、神经症患者、心理变态者、罪犯、越轨者和精神脆弱者，那么他对人类的信心就会越来越小，他会变得越‘现实’，尺度越来越低，对人的指望就越来越小。因此，对畸形的、发育不全的、不成熟的和不健康的人进行研究，就只会产生畸形的心理学和哲学。一个更普遍的心理科学应该建立在对自我实现的人的研究上。”[①]

---

① （美）F. G. 戈布尔．第三思潮：马斯洛心理学［M］．吕明，等译．上海：上海译文出版社，1987：14.

其次，马斯洛也不同意行为主义的研究方法，他认为行为主义者只是倾向于研究平常人，研究平常人会导致人们形成关于“适应得好”的人的概念，而不是“发展得好”的人的概念，将会引导人们只重视适应，而不重视发展。

马斯洛对行为主义者大多乐意使用鸽子和老鼠持怀疑的态度，他认为用猴子而不是用老鼠或鸽子做实验要可取得多。因为人与猴子比人与老鼠要更接近一些；而且“用动物研究一开始就注定要忽视只有人类才有的那些能力，如殉道、自我牺牲、羞辱、爱情、幽默、艺术、美、良心、负疚、爱国、理想、诗情、哲学、音乐和科学等等”。[①] 所以他批评“各种行为主义学派似乎都冷酷无情地把人看成是被动无助的几乎根本不能左右自己的命运”[①] 的动物。所以，马斯洛独树一帜，不仅研究人，而且是研究正常的人、健康的人、出类拔萃的人，并在对正常的、健康的、出类拔萃的人研究的基础上创立了人本主义心理学，成为第三大势力的代表人物，成为现代人本主义心理学的主要创始人。

（四）积极心理学

1954 年，马斯洛在《动机与人格》一书中倡导积极心理学的研究；1998 年 11 月，在美国召开的第一次积极心理学高峰会议上，美国心理协会前主席马丁·赛里格曼明确了积极心理学今后的发展方向——成为世界性的心理运动。2000 年和 2001 年，《美国心理学家》和《人本主义心理学》等杂志分别发表了积极心理学专辑。积极心理学在短短几年内，从美国扩展到加拿大、日本、欧洲和澳大利亚等地，成为一种世界性潮流，受到越来越多的心理学家关注。

积极心理学是心理学研究的一种新型模式，它用一种全新的视角去诠释心理学，将心理学的研究关注点放在心理健康和良好的心理状态方面。Kennon M. Sheldon 和 Laura King 在《为什么需要积极心理学》中指出：“非常遗憾，心理学家对如何促进人类的繁荣与发展知之甚少。一方面，是对此关注不够；另一方面，更重要的是他们戴着有色眼镜妨碍了对这个问题的价值的认识。实际上，关注人性积极层面更有助于深刻理解人性。”积极心理学研究者强调：心理学不仅要帮助那些处于某种“逆境”条件下的人们知道如何求得生存并得到良好的发展，更要帮助那些处于正常环境条件下的普通人学会怎样建立起高质量的社会生活和个人生活。积极心理学的兴起，为创立积极心理健康教育提供了直接的思想动力。

在人类进化的历史长河中，积累、遗传了大量的“积极基因”，所以，人生来就具有先天的积极的心理因素。在社会化过程中，人本来的、固有的、由积极基因所决定的心理元素一旦被激活，就成为决定人行为的积极心理因素，进而发展成为人积极的心理特征、积极的心理品质。比如，人在童年时期表现出来的强烈的求知欲、表现欲，在青少年时期表现出来的强烈的自我意识、独立自主意识、进取心等，都是人积极的心理因素的外在的具体体现。

---

① （美）F. G. 戈布尔. 第三思潮：马斯洛心理学［M］. 吕明，等译. 上海：上海译文出版社，1987.

随着心理研究的逐步深入，人们发现，人的积极的心理因素才是人真正赖以生存和发展的内驱力。积极心理健康教育就是根据教育对象的生理、心理发展特点，以人的向善性为价值取向，运用积极的内容、方法和手段，从正面发展和培养个体的积极心理品质，防治各种心理问题，促进个体身心全面和谐发展的教育活动。积极心理健康教育是在继承和整合积极心理健康、积极心理治疗、积极心理学、积极教育诸方面思想和实践的基础上，根据构建社会主义和谐社会的需要而创立的以积极和发展为取向，有目的、有计划地增进学生和国民心理健康的理论和实践体系。它针对以往的心理健康教育把重心放在"诊断和消解痛苦"等问题上，提出要坚持积极的评价取向，加强人自身的积极因素和潜能的开发，以人固有的、实际的、潜在的和具有建设性的力量、美德和善端为出发点，用积极的心态来对人的心理现象（包括心理问题）进行解读，诠释和解决当前的许多社会心理危机、矛盾、冲突和困惑，用积极的内容和方式激发人自身内在的积极品质，让个体学会创造幸福、分享快乐，使自身潜能得到最大限度发挥，使心理免疫力和抵抗力得到大幅度提升，使生命最佳状态得以丰富和发展，从而塑造与和谐社会相匹配的充满乐观、希望和积极向上的美好心灵。

第六节　中职学生健康教育的行为学基础

人要生存，就要产生不同的生理需求，这是人类生存的本能行为。人生活在社会里，一定与其他事物和人一起共处，这也决定了个体必须融入一个或多个群体，以便更好地生存。在这当中，人们要追求更高层次的需要，需要尊重，需要实现理想，这就有了社会性。人既要生存，又要社会尊重，其行为既要适应自然环境，又要适应社会，这就需要一个健康的身体，也就需要健康的行为。身心健康是健康行为的结果，只有健康的行为才有健康的体魄，健康与行为有着密不可分的、顺序不可逆的关系。

一、健康行为

健康行为广义上是指人体在身体、心理、社会各方面都处于良好健康状态下的行为模式。这一定义是带有明显理想色彩的健康相关行为，现实生活中十全十美的健康行为主要被当作行为目标或"导航灯塔"存在，使人们能以渐进方式努力实现有利于健康的行为。[①]

① 傅华．健康教育学［M］．3 版．北京：人民卫生出版社，2018：26.

健康行为狭义上指人们为了增强体质和维持身心健康而进行的各种活动，如充足的睡眠、平衡的营养、运动等。

健康行为不仅在于能不断增强体质，维持良好的心身健康和预防各种行为、心理因素引起的疾病，而且也在于它能帮助人们养成健康习惯。因为多发病、常见病的发生多与行为因素和心理因素有关，而且各种疾病的发生、发展最终都可找到行为、心理因素的相关性，因此通过改变人的不良行为、不良生活习惯，养成健康习惯可以预防疾病的发生。由此可见，健康行为是保证身心健康、预防疾病的关键所在。

从行为医学角度看，健康行为大致涵盖以下内容：

第一，健康行为应概括人的身、心、社会方面均健康时的外在表现。比如，躯体健康的人，行为反应灵敏，活动精力充沛；心理健康的人情绪活动有较强的自我控制力，思维言语符合理性，精神面貌正常；社会健康的人其行为符合社会规范。

第二，健康行为要求不影响自己、他人乃至整个社会的健康。比如，一个基本符合身、心、社会健康的人，其诸方面的行为都在常态水平及正向方向上。

第三，能及时准确感受外界条件的改变，正确调整自己的行为。人处于不断变化的自然、社会环境，不同的情况下要以相应的行为对外界条件发生反应。

从健康行为的表现形式看，至少有以下几个基本特征：

有利性，行为表现有益于自身、他人和整个社会的健康。

规律性，行为表现有规律性，不是偶然行为，如定时定量进餐。

和谐性，个体行为表现出个性，如选择运动项目，但又能根据环境调整自身行为使之与其所处环境和谐。

一致性，外在行为与内在思维协调一致，与所处的环境条件无冲突。

适宜性，行为的强度能理性地得到控制，以不损害身心健康为宜。

欢娱性，行为有着趣味性，心理欢愉。

健康行为是个体或群体客观上有利于自身和他人健康的行为，因此，健康行为不仅仅是个体健康行为，也与群体健康行为密切相关，唯有个人和群体都能实施有效的健康行为，才能维护社会大环境的健康。

二、行为改变的理论模式

《“健康中国 2030”规划纲要》明确提出：要全面参与、积极行动，改变自己的不良行为，养成良好的行为习惯，倡导良好的生活方式，把行为的改变列入健康中国的重要一环。中职学生的健康教育本质上也是改变学生的行为。所以健康教育与行为学有着密不可分的关系，行为改变的理论模式对于健康教育有着很强的指导意义。

（一）健康信念模式

健康信念模式是使用最广泛的个体行为改变理论，是运用社会心理学方法解释健康相关行为的重要理论模式，是以心理学为基础，由需要动机理论、认知理论和价值期望理论综合而成，并在预防医学领域中得到应用和发展。健康信念模式遵循认知理论原则，强调个体的主观心理过程，即期望、思维、推理、信念等对行为的主导作用。因此，健康信念形成是人们接受劝导、改变不良行为、采纳健康行为的关键。[①]

这个理论重点强调个体的主观心理过程，认为人们如果具有与疾病、健康相关的信念，那么他们就有意愿采纳健康行为，改变危险行为，而对采纳行为并能取得成功的信心则是行为实现的保障。

由此看到，健康信念模式是基于信念可以改变行为的逻辑推理，例如你相信某种生活方式有害于健康，你就不会去采取，你相信某食品有毒、有害，你就不会买它。尽管信念可以影响行为的改变，但实际上并不是所有的人的行为改变都受信念的影响。

健康信念模式由三部分组成：个体的健康信念、行为的线索或意向以及行为的制约因素。

1. 个体的健康信念

健康信念就是人怎样看待健康与疾病，怎样认识疾病的严重程度和易感性，怎样认识采取预防措施后的效果和采取措施所遇到的障碍。人们要接受专业人员的建议而采取某种有益于健康的行为或放弃某种危害健康的行为，需要具备下面几个条件。

（1）知觉到某种疾病或危险因素的威胁，并进一步认识到问题的严重性，人们就会摒弃不健康的行为，采取健康的行为。

（2）对采取某种行为或放弃某种行为的结果的估计，包括认识到该行为可能带来的好处并且有效，人们会自觉采取行动；当人们对采取的行动可能遇到的困难有足够的认识，那么他们的行为会更加巩固和持久。

（3）对自己实施或放弃某种行为的能力的自信，就是一个人对自己的行为能力有正确的评价和判断，相信自己一定能通过努力，克服障碍，完成这种行动，达到预期结果。

2. 行动的线索或意向

行动的线索或意向是指人们能否采取预防性措施的促进因素，包括传媒活动的宣传、医务人员的提醒、他人的忠告、亲友的疾病经验等。

3. 行为的制约因素

行为的制约因素包括人口学特征：年龄、性别、种族、籍贯等；社会心理学因素：个

① https：//wiki. mbalib. com/wiki

性、社会阶层、同伴及他人的影响等；知识结构因素：关于疾病的知识、以前患此病的经验等。

健康信念模式在采取促进健康行为、放弃危害健康行为的实践中遵循以下步骤：首先，充分让人们对其危害健康行为感到害怕；其次，使他们坚信：一旦放弃这种危害健康行为、采取相应的促进健康行为会得到有价值的后果，同时也清醒地认识到行为改变过程中可能出现的困难；最后，使他们充满改变行为的信心。

（二）行为分阶段转变理论

行为分阶段转变理论模型是行为改变的一种策略和方法，最早是由美国心理学教授普罗察斯卡于1983年提出。由于它整合了若干个行为干预模型的基本原则和方法，故又称为“行为分阶段转变交叉理论模型”。而实践证明这一理论具有良好的应用效果，在国际学术界得到普遍认可，因而成为国际上应用十分广泛的行为改变理论模型之一。

行为分阶段转变理论模型的理论依据是社会心理学，其着眼于行为变化的过程及对象的需求：人的行为改变不是一次性的事件，而是一个复杂的、渐进的、连续的过程。此过程可分为五个阶段：

（1）无意向阶段　指人们根本没有打算近期改变行为的意向。这里的“近期”通常以6个月为标准。

（2）意向阶段　指人们在某种程度想到过改变行为，但不在近期。

（3）准备行动阶段　指人们形成坚定的想法在近期改变行为，并进行一些最初尝试。

（4）行动阶段　指人们已经实践新的行为。

（5）巩固阶段　指新的行为已坚持了最低限度的期限。处于这一阶段的人们保持已经改变了的行为状态，减少诱惑和增加信心有利于保持这一状态。如果人们经不住诱惑或者没有足够的信心和毅力，他们就可能返回到原来的行为状态。

（三）“知信行”模式

“知信行”模式是最常见的、应用比较广泛的一种改变人类健康相关行为的模式，它将人类行为改变分为获取知识、产生信念及形成行为三个连续过程，即知识—信念—行为。知（知识和学习）是基础，信（信念和态度）是动力，行（促进健康行为）是目标。

以中职学生吸烟有害健康为例，[①] 我们可以通过多种方法和途径，把吸烟有害健康、吸烟引发的疾病，以及与吸烟有关的死亡数字等知识告诉他们，让他们接受知识；通过思考，加强保护自己和他人健康的责任，形成信念；在信念支配下，让他们逐步建立起不吸烟的健康行为模式。

但是，这个过程不是一蹴而就的，其中两个关键步骤是信念的确立和态度的转变。坚

---

① 包家明．护理健康教育与健康促进［M］．杭州：浙江大学出版社，2008：34.

定的信念促使态度的转变，态度的转变才能促使行动的转变。在教育过程中，必须注意运用不同的方法，为中职学生确立信念、转变态度创造有利的环境和条件。

健康行为的改变既是一个学习的认知过程，又是一个健康意识的形成过程，主要是以掌握健康基本知识为先导的健康意识、态度和行为的形成过程。当学生了解到不良行为的危害，端正了态度，并付诸行动，这才是一个开始，可能需要再认识，再行动，并进行不同阶段的循环，直至达到目的。

这就要求中职学生要在健康工作者的引导下，要解决三个矛盾：

(1) 解决“无知”和“有知”的矛盾。把不良习惯的危害让专家来进行教育，提高信息的权威性，引起中职学生的高度重视，促使他们自觉地进行思考。

(2) 解决“认知”和“情感”的矛盾。中职学生在认识到危害以后，我们还要拿出身边活生生的例子，甚至找当事人现身说法，对那些心存疑虑的人，从情感上说服他们。

(3) 解决“认知”和“行为”的矛盾。在中职学生接受健康工作者的说法之后，要有计划、有步骤地采取强化干预措施，借助舆论、纪律、政策、经济等手段，使中职学生的健康行为真正落到实处。

知行信模式在中职学校的实施，要遵循循序渐进的原则，根据中职学生不同的素质和存在的问题，可以为他们设置基本目标、中层目标、发展目标，从简到繁，从易到难，促使中职学生一步一步地坚持下去，进而达到比较满意的效果。

思考题

1. 试述马克思主义哲学与健康教育的关系。
2. 社会群体、社会经济、社会文化对健康教育有什么影响？
3. 德智体美劳与健康教育的关系如何？
4. 概述中职学生心理标准的基本内容。
5. 中职学生的健康行为包括哪些内容？

第三章

中职学生生理与健康教育

◆ **教学目标**：本章通过对中职学生生长发育规律的分析，使学生了解人体生长发育的基本规律，熟悉青少年时期生长发育的特点和青春期生理特点，掌握青春期卫生保健的基本知识，认识青春期的健康风险因素，为初步树立健康意识、养成健康生活方式和行为习惯奠定必要的生理学基础。

◆ **教学重点**：根据中职学生年龄阶段特点，重点介绍青少年时期，尤其是青春期生长发育规律及生理特征，在此基础上使学生掌握此阶段卫生保健基本知识，树立防病意识。

◆ **教学难点**：中职学生正处在未成年向成年过渡阶段，心智尚不成熟，对自己的生理特征认识不全面，或多或少存在一些影响身体健康的行为习惯，因此本章的教学难点在于帮助学生正确看待自己的生理特征，理解生理健康的内在含义，树立基本的生理健康意识，认识和鉴别不良行为习惯，降低健康风险。

第一节 生理健康概述

一、何谓生理健康

生理健康即传统意义上的身体健康，是指人体生理功能上健康状态的总和。生理健康的具体指征为身体各器官组织结构完整，发育正常，功能良好，各项生理生化指标正常，没有疾病和虚弱的状态。在生物医学模式背景下，生理健康的意义表现在以下几个方面：一是生理健康的基本指征是人身体的正常状态，主要包括体温、脉搏、呼吸、血压、身高、体重等几个方面；二是生理健康有可量化的标准，虽然这只是统计学意义上的，但由于人体的复杂性使得我们即使应用再多的指标也很难完全表达生命健康的确切状态，而且不同生长发育阶段，各项指标也会有差异，甚至不排除个体指标的极端差异；三是每个人的生理健康状态会显现自己的特征，人与人之间的个体差异是客观存在的。

二、生理健康的标准

（一）世界卫生组织的标准

根据健康的定义，世界卫生组织对健康的标准给出了十条具体细则：

（1）有充沛的精力，能从容不迫地担负日常生活和繁重的工作，而且不感到过分紧张疲劳；

（2）处事乐观，态度积极，乐于承担责任，事无大小，不挑剔；

（3）善于休息，睡眠好；

（4）应变能力强，能适应外界环境各种变化；

（5）能够抵抗一般性感冒和传染病；

（6）体重适当，身体匀称，站立时，头、肩、臂位置协调；

（7）眼睛明亮，反应敏捷，眼睑不易发炎；

（8）牙齿清洁，无龋齿，不疼痛，牙龈颜色正常，无出血现象；

（9）头发有光泽，无头屑；

（10）肌肉丰满，皮肤有弹性，走路轻松有力。

这十条细则是对健康定义的具体阐释，其中，前四条是有关心理和社会适应方面，后六条则是有关生理方面。

（二）中医标准

根据“一阴一阳谓之道，偏阴偏阳谓之疾”的太极思维方法，中国传统医学将人的生命状态分为“未病态”和“已病态”两种。已病态具有明显的痛苦感觉，即“偏阴偏阳”的疾病状态，是不健康的状态；未病态没有明显的痛苦感觉，即人体阴阳相对平衡的健康状态。另外，即使体内潜伏着某些致病因素，在它未对人体阴阳造成破坏之前，仍然属于未病态。基于此，中医认为，人体的健康要符合以下 10 个标准：①双目有神；②面色红润；③声音洪亮；④呼吸匀畅；⑤牙齿坚固；⑥头发润泽；⑦腰腿灵活；⑧体形适宜；⑨记忆力好；⑩情绪稳定。

（三）现代医学主要生理指标

世界卫生组织关于生理健康的标准和中医关于健康的标准，都从能明显体现体格康强程度的几个具体方面提出了可供参考的依据，但总体来说都略显笼统。现代医学中，人体的生理生化指标更容易有一些量化的标准，比如四项基本生命体征：体温（T）、脉搏（P）、呼吸（R）、血压（BP）都有统计学意义上的正常范围。中职学生处于未成年到成年的过渡期，但其四项基本生命体征的标准与成人标准几乎无异，参照成人的指标来看，四项基本生命体征的标准如下：

体温（T）：36～37℃（腋温）

脉搏（P）：60～100 次/分

呼吸（R）：16～20 次/分

血压（BP）：90～140 mmHg/60～90 mmHg（收缩压/舒张压）

在此基础上，身高（表 3-1）、体质指数（表 3-2）、肺活量（表 3-3）等一些易于量化且易测算的指标也能作为生理健康状况的重要参考。

表 3-1　中职学生各年龄身高标准　　厘米

年龄（岁）	男生				女生			
	矮小	偏矮	标准	超高	矮小	偏矮	标准	超高
15	156.7	163.3	169.8	176.3	148.8	154.3	159.8	165.3
16	159.1	165.4	171.6	177.8	149.2	154.7	160.1	165.5
17	160.1	166.3	172.3	178.4	149.5	154.9	160.3	165.7
18	160.5	166.6	172.7	178.7	149.8	155.2	160.6	165.9

表 3-2　中职学生体质指数（BMI）分级表①　　千克/米^2

等级/年级	中职一年级（高一）		中职二年级（高二）		中职三年级（高三）	
	男	女	男	女	男	女
正常	16.5～23.2	16.5～22.7	16.8～23.7	16.9～23.2	17.3～23.8	17.1～23.3
低体重	≤16.4	≤16.4	≤16.7	≤16.8	≤17.2	≤17.0
超重	23.3～26.3	22.8～25.2	23.8～26.5	23.3～25.4	23.9～27.3	23.4～25.7
肥胖	≥26.4	≥25.3	≥26.6	≥25.5	≥27.4	≥25.8

注：体质指数（BMI）=体重（千克）/身高（米）^{2}

表 3-3　中职学生肺活量分级表②　　毫升

年级/等级		优秀	良好	及格	不及格
中职一年级（高一）	男	≥4 300	3 800～4 300	2 600～3 800	<2 600
	女	≥3 050	2 750～3 050	1 750～2 750	<1 750
中职二年级（高二）	男	≥4 500	4 000～4 500	2 800～4 000	<2 800
	女	≥3 150	2 850～3 150	1 850～2 850	<1 850
中职三年级（高三）	男	≥4 700	4 200～4 700	3 000～4 200	<3 000
	女	≥3 250	2 950～3 250	1 950～2 950	<1 950

当然，医学上，还有血象、电解质、血糖、血脂、转氨酶、心功能、肾功能、激素水平等等反映人体生理健康状况的指标，体系非常复杂，不再一一列举。

需要强调的是，这些量化的标准是统计学意义上的标准，具体到每一个不同的个体，可能会存在一定差异，也就是说个别指标的轻微异常并不一定代表不健康。

三、生理健康的意义

尽管广义的健康是一种身体、精神和社会幸福的总和，但不难理解，生理健康是精神健康和社会适应状态完好的基石，没有生理健康，其他两个层次的健康也无从谈起。

1. 生理健康对心理健康及社会适应的积极影响

个体在生理健康时，机体各系统功能正常，反馈给神经系统的是良好刺激，能使个体产生适应感；同时，内分泌系统处在一种适宜状态，各种激素分泌正常，从而使个体的情绪等心理活动维持稳定，这是保证心理健康的重要条件。此外，在生理健康的条件下，机体对外界的负性刺激产生的不良影响会相应减弱，而对外界的中性、良性刺激会产生更加良好的反应，使个体产生愉悦的情绪；同时，只有生理健康的个体方才具备良好的体力，可扩大活动范围，增强其对外部环境的"探索反应"，从而激发活动兴趣。显然，广泛的活动兴趣既是个体心理健康的标志之一，也对增强个体的社会适应能力具有重要意义。

①②　国家学生体质健康标准（2018 年版）.

2. 生理健康对心理健康及社会适应的消极影响

生理健康对心理健康及社会适应的影响是双向的，在个体的生理健康状况出现问题时，心理状况及社会适应能力也必然会受到消极影响。例如，神经系统的病变，尤其是大脑的病变或外伤会引起神志不清、智力减退、定向力障碍、记忆力减退甚至是行为失控；内分泌系统的病变会导致内分泌紊乱，引起个体的紧张、焦虑、注意力分散、反应迟滞、悲观、抑郁等；其他疾病或身体的不适也会引起个体的情绪不稳定、对外界事物的兴趣减弱、敏感多疑等，这些消极影响势必会导致个体的心理健康状况恶化，社会适应能力降低。

尽管生理健康是健康的重要基础，但是生理、心理和社会适应三个方面是相互作用相互影响的，单纯把任何一个方面割裂开来看待都是不正确的。

第二节　中职学生生长发育特点及规律

一、初识生长发育

生长发育是指从受精卵形成到成人的成熟过程。生长和发育是未成年人不同于成人的重要特点。严格来说，生长和发育有着不同的概念和内涵：生长是指随着年龄增长，机体内细胞增殖、增大，细胞间质增加，整体表现为组织、器官及身体形态和重量变化的过程，是量的变化，可有相应的测量值来表示；发育是指随着年龄增长，机体内细胞、组织、器官形态结构分化与功能逐渐完善的过程，是质的变化，还同时包括了智力、心理及运动技能获得和提高的过程。

生长和发育两者紧密相关，在人体成长过程中，两者相互依存，无法割裂，因此常合称生长发育。

二、生长发育的一般规律

（一）连续性与阶段性

人体的生长发育是一个从量变到质变且具有一定规律的长期连续的过程。这个过程又可划分为若干顺序衔接的阶段。

（1）胎儿期　自受精卵形成至胎儿娩出的时期。

（2）婴儿期　自出生至1岁为婴儿期。婴儿期是出生后生长发育最为迅速的一个时期。新生儿期是婴儿期的一个特殊阶段，指从胎儿娩出、脐带结扎至满28天这一时期，此期是胎儿出生后生理功能进行调节从而适应宫外环境的时期。

（3）幼儿期　1～3岁。这一时期生长发育速度逐步减慢。

（4）学龄前期　3～6岁。学龄前期儿童的体格发育速度减慢，智能发育加快。

（5）学龄期　6～12岁。学龄期儿童除生殖系统以外大部分器官逐渐发育成熟，功能日臻完善。

（6）青春期　又称青春发育期，是从第二性征出现到生殖功能基本发育成熟、身高停止增长的时期。青春期是儿童步入成人的过渡阶段，性别差异及个体差异较大，一般女孩10～18岁；男孩12～20岁。中职学生处于该阶段的中后期。

生长发育的各阶段之间不可跨越，前一阶段的生长发育是后一阶段的必要基础，无论任一阶段的生长发育出现异常，必将对后一阶段产生不良影响。

（二）生长发育速度的不均衡性

人体的生长发育并非匀速进行，而是快慢交替，因此，生长发育的速度曲线呈现波浪形。婴儿期为出生后的第一个生长高峰期，其后生长速度逐渐减慢，至青春期生长速度再次加快，出现出生后第二个生长高峰期。身高、体重随年龄变化的规律见图3-1。

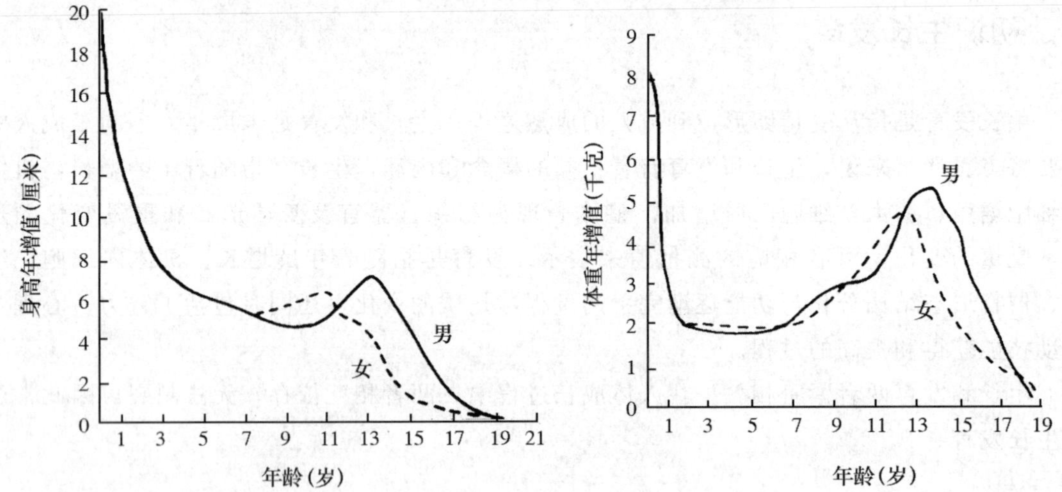

图3-1　身高、体重增值曲线图

（三）生长发育的程序性

生长发育过程中，人体各部长、宽、围度的发育体现一定的先后顺序，主要包括头尾律、向心律、长度的发育领先于宽度和围度、身高的发育领先于体重等。

1. 头尾律

在胎儿期和婴儿期，人体的生长发育首先从头部开始，然后逐渐延伸到尾部（下肢）的发育规律。具体表现在以下几个方面：

（1）由上而下　先会抬头，再会抬胸，后会坐、立、行；

（2）由近及远　从臂到手，从腿到脚的活动；

（3）由粗到细　从用全掌抓握到用手指拾取。

2. 向心律

在儿童和青春期，人体的形态发育呈现自下而上、自肢体远端向中心躯干发育的规律，即下肢发育先于上肢，四肢发育早于躯干。

自出生后的整个生长发育过程中，身体各部分的生长速度不同，增长幅度也不一样，通常成熟后相比出生时，头颅、躯干、上肢、下肢分别增长1、2、3、4倍，见图3-2。

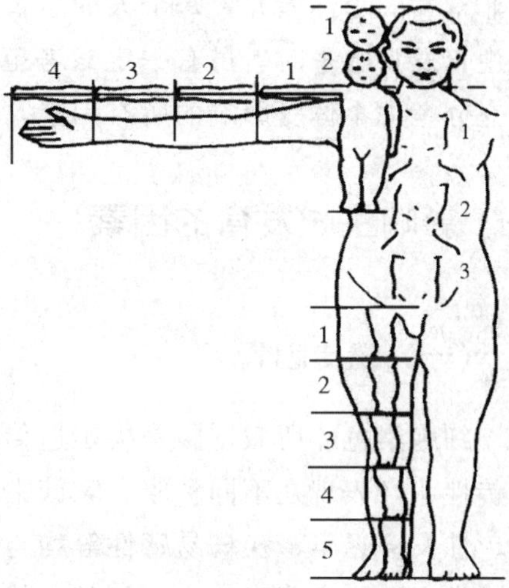

图 3-2　身体各部生长发育比例

（四）各系统器官发育的不平衡性

为适应环境变化，人体各系统器官发育遵循一定规律，有各自的生长特点。神经系统发育较早；淋巴系统在儿童期迅速增长，至青春期前达高峰，后逐渐下降到成人水平；生殖系统发育较晚；其他系统的增长基本与体格发育平行。上述系统随年龄变化的规律见图3-3。

图 3-3　不同系统发育与年龄的关系

（五）个体差异性

人体的生长发育按照一定的总规律进行，但在一定范围内，受遗传、环境的影响，存在非常大的个体差异，每个人的生长发育“轨道”都不可能完全相同。因此，在评价个体的生长发育水平时，虽有一定参考范围，但所谓“正常值”“标准值”都不是绝对的，必须充分考虑个体受影响的所有因素，方能做出正确判断。

三、影响生长发育的因素

（一）遗传因素

细胞染色体所载基因是决定遗传的物质基础。在生长发育过程中遗传因素决定着各种遗传性状，表现在不同种族、家族中个体发育存在明显差异，如身材高矮、对营养素需求量、性发育迟早、疾病易感性等均与遗传有关。遗传因素通过酶的活性及内分泌功能调节生长发育，决定了个体发育的基本特征、潜力和趋向。

（二）环境因素

1. 营养

当营养素供给比例恰当，配以适宜的生活环境，生长潜力能得到最好的发挥。营养包括宫内营养和生后营养两方面。宫内营养不良的胎儿，不仅体格生长落后，严重时可影响脑的发育，其成人期高血压、糖尿病、肥胖症的发生率高于宫内营养正常者。生后营养不良，特别是2岁以内的严重营养不良，影响体格发育，免疫力、内分泌、神经调节等功能低下。

2. 睡眠

生长激素在夜间睡眠状态下的分泌量远比白天清醒状态下多，充足的睡眠有利于身高的发育。睡眠时间的长短因年龄而不同，且存在较大个体差异。

3. 运动

运动亦可刺激生长激素分泌，生长发育时期经常从事体育运动，能促进骨骼生长，使骨的长度变长，横径变粗，骨密度增加，尽可能发挥遗传潜力。

4. 疾病

任何引起生理功能紊乱的急、慢性疾病对生长发育都会产生直接的影响。影响程度取决于病变部位、病程长短、病变严重程度及患病年龄的不同。年龄越小、病程越长，影响就越大。

5. 母亲情况

胎儿在宫内的发育受孕母生活环境、营养、情绪、疾病等因素的影响。例如，孕早期的病毒性感染、电离辐射、某些药物、环境毒物和精神创伤的影响可使胎儿发育受阻，增加先天畸形的风险；妊娠期的严重营养不良可引起胎儿体格生长和神经系统发育的迟缓，甚至导致流产、早产等。

6. 家庭和社会环境

充足的阳光、新鲜的空气、清洁的水源、安静舒适的居住条件，配以健康的生活习惯、良好的教养、适当的体育锻炼、完善的医疗保健服务等，都是促进生长发育达到最佳状态的重要因素。反之，则会对生长发育带来不良影响。

总的来看，生长发育水平受遗传因素与环境因素共同作用的影响。

四、中职学生生长发育特点

根据生长发育特点的不同，青春发育期又可划分为三个阶段：①青春早期，体格生长迅速，第二性征开始出现，一般持续 2 年；②青春中期，体格生长速度开始减缓，以性器官和第二性征发育为主，一般持续 2～3 年；③青春后期，体格生长逐渐停止，第二性征完全出现，性发育成熟，一般持续 2 年。中职学生年龄通常在 15～19 岁，多数处于青春中、后期，但由于个体差异，少数晚熟型学生在入学时也可能处于青春早期。

（一）体格发育特点

青春期，人体迎来第二个生长突增，即生长速度在童年期比较平稳的基础上突然出现快速增加的现象，如图 3-4 所示。突增高峰主要出现在青春早期，自青春中期开始，增长速度逐渐减缓，至青春晚期，增长速度进一步减缓直至停止增长。突增高峰受性激素的影响，因而表现出明显的性别差异，男孩的突增高峰约晚于女孩 2 年出现，但结束也晚于女孩，且每年的增长值大于女孩，所以男孩与女孩的生长曲线会有两次交叉。中职学生多处于两次交叉完成以后，通常男生比女生高。

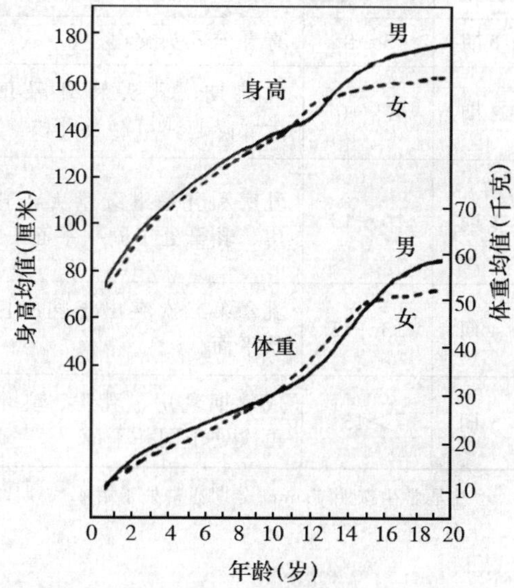

图 3-4 身高、体重随年龄增长曲线

（二）性发育特点

性发育是青春期最重要的特征之一，包括生殖器官（第一性征）的发育和第二性征的发育。第二性征是指进入青春期后，男女除了生殖器官以外其他明显带有性别特征的外形差异。如有无胡须，喉结是否突出，音调高低，肌肉骨骼发育程度，皮下脂肪分布形态，等等。

1. 男生性发育特点

男生性发育主要包括阴茎增长、增粗，龟头突出，阴囊增大、色素沉着，睾丸增大、质量增加，开始产生精子；长出胡须，喉结渐突出，音调渐低沉，肌肉渐发达等。男生进入青春期会出现首次遗精，常作为青春期发育的重要标志。男性青春期性征发育分期见表 3-4。

表 3-4　男性青春期性征发育分期（Tanner 分期）

分期	年龄（岁）	外生殖器	阴毛	其他变化
1 期	5～9	幼稚型	无	睾丸体积 1～3 cm^3，长径＜2. 5 cm
2 期	9～11	阴茎、阴囊及睾丸的早期生长	阴茎根部出现细小阴毛，色淡	早期声音改变，睾丸长径 2.5～3 cm
3 期	11～14	阴茎增长增粗，睾丸及阴囊继续增大	黑粗弯曲，分布在阴茎中部及周围	上唇有细绒毛，体格生长增速，睾丸长径 3. 3～4. 0 cm，体积 11～15 cm^3
4 期	14～16	阴茎龟头突出，阴囊色素沉着	增粗，分布于大腿，并扩展于耻骨上方	腮部长出绒毛，睾丸长径 4～4. 5 cm，体积 15～20 cm^3
5 期	＞16	成年型	呈菱形分布于下腹部中线，中间少	胡须增多，睾丸长径＞4. 5 cm，体积 25 cm^3

2. 女生性发育特点

女生性发育主要包括大小阴唇增大、色素沉着，阴道增长、增宽、皱襞增多，宫颈分泌物增多，宫体增大、肌纤维增生，输卵管增粗，卵巢质量增加，卵泡发育；乳房增大，阴毛、腋毛出现，音调变高，皮下脂肪呈女性型分布，等等。女性青春期性征发育分期见表 3-5。

表 3-5　女性青春期性征发育分期（Tanner 分期）

分期	年龄（岁）	乳房发育	阴毛	其他变化
1 期	5～8	青春前乳头突出	无	
2 期	8～10	乳芽期，乳头和乳晕增大、隆起，可触及乳核	大阴唇有稀疏分布的浅黑色绒毛	体格生长速度开始增快
3 期	10～13	乳房和乳晕继续增大，乳房、乳晕处于同一平面	分布覆盖会阴部	体格生长速度达到高峰，阴道黏膜增厚、角化，出现腋毛
4 期	13～15	乳晕第二次突出于乳房丘状平面	增多增粗变弯曲，分布呈倒三角形	月经初潮（在 3 期或 4 期）
5 期	＞15	成熟期乳房，乳房、乳晕再次处于同一平面	成人型，大倒三角形	骨骺渐闭合，体格生长渐停止

中职学生按照 Tanner 分期通常处于第 4、5 期。

第三节　男、女生青春期生理特点及卫生保健

青春期是青少年生理发育和心理发展急剧变化的时期，是性器官生长和分化的第二个高峰，是人从儿童期向成年期过渡的生物性转变阶段。青春期是人体生长发育的第二个高峰，生理上变化巨大，身高、体重迅猛增长，各脏器如心、肺、肝脏生理功能日趋成熟，各项指标达到或接近成人标准。

一、男生青春期生理特点及卫生保健

（一）男生青春期的生理特点

1. 体型的变化

青春期男生，在各种激素、先天因素和后天环境因素相互作用下，骨骼迅速增长，身体长高。青春期下肢骨骼增长更为突出，直接决定身体高矮，但其生长时间较短；脊椎骨的增长速度较下肢骨明显减慢，但它的生长时间较长。因此，人体身高增长在17～18岁以前靠下半身；17～18岁以后则主要靠上半身。此外，在青春期，人的体重迅速增加，内脏体积和重量增加，肌肉发达。

2. 性发育和性成熟

青春期前，男孩的睾丸容积是1～8毫升，睾丸从青春期开始发育增大，并且睾丸内逐渐有精子生成（15岁以后可出现遗精）。同时，睾丸间质细胞开始分泌雄激素（睾酮），睾酮在血浆中的浓度不断增加，会刺激男性生殖器官进一步发育成熟，男童9～12岁以后，阴囊逐渐增大，并且会发生阴囊变红和皮肤质地的改变，12～15岁后，阴茎变长，但周径小幅度增大，到15～18岁以后，阴茎和阴囊进一步增大，颜色变深，阴茎头更充分地发育，直到外生殖器官的形状和大小达到成年状态，在成年后睾丸容积增大至12～25毫升。

3. 第二性征的出现

在雄性激素的刺激下，男性出现第二性征，主要表现在胡须生长，体毛逐渐变浓变重，音调低沉，喉结突出，肌肉骨骼发育坚实，形成男性的魁伟体格。

（二）男生青春期的卫生保健

1. 外生殖器的保护

男生的外生殖器，由阴茎和阴囊组成，都是身体重要的组成部位。睾丸分布着大量的神经末梢，尤其对压力十分敏感，即便用很小的劲捏一下，也会疼痛难忍。阴茎主要由海绵体组成，海绵体内分布有丰富的血管，并且龟头表面分布大量感觉神经末梢。由于阴茎和阴囊对机械刺激非常敏感，应注意避免碰撞、挤压。因此，由于男生外生殖器构造特殊，所以要注意对其格外保护。

常见的可能导致生殖器损伤的原因有以下几点，要尽量避免：①日常生活中的打闹、摔跤时撞击生殖器；②骑车或者坐车时颠簸或碰撞，使外生殖器受到来自下方的撞击；③因足球等对抗性运动时的拼抢、冲撞损伤生殖器。通常在上述情况发生时，睾丸会随阴囊受到打击，而反射性地向上收缩，从而使冲击力量得以缓冲，进而减轻损伤。此时，应协助伤者立即站起来并且使劲蹦跳，从而使睾丸归位，然后再及时送医院诊疗。

2. 外生殖器的清洁

坚持每晚用干净的温水清洗外生殖器，经常换洗内裤，确保会阴部清洁。清洗时要将包皮翻过来用水冲洗干净。如不注意保持清洁，会引起外生殖器感染，严重者可能影响排尿。

3. 遗精的处理

进入青春期后，精子开始在睾丸中发育、成熟。前列腺和精囊腺等分泌精浆，两者形成精液。精液达到一定量后会从阴茎流出，这就是遗精。第一次遗精后，标志着男孩在生理上的成熟。遗精有时发生在睡梦中，称为“梦遗”，量不是很多，但通常会醒来。一般每月遗精 1～2 次，是正常的生理现象，应及时消除不必要的紧张和焦虑心理。如夜里发生遗精不要惊慌失措，平时可常备一条小毛巾，遗精时用来清洁会阴。裤子尤其是内裤宜用不要太紧的软质布料，同时要避免刺激。睡时被窝温度不宜过高、被子不要过重，最好侧睡。

二、女生青春期生理特点及卫生保健

（一）女生青春期的生理特点

青春期少女的发育是循序渐进的过程。大体上说，少女青春期发育的正常范围是 12～18 岁。突出表现在以下三个方面。

1. 体格发育

身高和体重迅速增长是体格发育的显著特点；心脏心肌逐渐增厚，重量迅速增加；肺活量明显增大；神经系统逐步发育完善，其调节能力大大增强，身体在接受外界刺激后，可以将信息很快传到大脑，并及时准确地做出反应、分析、判断，理解问题的能力也大大提高。

2. 性发育和性成熟

青春期开始后，由于垂体分泌的促性腺激素的刺激，性器官迅速发育。卵巢发育加快，重量增加，能够产生卵子，分泌雌性激素，在雌孕激素周期性作用下，开始出现月经。月经是女孩性发育的主要特征，是指女子进入青春期以后，每月一次的周期性子宫出血现象。第一次月经，称为月经初潮，正常情况下，月经周期 20～30 天，经期持续 3～5 天。月经是一种正常现象，通常等到青春期后期，才会出现有规律的月经，这也标志着女性青春期的结束和成熟期的开始。

3. 第二特征的出现

在雌性激素刺激下，女性第二性征开始发育，主要表现在骨盆宽大，乳房增大，阴毛出现，声调变高等。一般情况下，女孩青春期要比男孩早一年左右，11～12 岁时，乳房开始发育；13～14 岁时，月经初潮，乳房明显增大；继而腋毛、阴毛出现，骨盆变宽、变大；15～16 岁时，月经形成规律，全身皮下脂肪增多（主要表现在胸部、肩部、臀部等），逐渐形成女性丰满的体态；皮肤也变得柔软而富有弹性、细腻光滑，这些都是女性的第二性征的表现；17～18 岁时，骨骼逐渐闭合，身体停止生长。

（二）女生青春期的卫生保健

1. 月经卫生

月经标志着女性生殖器官开始成熟。月经期抵抗力低下，应注意以下几点：①保持外阴部位清洁，用温水洗浴，禁止坐浴、游泳以防病菌侵入。②要注意保暖，避免着凉，不能淋雨、涉水，不能用冷水洗头、洗澡。月经期子宫充血，寒冷刺激会使子宫收缩，造成经血量少，经期缩短，并且容易发生痛经和闭经。③禁止参加剧烈运动，防止月经失调，减轻腰酸、下腹坠胀等症状。④要保持心情愉悦，情绪稳定，避免焦躁不安，进而避免引起月经紊乱。⑤要注意饮食卫生，合理营养，多喝开水，不要吃辛辣、生冷食物，防止经血过多，要适当吃些营养丰富的蛋类、肉类，防止贫血。⑥要使用质量合格的卫生巾，避免交叉感染，要勤洗澡，保持会阴部清洁。⑦劳逸结合，保证睡眠充足，避免过度疲劳、消耗体力。⑧在青春期开始时，可能出现月经不规律，有时伴有头痛、背痛、腰酸等不适，无须有太多顾虑，以后慢慢会自然调整，一般一年后会建立规律的月经周期。但是对于一些严重的痛经、月经不调应及时就医。

2. 乳房保健

青春期是乳房发育的关键时期，要注意以下几点：①保持乳房清洁，经常清洗乳房。②正确选用舒适、合体的乳罩，以对乳房起到良好的支撑作用，不要束胸，不要穿过紧的内衣。③注意保护乳房，避免外力碰撞、挤压、损伤乳房的周围组织，不能俯卧睡眠。④合理饮食，要增强蛋白质、脂肪等营养的摄入，不要节食、偏食。

3. 生活常识

青春期少女日常生活中还应注意以下方面：①不宜过分追求苗条、盲目减肥。②为了避免影响足部发育，不宜穿高跟鞋。③不宜穿紧身衣。④不宜吸烟、饮酒。

三、青春期常见问题与疾病

1. 青春期贫血

进入青春期后，女生伴随月经来潮，或营养补充不足，如铁和蛋白素的缺乏，会导致红细胞合成减少，引发贫血。加之，女生体内较男生缺少促进红细胞合成的激素，更易出现贫血。据调查，12～20 岁少女有半数出现轻度贫血。针对青春期贫血，要注意合理饮食，摄入全面而充足的营养，此外要加以适当的体育锻炼，增强身体素质。

2. 青春期高血压

引起青春期高血压的主要原因是由于青春期身体各器官系统迅速发育，心脏也随着发育，心收缩力大大提高，但此时血管发育却往往落后于心脏，导致血压增高。另外，青春发育时期内分泌腺发育增强，激素分泌增多，神经系统兴奋性提高，植物性神经调节功能不平衡，也会产生血压增高现象。同时，青少年在迎考复习等特定环境下，由于精神高度紧张，大脑皮层功能紊乱，皮层下血管舒缩中枢失去正常调节，引起小动脉紧张性增强，外周循环阻力增加亦使血压增高。针对青春期高血压，要养成良好的饮食习惯，少吃咸食、甜食及含脂肪高的食物，多吃新鲜蔬菜和水果，不吸烟、不饮酒，保持情绪愉快，减少心理紧张和心理压力，定期测量血压及检查其他症状，及早发现、及早治疗青春期高血压。

3. 青春期甲状腺肿大

由于青春期发育的特点，青春期的少男少女，可有不同程度的甲状腺肿大。青少年需要摄入充足的碘来合成甲状腺素，当碘摄入不足的时候，垂体促甲状腺激素分泌增多，就会引起甲状腺肿大。防治青春期甲状腺肿大的措施主要是补碘。多吃含碘丰富的食物，如紫菜、海带、海蜇皮及各种海鱼等。

4. 遗精

影响遗精的因素主要有以下几点：①精满自溢。男孩进入青春期后，睾丸不断产生精子，精囊腺和前列腺也不断产生精浆。随着精子和精浆的不断产生，体内精液贮存到一定量时，会自动从尿道排出。②局部刺激。内裤过紧，被子太重，被窝温度太高或俯卧睡觉，使生殖器官受到刺激，会诱发遗精。此外，生殖器官疾病如包皮过长、尿道感染、龟头炎等均可导致遗精。③性的刺激。由于对异性的密切接触，或者浏览了描写性的小说或影像，使思想过度集中在性问题上而导致睡眠时遗精。此外，有手淫习惯也易导致遗精。健康的未婚男子，每月有 1～2 次遗精是正常现象，不会影响身体健康。如果遗精过频，则应及早就医诊治。

5. 白带异常

伴随着女生第二性征发育，阴道和外阴会出现湿润分泌物，这就是“白带”。白带的出现，是女性正常的生理现象。正常白带，量较少，色乳白，似蛋清的黏性液，无臭味。如果白带量过多，或者白带有异味，白带带血，外阴瘙痒，就可能是由某些疾病引起的，要及时就医诊疗。

6. 痛经

主要表现为经期或经期前后出现较严重腹痛、下坠或其他不适甚至影响生活和学习的现象。引起痛经的因素有很多，如子宫发育不良、贪吃生冷食物、遗传因素、某些妇科疾病、精神紧张压力大、作息不规律等等。要寻找痛经的病因，有针对性地加以处理，必要时就医诊治。

7. 乳房发育不良

影响乳房发育主要有以下因素，如种族、遗传、营养、内分泌、体型与疾病等，常见的乳房发育不良有：小乳房、乳房先天性畸形、两侧乳房不对称等。针对此类问题要根据具体情况具体处理，必要时就医诊治。

8. 痤疮

痤疮俗称粉刺、青春痘，是发生在毛囊皮脂腺的慢性炎症性皮肤病，受青春期性激素水平骤然增多的影响而易发生。多由旺盛的皮脂代谢产生的过多脂肪酸的刺激以及皮屑或污物阻塞毛囊口，导致封闭环境中过度增殖的痤疮丙酸杆菌的作用，使皮肤产生了炎症反应，表现从轻到重是白头黑头粉刺、炎性丘疹和脓疱、囊肿和结节，一般男孩比女孩更严重。针对痤疮，我们在平常的生活中应注意以下三点：①饮食清淡，少食油腻、辛辣刺激、过甜的食物，火腿、香肠等腌制食品及巧克力、咖啡、酒类也应少吃少饮，多吃清淡的蔬菜、水果，保持消化道通畅。②保持皮肤清洁，一天应洗脸 2～3 次，宜用温水，不要用碱性较大的香皂和油性大的洗面奶，而应选择一些偏中性或酸性的洗面乳，这样有助于去除多余皮脂，又不伤害皮肤。③若已生有痤疮，切勿挤压。注意这些，脸上的青春痘会少些。

9. 神经性厌食症

神经性厌食症是一种由心理因素引起的饮食障碍，主要特征是厌食和体重减轻，多见于女生。有的女生盲目追求体型美而节食，不吃鸡、鱼、肉、蛋，也不喝牛奶，甚至不吃动物性食品和主食，食欲日趋降低，看见食物就恶心，最后发展到拒食。患有神经性厌食症的女生由于进食明显减少，会出现体重下降、身体虚弱、心率变缓、血压下降、皮肤粗糙和闭经等症状，还可能出现一些精神症状和行为失常，如不及时治疗将会导致严重后果。

10. 甲型肝炎

甲型肝炎是一种通过消化道传播的病毒性肝炎，主要由不洁饮食通过粪—口途径传播。预防甲型肝炎主要在于注意卫生：饭前便后，或在摸过不清洁的物品后，要及时用肥皂和流动水清洁双手；不使用他人的水杯和餐具；不喝生水；不吃不洁食品；自己的水杯和餐具要经常消毒；生吃瓜果要洗净去皮，尤其不要随意在卫生条件不佳的流动摊贩就餐。此外，注射甲肝疫苗是预防甲型肝炎的有效方式。

11. 脚臭

由于脚心分布大量汗腺，再加上活动、精神紧张、天气闷热、吃辛辣食物等因素，会分泌大量汗液。汗液成分主要有水分、无机盐、乳酸、尿素等，在多汗条件下，脚上细菌大量增殖，并分解角质蛋白和汗液中尿酸、乳酸等，进而产生脚臭。因此，要选用透气性好的鞋袜，保持足部通风透气、勤洗脚、勤换袜子、尽量保持足部干燥、少吃辛辣刺激食物等，以缓解脚臭现象。

第四节　中职学生生理健康教育

一、影响中职学生生理健康的主要风险因素

影响健康的基本因素有四项：生物遗传因素，环境因素（包括社会环境和自然环境），医疗卫生条件，日常行为和生活方式。世界卫生组织的调查结果显示，在上述四项因素中，生物遗传因素占 15%；环境因素占 17%（其中社会环境占 10%，自然环境占 7%）；医疗卫生条件占 8%；行为和生活方式占 60%。生物遗传因素和环境因素属不可控因素，而医疗卫生条件及行为和生活方式属可控因素，共占 68%。在这 68% 中，真正属于个人可控的是行为和生活方式，占可控因素的 88%。见图 3-5。

合理、卫生的行为和生活方式会促进、维护健康，而不良的行为和生活方式则会给健康带来负面影响。对于中职学生，我们应重点关注其行为和生活方式方面的健康风险因素。

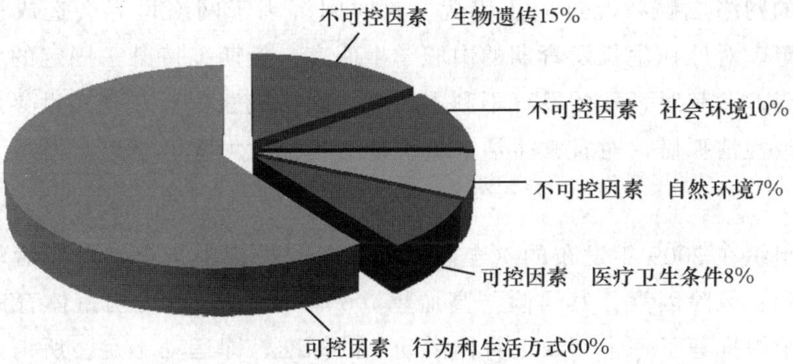

图 3-5 影响健康的风险因素占比

1. 吸烟

吸烟是中职学生最常见的健康风险因素。中职学生身体尚未发育完善，呼吸系统的解剖学特点也使得烟雾微粒更易到达细支气管和肺泡，有害物质易吸收，组织损伤严重。吸烟除直接损伤呼吸系统外，对神经系统、循环系统、消化系统等多系统均会造成损伤，导致慢性支气管炎、心脑血管疾病、消化道溃疡，甚至诱发癌症等。对青少年来说，吸烟还会使得注意力分散、记忆力下降、智力活动能力降低从而影响学业，甚至引发打架斗殴、抢劫等违法犯罪问题。

2. 饮酒

饮酒对中职学生正常生理功能和发育带来严重影响。主要包括：①使生殖器官正常功能衰退；性成熟推迟 2～3 年；②损伤食道黏膜，可能引起炎症及细胞突变，同时刺激胃酸、胃酶过多分泌；③加重肝脏负担，破坏肝功能；④影响神经系统，造成头晕头痛，注意力不集中、记忆力减退；⑤醉酒导致发生意外事故的概率增大。

3. 饮食不科学

中职学生大多住校，在饮食上脱离了家长的照护，主观随意性大。主要表现为挑食、厌食；不吃早餐；零食过多；偏爱营养结构不合理的快餐；喜食卫生状况不佳的路边摊食品；早中晚三餐搭配不合理，等等。不卫生饮食易引起消化道传染病、食物中毒，长期的不科学饮食会使营养素摄入不均衡，严重时可影响生长发育。

4. 睡眠不足

按照健康标准，中职学生每天应睡足 8 小时。而现实中很多中职学生睡眠时间不足，或者觉得入睡难，睡眠质量欠佳，多梦、易醒等。睡眠不足会导致精神不佳，无法满足白天学习的精力需求，还会使机体的免疫力下降。此外对正处于青春发育期的中职学生来说，长期睡眠不足还导致生长激素分泌不足，影响身高的发育。

5. 网络成瘾

中职学生普遍自控能力较差。随着移动网络的发展及手机、平板电脑等移动终端的普及，中职学生的网络成瘾状况进一步堪忧。长时间沉溺于网络世界会造成视力下降、失眠、肌肉酸痛等，对处在生长发育期的中职学生而言，长期维持某一固定的姿势还会引起体格发育的障碍，尤其对脊柱的发育不利。另外，网络成瘾者会对现实世界反应迟钝，进而疏于社交而致性情孤僻，对日常生活的管理能力也会大大降低。

6. 运动不足

世界卫生组织在2009年发布的《全球健康风险》报告中指出，身体活动不足已经成为全球第四大死亡风险因素，其风险与高血糖（6%）相同。作为衡量体育锻炼的客观指标，世界卫生组织推荐了一个“缺乏身体活动”的标准，即运动不足。所谓运动不足是指“每周参加30分钟中等强度身体活动的次数少于5次，或者参加高强度身体活动的次数少于3次以及类似情形”。对于中职学生来说，运动不足还会影响体格发育，尤其是骨骼系统的发育。

7. 不安全性行为

不安全性行为是指血液、精液或阴道液进入体内的性行为。它可能导致意外怀孕、人工流产，影响学业；染上性传播疾病；导致不孕不育、全身性疾病；感染艾滋病病毒，危及生命等。

8. 毒品摄入

毒品一般是指使人形成瘾癖的麻醉药品和精神药品，对人体危害极大，可引起中枢神经系统及全身其他系统的损害，在毒品的致幻作用下，还会导致攻击性增强、自残、自杀等后果。尤其值得警惕的是近些年出现的一些外观极具伪装性的新型毒品如“邮票”“奶茶”“浴盐”等，对于涉世不深又对新鲜事物有强烈好奇心的中职学生来说，容易在不知实情的状况下误服，从而陷入深渊。

9. 职业因素

职业因素是指在从事生产活动时，由于特定的环境条件或是生产活动的特殊性而对健康产生影响的因素，属于环境因素中的特殊部分。职业因素对中职学生的健康影响主要发生在实训、顶岗实习、生产实习过程中，详见本书第四章相关内容。

10. 其他

如交通事故、体育活动及日常学习生活中发生的各种意外伤害等。

二、中职学生健康生活方式及行为习惯的养成

中国是一个有着五千年文明史的古国，养成教育可谓源远流长。《大戴礼记·保傅》中提出：“少成若性，习贯之为常”，对后世的养成教育产生了深远影响。近代教育家叶圣陶先生说过：“教育是什么，往简单方面说，只须一句话，就是要养成良好的习惯。”

中职学生处于青少年时期，是人生的奠基时期，也是培养行为习惯的重要时期。学校

作为教育的主阵地，要把培养学生健康生活方式及行为习惯提高到适应素质教育的时代要求、全面提高学生综合素养的高度来看待。

（一）培养健康生活方式及行为习惯需要德智体美劳多管齐下

1. 智育方面

对中职学生进行卫生保健知识的传授是培养其健康生活方式及行为习惯的基础。例如，烟草有什么危害，青春期生理卫生特点是什么，毒品的危害有哪些，作为交通参与者要遵守哪些交通规则……这些知识不是存在于哪一科固定的课程里，但我们应该拿出一定的课时来对学生进行这些知识的传授，而且要反复传授。

2. 德育方面

就我国目前中职教育的实际看，在德育中存在片面追求“高、大、全”的弊端，对学生行为习惯的养成重视不足，而健康教育中的德育恰是需要从日常行为中的点点滴滴做起。不吸烟、不饮酒、不熬夜通宵上网、正确看待异性关系、文明相处等这些具体规定不仅要体现在校规校纪的文字里，更要落实到实际行动中。另外，建立积极、正确的信念与态度是养成良好行为习惯的重要动力，如何引导学生建立这些信念与态度也是我们在实施健康教育过程中要认真思考的问题。

3. 体育方面

“野蛮其体魄，文明其精神。”生命在于运动，科学合理而又适量的体育运动能有效维护健康。影响中职学生健康的风险因素之中就包括运动不足。然而长久以来，我们的基础教育对体育的重视不足，时常出现文化课挤占体育课的现象，中职学校有所改观，但受场地、器械、师资等客观条件的限制，整体来看仍不尽如人意。作为中职学校来说，培养学生良好的运动习惯，首先要把体育课课时开足，在此基础上要注重体育课的实效，不能把体育课全部开成自由活动课。一方面要教授学生科学的运动方法，合理开展运动，避免运动损伤；另一方面要唤醒学生的“运动意识”，引导其将“运动”内化为自己的主观需求。另外，对体育运动的长期坚持也是磨炼学生意志品质的过程。

4. 美育方面

美育是要培养人们认识美、体验美、感受美、欣赏美和创造美的能力，从而使人们具有美的理想、美的情操、美的品格和美的素养。中职学生的审美教育就是要通过书法、绘画、音乐、舞蹈、影视作品、文学作品等感染和引导学生明辨是非、美丑和善恶，从而在实际生活中建立起良好的行为习惯。

5. 劳动教育方面

劳动教育从形式上看是培养学生的生活技能，但实质上能促进人的身体和智力发展、提高学生的审美能力，有利于提高学生的创新精神和实践能力。在劳动中养成尊重劳动的思想，在生活中奠定良好行为习惯的根基。

（二）培养健康生活方式和行为习惯的三个抓手

1. 发挥教师的引导作用

“学高为师，身正为范”，教师的言谈举止、丰富学识都会给学生以无言的影响，因此，要让学生养成健康生活方式和行为习惯，教师要首先发挥表率作用。在学习、生活中教师与学生交往时要注重自身的一言一行，重视言语、行为内在的和外显的教育、引导作用。

2. 培养学生的自觉性

健康生活方式和行为习惯的养成，必须得到学生自身的重视，并加以不断修炼，才能标本兼治，事半功倍。中职学生虽然具备了一定的评判能力，能较客观地评价别人的行为，但对自己行为的评价，往往带有片面性和主观性，这种评价结果不利于学生良好行为习惯的养成。与此同时，这个年龄的学生通常又比较在意别人对自己的评价，因此，可通过建立学生互动评价体系的方式，寻找行为差距，提高学生培养良好习惯的自觉性。

3. 加强与家长的沟通配合

作为中职教育者，要加强与学生家长的联系沟通，经常性地开展家访活动或通过电话等通讯方式与家长探讨交流，让家长理解学校教育的各项措施和对学生的具体要求，帮助家长转变观念，共同创造良好行为习惯的养成环境，引导家长全力配合学校做好子女的教育工作。

健康生活方式和行为习惯的养成是一个漫长的过程，不可能一蹴而就，需要持之以恒，严格训练，反复强化，坚持不懈。所谓“冰冻三尺，非一日之寒”，我们在此过程中应当克服各种不利因素，使学生都能够健康成长，这才是健康教育的最终目的。

思考题

1. 什么是生理健康？生理健康的判断依据是什么？
2. 生理健康与广义的“健康”之间有何关联？
3. 人体生长发育可分为哪几个阶段？中职学生对应哪个阶段？
4. 生长发育有何规律？中职学生的生长发育具备哪些特点？
5. 男生、女生青春期各有什么生理特点？此阶段容易出现哪些健康问题？如何处理？
6. 影响中职学生生理健康的风险因素有哪些？

第四章

常见职业病与健康教育

◆ **教学目标：** 本章主要是让学生了解常见典型职业病的基本知识，促进职业健康知识的全面普及，理解职业健康与安全的基本常识，了解相关专业的职业类型和特点及如何有效地预防职业性相关疾病的发生。在了解职业与职业性危险因素之间关系的基础上，引导学生在职业活动中有效地预防职业病的发生。

◆ **教学重点：** 从职业学校所设专业入手，分析中职学生未来所在职业岗位可能出现的职业病，普及技术技能型人才应有的职业健康与安全理念，把握常见职业病的基本常识，掌握一些典型职业病的预防方法，并能够根据环境的特点采取有效的措施预防职业性危险因素所致的身体损伤。

◆ **教学难点：** 引导学生树立正确的职业健康与安全观念，使学生不断地适应环境，增强自身的调节能力，能够敏感地捕捉到危害自身健康的职业性危险因素，并能迅速采取有效措施预防职业病的发生，提高职业健康水平，防止危害加重、保证健康生活。

第一节　中职学生职业健康教育

中职学生的毕业去向主要有两个，一个是继续学习深造，另一个是毕业后就业，从事各种职业活动。从目前职业学校的办学实际来看，就业是多数中职学生的第一选择，因此关注中职学生职业健康十分必要，只有保证在职业活动中有个健康的身体，才能获得幸福的生活和美好的未来。因此，在学业和职业生涯中，懂得常见典型职业病与职业安全方面的防护知识，对学生未来发展具有重要意义。

一、职业健康与职业病

（一）职业健康

1. 职业健康的内容

职业健康是指职工在劳动过程中保持生理、心理及社会适应处在良好状态，职工健康不受职业危险因素伤害、不受工作环境影响，并将职工安置在适合他们的生理和心理健康的工作环境中。职业健康主要包括三方面内容：第一，职业健康必须在劳动过程中，使职工处于良好的身心状态；第二，职业性危险因素对职工的健康不构成我国法定职业病规定危害的程度；第三，因职工个人体质的差异，工作环境必须是在职工生理和心理的适应范围内。

2. 影响职业健康的因素

影响职业健康的因素也称为职业性危险因素，即在职业活动过程中产生和存在的对职业人群健康、安全和作业能力造成不良影响的因素或条件。影响职业健康的因素按来源可以分为生产过程中存在的危险因素、劳动组织过程中的危险因素、生产环境中的危险因素三大类。具体如表 4-1 所示。

职业性危险因素的全面正确识别是职业病控制和预防的基础。由于不同专业所涉及行业的生产工艺流程特点不同，所接触的职业性危险因素各异，职业性危险因素的关键控制点和控制措施也各不相同。只有掌握主要专业所涉及行业的职业特点，才能正确识别出每个行业的职业性危险因素，进一步评价、预测和控制该行业的相关职业性危险因素，采取综合治理与重点控制相结合的措施，有效地预防职业病的发生。

表 4-1　职业性危险因素

<table>
<tr><td rowspan="14">职业性危险因素</td><td rowspan="6">存在于生产过程中</td><td rowspan="3">物理因素</td><td>异常气候条件：高/低温、高/低气压等</td></tr>
<tr><td>电磁辐射/电离辐射等</td></tr>
<tr><td>噪声、震动</td></tr>
<tr><td rowspan="2">化学因素</td><td>生产性粉尘，如煤尘、矽尘、有机粉尘等</td></tr>
<tr><td>生产性毒物，如铅、苯、汞、有机磷农药等</td></tr>
<tr><td>生物因素</td><td>使人致病的寄生虫、微生物、细菌和病毒等</td></tr>
<tr><td rowspan="3">存在于劳动组织过程中</td><td colspan="2">劳动组织和制度不合理，如劳动时间过长、轮班制度不合理等</td></tr>
<tr><td colspan="2">劳动强度过大、工作时间过长、工作压力过大等导致的职工心理、精神障碍等</td></tr>
<tr><td colspan="2">由于人机因素不匹配，使用工具不合理或工作中长时间不良体位，导致个别器官或系统功能障碍</td></tr>
<tr><td rowspan="5">存在于生产环境中</td><td colspan="2">厂房布置不合理，如将有毒有害工序/工种与无毒无害工序/工种混合安排等</td></tr>
<tr><td colspan="2">缺乏必要的卫生技术设施，如没有通风换气、防尘、防毒、防噪声设备等</td></tr>
<tr><td colspan="2">由于管理缺陷造成的作业环境差，如采光不良、地面湿滑、作业空间狭窄等</td></tr>
<tr><td colspan="2">生产工艺过程造成的环境污染等</td></tr>
<tr><td colspan="2">自然环境中存在的有害因素，如炎热季节的阳光辐射，寒冷季节的低温等</td></tr>
</table>

（二）职业病

1. 定义

职业病是指劳动者在职业活动过程中，因接触粉尘、放射性物质或有毒、有害物质等因素而引起的疾病。这里的职业病指的是法定职业病，它的构成要素为患病主体必须是用人单位或个体经济组织的劳动者，必须是在从事职业活动过程中产生的，因接触粉尘、放射性物质或其他有毒、有害物质等职业危险因素而引起的。

2. 分类

目前我国法定职业病共包括 10 大类 132 种。10 大类职业病包括职业性尘肺病及其他呼吸系统疾病（19 种）、职业性皮肤病（9 种）、职业性眼病（3 种）、职业性耳鼻喉口腔疾病（4 种）、职业性化学中毒（60 种）、物理因素所致职业病（7 种）、职业性放射性疾病（11 种）、职业性传染病（5 种）、职业性肿瘤（11 种）、其他职业病（3 种）。

3. 职业病的特点[①]

（1）病因明确，可以预防。职业性有害因素为其发病病因，当病因和作用条件控制后，职业病的发生就会减少甚至消除。

（2）病因可以检测，但是疾病必须达到一定阈值。所接触的职业性危险因素的接触量

① 李洪．职业健康与安全［M］．北京：人民邮电出版社，2011：1-2.

通常是可以检测的，而且必须超过一定限度才能使人得病。

(3) 在接触同样职业性危险因素的人群中，常有一定的发病率，很少单发。

(4) 早发现，早治疗，易恢复。如能早期诊断，很多职业病是可以预防的；职业病发现越晚，治疗效果越差。

(5) 很多职业病目前并没有特效治疗方法，除职业性传染病外，治疗个体无助于控制人群中的发病率。

4. 工作有关疾病

工作有关疾病是指由于受生产环境及生产劳动过程中某些不良因素的影响，导致机体的抵抗力下降，使某些常见病的发病率升高或促使潜在的疾病发作，或使现在患有的疾病加重、病程延长等。这类疾病由多种因素引起，职业性危害因素只是其中之一，可在一般人群中发病，这类疾病统称为工作有关疾病或职业性多发病。常见的工作有关疾病包括职业紧张、工作相关性肌肉骨骼疾病、慢性非特异性呼吸系统疾病、心血管系统疾病、消化系统疾病等。

二、职业安全与事故

1. 职业安全

职业安全又称工业安全，是指在生产劳动过程中，能将职工伤亡或财产损失控制在可接受水平的一种状态。职业安全以防止劳动者在职业活动中发生各种伤亡事故为目的，并且努力在工作领域及法律、设备、技术、组织及教育制度等方面采取措施预防事故的发生。

2. 事故

事故是指违背人们的意愿而发生的各种突发性事件总称。在工作过程中，事故是指造成人员伤亡、伤害、职业病、财产损失或其他损失的意外事件。事故发生的原因主要有人的不安全行为、机器的不安全状态、环境的不安全条件及管理上的缺陷四方面内容。

预防职业危害事故的方法包括：职工上岗前进行严格筛选，必须具备上岗资质；企事业单位需定期排除事故隐患，建立监控排查及治理制度；企事业单位完善安全事故应急预案。①

三、中职学校开展职业健康教育的必要性

1. 职业健康与安全涉及范围广

我国每年职业病危害人数达 70 多万，造成直接的经济损失在 1 500 亿元以上。这不仅

---

① 李洪．职业健康与安全［M］．北京：人民邮电出版社，2011：5-10.

损害了劳动者的生命与健康，同时也是我国人力资源的巨大损失，职业病累积到一定程度，还会影响到社会的安全与稳定。保护劳动者在生产过程中的健康与安全是社会文明的重要标志，全社会都应重视保护劳动者的健康与安全。

2. 中职教育发展迅速，在校生人数庞大

中职教育目前在我国稳步发展，2018 年，中等职业学校年招生数 559.41 万，在校生数达到 1 551.84 万，中等职业教育已经具备了大规模培养技术技能型人才的基本能力。因此，每年都会有数量可观的中职学校毕业生进入职业场所，成为生产、经营、管理和服务一线的劳动者，并且人数在今后的几年内还会保持在相对稳定的水平。

3. 中职学校偏重知识和技能，缺乏职业安全方面的教育

当前我国中等职业学校的学生在学习中偏重知识和技能，对设备和工具的正确使用、对作业环境的安全要求认识不够全面，对相关法律法规不熟悉甚至不知道，没有形成职业健康安全意识，缺乏基本的安全生产知识，不具备基础的安全技能。因此，尽早在即将进入生产第一线的中职学生中进行职业健康与安全教育，提高学生的职业健康安全意识和自我保护能力，这无疑对学生本人、企业和社会都具有重要意义。

4. 中职学生对职业健康与安全教育学习的迫切需求

通过对某中职学校在校生进行的《中职学生职业病防治调查问卷》显示：九成以上的中职学生对我国法定职业病及工作相关性疾病的分类及防治措施知之甚少，并且八成以上的学生有迫切学习职业健康与职业病方面知识的意愿。但职业健康教育在中职学校中处于严重缺乏状态，因此，中职学校实施职业健康教育教学刻不容缓。

第二节　中职教育专业的职业类型和特点

一、中职学校办学规模与结构特点

（一）办学规模

1. 全国中等职业学校的总数超过 1 万所

根据我国教育部公布的《2017 年全国教育事业发展统计公报》显示：2017 年，全国共有中等职业学校 1.07 万所（图 4-1）。其中，普通中等专业学校 3 346 所，职业高中 3 617 所，技工学校 2 490 所，成人中等专业学校 1 218 所。根据历年中等职业学校总体数据显示，其数量处于相对稳定的水平。[①]

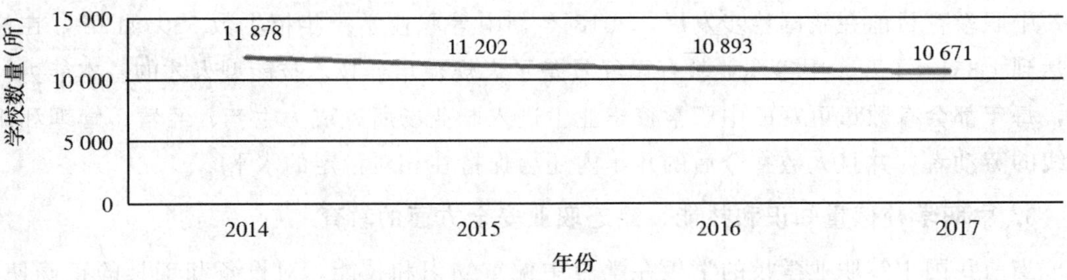

图 4-1　2014—2017 年我国中等职业学校数量变化趋势

从地理区域看来，全国各地区中等职业学校的数量差距较大。中等职业学校数量最多的为华东地区，其次为华中、华北地区；较少的为西北、东北地区（图 4-2）。数量最多的省份是河南，有 640 所；其次为河北，有 609 所；数量较少的省份有西藏、宁夏、青海，均在 50 所以下；其次为天津、海南、北京、上海等，数量在 100 所以下。

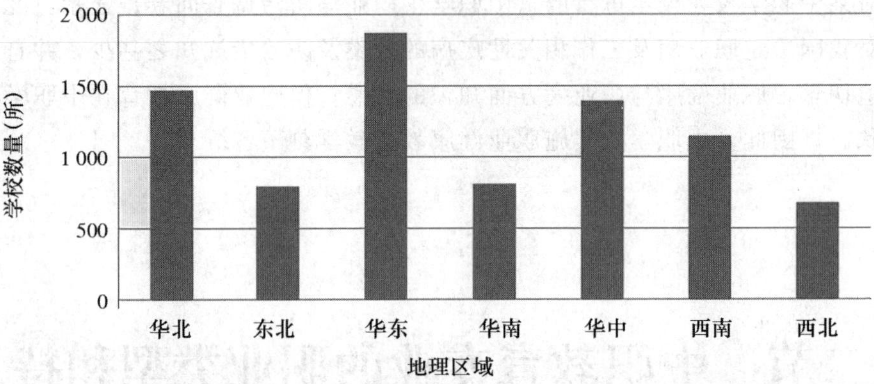

图 4-2　2017 年全国不同地理区域中等职业学校数量分布情况（不含技工学校）

2. 全国中等职业学校在校生数达 1 500 万以上

2017 年，全国中等职业学校共招生 582.43 万人，比上年减少 10.91 万人，下降 1.84%，占高中阶段招生总数的 42.13%；在校生数 1 592.50 万，比上年减少 6.52 万人，下降 0.41%，占高中阶段教育招生总数的 40.1%（图 4-3）；毕业生数 496.88 万，比上年减少 36.75 万人，下降 6.89%。近年来，在高中阶段教育总体生源下降的背景下，中等职业学校招生数及在校生数均在缓慢下降，但总体相对稳定。中等职业学校发挥技术技能型

① 王扬南，刘宝民. 中国中等职业教育质量年度报告 2018［M］. 北京：高等教育出版社，2019：7-8.

人才培养的主渠道作用仍占据重要地位。[①]

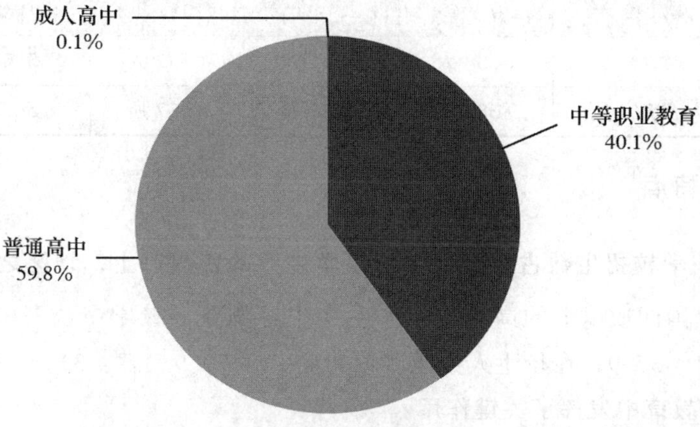

图 4-3　2017 年我国高中阶段在校生规模结构

另外，全国各地中等职业教育发展规模差异较大。中等职业教育招生规模、在校生规模、毕业生人数较多的地区为华东、西南及华中地区，其中以华东地区最多；较少的地区为西北、东北及华北地区，以东北地区最少（图 4-4）。

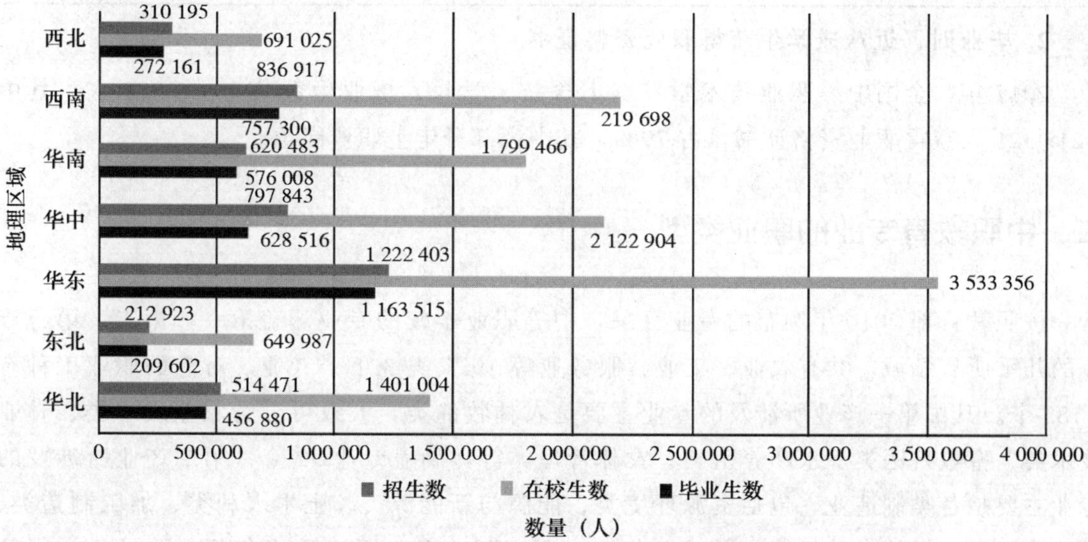

图 4-4　2017 年我国不同地区中等职业学校招生数、在校生数和毕业生数（不含技工学校）

3. 全国中等职业学校校均规模 1 500 余人

近年来，各地为提高办学效益，根据产业结构和人口变化趋势对中等职业学校的总体布局进行了调整。2017 年全国中等职业学校校均在校学生 1 533 人，保持在比较稳定的状态（表 4-2）。

① 王扬南，刘宝民．中国中等职业教育质量年度报告 2018［M］．北京：高等教育出版社，2019：8-10.

表 4-2　2012—2017 年全国中等职业学校校均规模变化（不含技工学校）

项目	2012 年	2013 年	2014 年	2015 年	2016 年	2017 年
校均规模	1 731 人	1 638 人	1 563 人	1 542 人	1 525 人	1 533 人
中职学校数	9 762 所	9 380 所	9 060 所	8 657 所	8 367 所	8 181 所

（二）结构特点

1. 我国中职学校招生数占整个高中阶段学生数的四成以上，地区之间略有差异

2017 年，全国四成以上的高中阶段学生在中等职业学校学习，高中阶段教育招生人数职普比为 42.1∶57.9；在校生人数职普比为 40.1∶59.9（表 4-3）。① 中等职业教育在加快普及高中阶段教育中发挥了关键作用。

表 4-3　2015—2017 年全国高中阶段教育职普比

项目	2015 年	2016 年	2017 年
在校生职普比	41.1∶58.9	40.3∶59.7	40.1∶59.9
招生职普比	43.0∶57.0	42.5∶57.5	42.1∶57.9

2. 毕业时，近八成学生获得职业资格证书

2017 年，全国中等职业技术学校（不含技工学校）毕业生数共 4 063 981 人，其中 3 218 321 人获得职业资格证书，占 79%，其中大部分走上职业岗位。

二、中职教育专业的职业类型

按照教育部 2010 年颁布的专业目录，中等职业学校的专业涵盖第一、第二、第三产业的几乎所有领域，共有农业、工业、服务业等 19 大类 321 个专业，对应的职业工种有 1 185 个。其中第一产业所涉及的专业主要是农林牧渔类，大致可分为农业技术类、林业技术类、畜牧兽医类、水产养殖类、农林管理类等，涵盖专业 32 个；第二产业所涉及的专业主要是各类制造业，包括资源环境类、能源与新能源类、土木水利类、加工制造类、石油化工类、轻纺食品类等，涵盖专业 122 个；第三产业所涉及的专业主要是各类服务业，包括交通运输、信息技术、医药卫生、休闲保健、财经商贸、旅游服务、文化艺术、体育与保健、教育、司法服务、公共管理与服务等，涵盖专业 167 个。中等职业教育直接服务于地方经济，其专业结构与区域经济发展相吻合。

华东地区包括我国的上海、江苏、浙江、安徽、福建、江西、山东七个省市。2017 年我国华东地区共有中等职业学校 1 864 所，毕业生数 1 163 515 人。华东地区是我国重要

① 王扬南，刘宝民．中国中等职业教育质量年度报告 2018［M］．北京：高等教育出版社，2019：10-12.

的电子商务集中地、加工制造业集中地，包括纺织皮革、化工制造、玩具制造、金属制造、包装造纸印刷、机械加工、服装服饰、医药健康、环保纸业、木材加工、家居制造、家电生产及工艺饰品等行业；另外上海是中国经济发展的前沿城市，传媒影视发展迅速，软件及计算机行业、现代服务业集群规模亦较大。综上所述，我国华东地区中职学校专业占比排在前三位的分别为加工制造类、信息技术类、财经商贸类。

华中地区包括河南、湖北、湖南三省。2017 年我国华中地区共有中等职业学校 1 396 所，毕业生数 628 516 人。华中地区是我国重要的粮食生产基地，其中河南建有全国粮食行业最大的门户网站。华中亦是我国加工制造业集中地，包括机械制造业、金属制品业、非金属矿物制品产业、食品饮料制造业、木材加工及家具制造业、皮革羽毛绒制造业、装备制造业等，亦是能源原材料基地和综合的交通运输枢纽。综上所述，我国华中地区中职学校专业占比排在前三位的分别为加工制造类、信息技术类、交通运输类。

华北地区包括北京、天津、河北、山西、内蒙古五个省市自治区。2017 年我国华北地区共有中等职业学校 1 468 所，毕业生数 456 880 人。华北地区有以北京、天津为主的全国性文化中心、商业性服务中心、综合性贸易港口和电子信息、光机电一体化、汽车制造、石化、冶金、生物工程与医药、新能源及环保等现代成熟的工业体系；有以河北为主的煤炭、铁矿石、石灰岩、石油等自然资源开采以及医药、纺织、造纸、化工、机械、电子、建材、食品为主体的综合性工业体系；有以山西为主的煤炭、电力、化工、铁铝、冶金、机械、建材、纺织等为主体的工业发展体系。综上所述，我国华北地区中职学校专业占比排在前三位的分别为信息技术类、加工制造类、财经商贸类。

西南地区包括重庆、四川、贵州、云南、西藏五个省市自治区。2017 年我国西南地区共有中等职业学校 1 145 所，毕业生数 757 300 人。我国西南地区面积广阔，矿产、旅游、土地、水资源等十分丰富，其中矿业开发已成为支柱产业。多年来，虽然我国西南地区以高原、盆地较多，交通不便，阻碍了本地区经济发展，但是借“一带一路”发展契机，西南地区与全国各地乃至国外都建立了经济联系，就业人员结构也从第一产业逐渐向第二、三产业转移。综上所述，我国西南地区中职学校专业占比排在前三位的分别为加工制造类、信息技术类、旅游服务类。

华南地区包括广东、海南、广西三个省自治区。2017 年，我国华南地区共有中等职业学校 809 所，毕业生数 576 008 人。广东工业产值排名前六的行业分别为通信设备、计算机及其他电子设备制造、机械设备制造、金属冶炼及压延加工、化工原料及化工产品、汽车工业等；广西的经济主要以农业和旅游业为基础，木业、金属、铝加工业、汽车制造、石油化工、有色金属、发电、冶金等制造产业也在快速发展；海南则以旅游服务及渔业为主。综上所述，我国华南地区中职学校专业占比排在前三位的分别为信息技术类、加工制造类、农林牧渔类。

东北地区包括辽宁、吉林和黑龙江三省。东北三省是我国的农业大省，森林、草原、土地等资源十分丰富。近年来，这里形成了以辽宁为主的钢铁、石油、煤炭和多种装备制造业，以黑龙江为主的石油、煤炭、电力、林业，以吉林为主的汽车、石油化工等产业。并且三省借“振兴东北老工业基地”的发展契机，打造核心城市服务业，建立了以沈阳、长春、大连、哈尔滨为物流中心城市的集粮食产业、装配制造、石油及制品、钢材和铁矿石为一体的大型物流体系。综上所述，我国东北地区中职学校专业占比排在前三位的分别为信息技术类、加工制造类、农林牧渔类。

西北地区包括陕西、甘肃、青海、宁夏和新疆五个省自治区。目前西北地区是我国经济规模最小、工业化和城镇化发展水平最低的地区，也是我国国土面积最大、人口最少的地区。西部地区资源丰富，矿业开发已经成为重要的支柱产业；能源及矿产资源特别是天然气和煤炭的储量，占全国的比重分别高达 87.6%和 39.4%。西北地区亦是我国重要的牧业养殖基地，畜牧业、草业、果品、药材、蔬菜、花卉等特色产业大力发展。综上所述，我国西北地区中职学校专业占比排在前三位的分别为加工制造类、能源与新能源类、农林牧渔类。

根据《中等职业学校专业目录》划分的 19 个专业大类，再结合全国各地区的经济结构发展特点，总结出我国中等职业学校总体毕业生的专业分布特点（图 4-5），位列前三位的分别为信息技术类、加工制造类、财经商贸类，分别占的比例为 16.0%、13.8%、11.4%。[①]

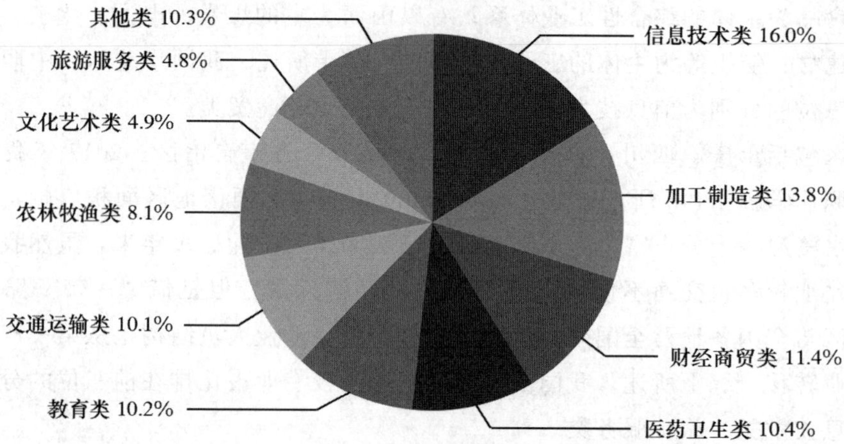

图 4-5　2017 年全国中等职业学校毕业生专业分布（不含技工学校）

三、中职教育专业的职业特点

（一）信息技术类

据图 4-5 中资料显示，从事信息技术类专业毕业生人数最多，所占比例为 16.0%，排

① 王扬南，刘宝民．中国中等职业教育质量年度报告 2018［M］．北京：高等教育出版社，2019：12.

在第一位。本专业的毕业生主要从事电子信息、通信产品、计算机的操作、生产、安装、调试、运行、维护以及电子信息产品的网络营销、服务等工作。信息技术领域的从业者身体多长时间保持不正确的姿势，会导致各种脊柱疾病。据卫生部门一项调查表明，每天使用电脑超过 4 小时者，81.6%的脊椎会出现不同程度的侧弯。长期用眼也会导致干眼症，据估计，我国现有 8 000 万干眼症患者，且上升速度每年递增，一个很大的原因就是电脑的长期使用对眼睛的伤害。电脑操作员由于久坐，缺乏运动，易形成血栓，患上静脉血栓症。因长期处于辐射环境中，常见法定职业病主要为物理因素所致职业病；工作有关疾病主要为工作相关性肌肉骨骼疾病、干眼症、静脉血栓症等。

（二）加工制造类

据图 4-5 中资料显示，从事加工制造类专业毕业生人数仅少于信息技术类，所占比例为 13.8%，排在第二位。加工制造类主要专业有钢铁冶炼、机械加工与制造、焊接技术应用等，机械制造工业生产过程一般包含铸造、锻造、热处理、机械加工、装配等工艺，此外还有焊接、切割、电镀和油漆等作业。生产过程中常暴露于高浓度粉尘、高强度噪声、震动、高温、热辐射及一氧化碳、二氧化碳、二氧化硫、氮氧化物等有害气体中。因此，常见法定职业病主要有尘肺病、职业性化学中毒、职业性眼病、职业性噪声聋；工作有关疾病主要为工作相关性肌肉骨骼疾病、职业性消化系统疾病等。

（三）财经商贸类

据图 4-5 中资料显示，从事财经商贸类专业毕业生人数占所有毕业生人数的比例为 11.4%，排在第三位。财经商贸类是指经济类和经济管理类专业，包括市场营销、金融、会计、人力资源管理、企业管理、统计、财税等。财经商贸类专业的毕业生主要从事市场调查、商品营销、策划等工作，电子信息、通信产品、计算机的操作以及电子信息产品的网络营销、服务等工作也会涉及。因从业者身体长时间保持不正确的姿势，也会导致各种脊柱疾病，另外本专业职工多长时间处于紧张状态，也会造成职业紧张、消化不良等相关疾病；部分专业职工长期处于辐射环境中。因此常见法定职业病主要为物理因素所致职业病；工作有关疾病主要为职业紧张、工作相关性肌肉骨骼疾病、职业性消化系统疾病等。

（四）医药卫生类

据图 4-5 中资料显示，从事医药卫生类专业毕业生就业人数占所有毕业生人数的比例为 10.4%，排在第四位。医务人员在工作中需要面对罹患各种疾病的病人，会经常暴露于生物（包括细菌、病毒、寄生虫等）、化学（消毒灭菌剂、麻醉剂、有机溶剂、麻醉气体、消毒气体等）、物理（辐射、激光、超声波）等有害因素中，并长期处于高度紧张及心理过度应激状态。因此，常见的职业性危害既有慢性长期的影响，也有急性突发性的危害。常见的法定职业病有职业性传染病、职业性化学中毒、职业性放射性疾病；常见工作有关疾病为职业紧张、工作相关性肌肉骨骼疾病、职业性消化系统疾病等。

（五）教育类

据图 4-5 中资料显示，从事教育类专业毕业生就业人数占所有毕业生人数的比例为 10. 2%，排在第五位。中职教育类专业包括学前教育和教育类新专业。教师常见的一些职业性危险因素包括粉笔粉尘，可导致咳嗽等呼吸系统疾病；声带也是教师容易受伤的部位之一，容易多发职业性咽炎；另外，由于教师长期伏案工作，精力高度集中，备课时间较长，容易造成颈部及腰部肌肉紧张，时间长容易形成颈部及腰部肌肉和韧带的慢性损伤。因此，教育类专业常见法定职业病主要为职业性尘肺病及其他呼吸系统疾病；常见的工作有关疾病为职业性咽炎、工作相关性肌肉骨骼疾病、职业紧张等。

（六）交通运输类

据图 4-5 中资料显示，从事交通运输类专业毕业生就业人数占所有毕业生人数的比例为 10. 1%，排在第六位。现代交通运输主要包括铁路、水路、公路、航空和管道五种运输方式，可分为装货、运行、卸货、仓储四大环节。在运货过程中，由于各种方式运输货物不同，如运输煤炭装卸过程中的煤尘会导致尘肺病；长途的震动和相互碰撞以及野蛮装卸等操作，会导致化学品的包装破损和泄露，致相应的职业中毒；长期户外作业也会患常见物理因素所致职业病。综上所述，交通运输类专业常见法定职业病有职业性中毒、尘肺病、物理因素所致职业病（中暑、减压病、震动病）；常见的工作有关疾病为工作相关性肌肉骨骼疾病、职业性消化系统疾病等。

（七）农林牧渔类

据图 4-5 中资料显示，从事农林牧渔类专业毕业生就业人数占所有毕业生人数的比例为 8. 1%，排在第七位。我国是农业大国，虽然在整个中职学校中的招生比例不高，但是此类专业的重要性却是其他专业无法比拟的，因为这是关系到人类最基本需求的行业。农林牧渔类专业所涉及的职业性危险因素及常见职业病分述如下：

1. 农业生产类

农业生产过程中接触的职业性危险因素主要有粉尘以及导致职业性中毒的物质等。常见职业病主要有：职业性尘肺病及其他呼吸系统疾病、职业性化学中毒、职业性皮肤病、职业性虫病、中暑等。

2. 林业生产类

从林业的工作环境看，林业工作者的主要场所是在偏远的林区山场，常见物理性致病因素为高温和辐射；常见职业病及工作有关疾病有中暑、职业性颈椎病、职业性虫病等。

3. 牧业生产类

畜牧、兽医专业的毕业生从事的工作有很多种，可以从猪场技术员、猪场场长、养殖场兽医到养猪职业经理人、饲料、兽药业务、研发、检测人员等。相关人员最可能患的职业病及工作有关疾病有人畜共患疾病、风湿性疾病、神经衰弱等。

4. 渔业生产类

渔民因长期在水面从事养殖、捕捞活动，容易在不知不觉中诱发严重的气管炎等多种疾病。因此渔民常见职业病及工作有关疾病主要有职业性呼吸系统疾病、风湿性疾病、中暑、职业性皮肤病、职业性噪声聋等。

综上所述，中职学生毕业后所从事的职业中，最典型的法定职业病为：职业性尘肺病及其他呼吸系统疾病、职业性化学中毒、物理因素所致职业病、职业性传染病、职业性皮肤病、职业性眼病等；常见的工作有关疾病主要有工作相关性肌肉骨骼疾病、职业紧张、职业性消化系统疾病等。

第三节　中职学生常见的典型职业病及其预防

根据近年《中国卫生健康事业发展统计公报》显示（表 4-4），职业性尘肺病占每年新发职业病患者比例最高，其次是职业性耳鼻喉口腔疾病，第三位为职业性化学中毒。结合中职学生的职业类型和特点，详细介绍以下几种常见职业病。

表 4-4　近年中国法定职业病新发病例数量变化特点　　例

病种	2015 年	2016 年	2017 年	2018 年
职业性尘肺病及其他呼吸系统疾病	26 081	28 088	22 790	19 524
职业性耳鼻喉口腔疾病	1 097	1 276	1 608	1 528
职业性化学中毒	548	812	1 021	1 333
职业性传染病	485	610	673	540
物理因素所致职业病	149	268	399	331
职业性皮肤病	106	100	83	93
职业性肿瘤	81	90	85	77
职业性眼病	121	104	70	47
其他职业病	512	441	27	24
职业病发病总数	29 180	31 789	26 756	23 497

一、职业性尘肺病及其他呼吸系统疾病

（一）概述

尘肺病（全称为肺尘埃沉着病），是指在职业活动过程中因长期吸入生产性粉尘而引起的以肺组织弥漫性纤维化为主的全身性疾病。尘肺病是目前我国最常见和最主要的职业病，占全国每年新发职业病患者总数的80%～90%，每年因尘肺病造成的直接经济损失达100亿元人民币以上。

目前我国从事粉尘作业的人数估计接近1 000万，仅煤矿工人就有500万之多，居世界之首。我国第二产业所涉及的专业接触到生产性粉尘的概率最大，存在患病隐患最大。在中等职业学校所涉及的各专业中，加工制造类各专业患尘肺病的人数最多，其中所涉及的专业主要有钢铁及有色金属冶炼、金属压力加工、金属热加工、机械加工、机械制造等；其次为资源环境类各专业，包括钻探工程技术、掘进工程技术、采矿技术、矿井建设、煤炭综合利用技术等；再次为能源与新能源类各专业，包括石油钻井、石油天然气开采等；另外，土木水利工程施工类专业也存在患尘肺病的隐患。

（二）法定职业尘肺病分类

我国《职业病目录》（卫法监发〔2002〕108号）公布的职业病名单中列出了13种法定尘肺病，即硅肺、煤工尘肺、炭黑尘肺、石墨尘肺、石棉肺、滑石尘肺、云母尘肺、水泥尘肺、陶工尘肺、铝尘肺、铸工尘肺、电焊工尘肺及其他尘肺病。

（三）引发尘肺病的主要因素

1. 与粉尘有关

作业场所的粉尘浓度越高，越容易引发尘肺病；粉尘径粒越小，越容易引起肺组织纤维病变；与粉尘接触时间越长，吸入量越大，越容易引发尘肺病。

2. 与劳动强度有关

劳动强度越大，吸入空气的数量越多，肺泡中沉积粉尘的量越大。

3. 与个体因素有关

同样作业环境下，体质差的人，易引发尘肺病；个体防护用具使用不当者，更易引发尘肺病。

（四）易患尘肺病的行业和工种

1. 矿山开采

各种金属矿山的开采、煤矿的掘进和采煤以及其他金属矿山的开采，是产生粉尘的主

要作业环境，主要作业工种是凿岩、爆破、支柱、运输。①

2. 金属冶炼

包括矿石的粉碎、筛分和运输。

3. 机械制造业

包括铸造的配砂、造型，铸件的洗砂、喷砂及电焊作业。

4. 建筑材料行业

如耐火材料、水泥、玻璃，石料生产中的开采、破碎、碾磨筛选、拌料，石棉的开采、运输和纺织等。

5. 交通运输业

如公路、铁路建设中的开凿隧道、爆破等。

（五）尘肺病的预防

通过做好防尘工作，使作业场所的粉尘浓度大幅度下降，达到国家规定的卫生标准，就基本上可以防止尘肺病的发生。防尘的主要措施有以下几种：

1. 改革工艺，革新生产设备

以低粉尘物料、不产尘设备、低产尘设备代替高产尘物料、高产尘设备，这是消除粉尘危害的主要途径。

2. 湿式作业

采用湿式碾磨石英、湿式矿山凿岩等方式防止粉尘飞扬，这是一种简单易行的有效措施。

3. 密封、抽风、除尘

对不能采取湿式作业的工作场所，应采取密闭吸风除尘的方法以防止粉尘飞扬。

4. 全面健康检查

包括接尘工人就业前健康检查和定期健康检查，脱离粉尘作业时还应做脱尘作业检查，若发现不适宜粉尘作业的工人，及时调离工作岗位。

5. 加强个人防护

佩戴防尘护具，如防尘安全帽、头盔、口罩等。

---

① 李洪．职业健康与安全［M］．北京：人民邮电出版社，2011：35-39.

二、职业性化学中毒

（一）概述

毒物是指较小量进入人体即可引起人体健康损害（中毒）的化学物质。各种生产过程中产生或使用的毒物统称为生产性毒物。而职业性中毒是指接触生产性毒物的工人在劳动过程中吸收生产性毒物所引起的中毒，是职业病较常见的一种。

在中等职业学校，易接触到生产性毒物的专业主要有加工制造类，包括钢铁冶炼、金属压力加工、有色金属冶炼、选矿技术、模具制造技术、汽车制造与检修等专业；石油化工类包括化学工艺、石油炼制、橡胶工艺、林产化工等专业；轻纺食品类包括制浆造纸工艺、塑料成型、染整技术、皮革工艺、家具设计与制作等专业；交通运输类包括铁道运输管理、汽车运用与维修、汽车车身修复、汽车美容与装潢等专业；医药卫生类包括制药技术、制药设备、生物制药等相关专业；资源环境类包括地质勘测技术、钻探掘进工程技术、地质与测量、采矿技术、矿井建设与煤炭综合利用技术等专业；能源与新能源类专业包括石油钻井、石油天然气开采等相关专业；土木水利类包括建筑装饰、工程施工、工程机械运用及维修等专业。

（二）致职业性化学中毒的常见物质分类

（1）重金属类　如镍、铬、汞、金、铜、铝等，具有普遍较强的肾毒性；个别金属如砷、铅、镉、汞等还具有致癌性。

（2）有机溶剂类　如二硫化碳、汽油、苯、甲醇、三氯乙烯等，具有普遍的麻醉性、一定的神经毒性、肾毒性和血液毒性等。

（3）刺激性气体类　常见的有酸类、卤素、氨、酯、醛等，对呼吸道有明显的损伤作用。

（4）窒息性气体类　如一氧化碳和硫化氢等，可妨碍氧的供给、摄取、运输和利用，从而导致机体缺氧。

（5）农药类　包括有机磷、有机氯、有机汞、卤代烃等杀虫剂，有较强的神经和心脏毒性。

（6）苯的氨基、硝基化合物　具有较强的肝、肾毒性等。

（三）引发职业性化学中毒的主要方式

（1）在正常的生产过程中接触生产性毒物。如从装置内取样，样品可挥发溢出；在罐顶检查储罐储存量，进入装置设备巡检、清罐、加料、包装、储运和对原材料、半成品、成品进行质量检验分析时，均可接触到有关的化学毒物；另外，装置排污、污水处理等，也可增加接触毒物的机会。

(2) 检修与抢修过程中接触生产性毒物。当工艺设备复杂，需要定期检修或发生事故需要立即进行抢修时，如进入塔、罐检修前，应对设备进行吹扫置换，排出有害气体，此时毒物很容易通过呼吸道进入人体。

(3) 意外事故。很多生产过程具有高温、高压、易燃、易爆、有毒、有害因素多的特点，一旦发生意外事故，往往会造成大量毒物泄露引发急性中毒。

(四) 几种常见职业性化学中毒所涉及的行业和工种

常见的职业性化学中毒主要有铅中毒、一氧化碳中毒、氯中毒和苯中毒四种。但近年来，随着各种新材料、新工艺的引进，新的职业中毒形式不断出现，例如正已烷中毒、三氯甲烷中毒、二氯乙烷中毒等；其涉及的主要行业和工种如下所述：①

(1) 铅中毒　交警、司机及工作在铅冶炼、蓄电池、油漆、颜料、印刷、石油、化工、电子等行业的工作人员。

(2) 苯中毒　制鞋、箱包、玩具、电子等行业的生产者；以苯为化工原料生产香料、药物、合成纤维、合成橡胶、合成塑料、合成燃料等的相关岗位生产者；苯作溶剂和稀释剂等的相关岗位生产者。

(3) 一氧化碳中毒　炼钢、炼铁、炼焦、采矿业、铸造、锻造车间生产者；以一氧化碳为原料的化工制造者；接触窑炉、煤气炉作业生产者等。

(4) 氯中毒　从事氯气储运的工作者；以氯为原料生产氯化合物的生产者；颜料业的生产者；制造业的生产者；造纸、印刷工业的生产者；冶金工业的生产者等。

(五) 几种常见职业性化学中毒的预防

1. 铅中毒

①用无毒物质或者低毒物质代替铅；②通过加强通风和烟尘的回收来降低空气中铅浓度；③定期监测车间空气中的铅浓度；④加强个人防护，建立定期检查制度，如作业人员必须穿工作服，戴过滤式防尘口罩，严禁在车间内吸烟、进食，班中吃东西或喝水必须洗手、洗脸及漱口；严禁穿工作服进食堂、出厂等；⑤定期检修设备。

2. 苯中毒

①加强宣传教育，充分认识苯的危害性和中毒的可防性；②苯的制取及以苯为原料的工业，应尽量做到生产过程密闭化、自动化，防止管道“跑、冒、滴、漏”，生产车间应有良好的通风设备，加强通风；③涂料行业应尽可能用无毒或低毒物质代替苯作溶剂，改

---

① 李洪．职业健康与安全［M］．北京：人民出版社，2010：39-43.

进喷漆作业方式，如静电喷漆；④在无法免除高浓度苯存在的场所时，必须佩戴有效的防毒口罩或送风面罩，以免毒气吸入；⑤加强有毒场所空气中的苯浓度检测；⑥做好个人的健康监护，上岗前应做体格检查，严格控制职业禁忌证，就业后应定期做体检，发现问题及时调离，积极诊治。

3. 一氧化碳中毒

①冬天屋内生煤炉取暖必须使用烟囱；②定期监测一氧化碳浓度变化；③定期检修煤气发生炉和管道及煤气水封设备；④对一氧化碳的生产过程要加强密闭通风，矿井放炮后必须通风20分钟以后，方可进入生产现场；⑤进入危险区工作时，需戴防毒面具，操作后，立即离开，并适当休息，作业时最好多人同时工作，便于自救、互救。

4. 氯中毒

①严格遵守安全操作规程，预防氯气“跑、冒、滴、漏”，保持管道负压；②定期检修设备管道及储存液氯的钢瓶，含氯废气净化排放；③作业、检修或现场抢救时必须佩戴防护面具；④使用场所通风良好，最高温度不超过40℃；⑤配备有效的防护用具和消防器材；⑥工作现场禁吸烟、进食和饮水，工作后淋浴更衣。

三、物理因素所致职业病

（一）概述

物理因素所致职业病是指由于噪声、气温、气湿、气流、气压、震动、电离辐射等物理因素所致的职业病，最常见的为职业性噪声聋。职业性噪声聋主要是因机械加工时的声音、开凿矿石时的爆破声等生产性噪声引起；次常见的职业病有中暑、震动病、放射病。

（1）职业性噪声聋　是指人们长期接触职业性噪声而发生的一种缓慢的、进行性的感音神经性听觉障碍。

（2）职业性中暑　是指在高温的作业环境下，由于人体热平衡和（或）水盐代谢紊乱而引起的中枢神经及心血管系统障碍为主要表现的急性疾病。

（3）震动病　是指在生产劳动过程中，长期受到外界震动的影响而引起的职业性疾病。产生震动的机械设备有冲压机、压缩机、震动传送带、打夯机、收割机等。

（4）放射病　是由电离辐射照射人体引起的一系列疾病。职业性放射病包括外照射放射病、内照射放射病、放射性肿瘤、放射性皮肤病等。

（二）与物理因素所致职业病的相关专业

易患职业性噪声聋的相关专业主要有农林牧渔类中设施农业生产技术、木材加工、畜牧兽医、航海捕捞等专业；资源环境类主要有钻探、掘进工程技术、采矿技术等专业；能源与新能源类专业有石油钻井、石油天然气开采、电力厂热力设备运行与检修、水泵站机电设备运行与维修、发电厂及变电站电气设备等专业；土木水利类有建筑工程施工、铁道施工与养护等专业；加工制造类有钢铁冶炼、金属加压加工、焊接技术、金属热加工技术等专业；石油化工类有石油炼制、火炸药技术、化工机械与设备等专业；交通运输类主要有铁道运输管理、民航运输、船舶驾驶等专业。

易患中暑的相关专业主要有户外作业的农林牧渔类各专业；户外作业的采矿技术、掘进技术等资源环境类各专业；火电厂机电设备安装与运行等能源与新能源类各专业；户外工程施工等土木水利类各专业；机械加工、金属冶炼、热加工等加工制造类各专业；石油冶炼、石油加工等石油化工类各专业。

易患震动病的相关专业主要有农林牧渔类各机械操作工，资源环境类钻井、采矿、煤炭等资源掘进机械操作工，能源与新能源类石油钻井、开采等机械操作工，加工制造类钢铁冶炼、金属加压加工、机械制造操作工，交通运输类船舶驾驶等专业。

易患放射病的相关专业主要有信息技术类从事数字化计算机等相关专业，医药卫生类医学影像技术等相关专业，财经商贸类包括会计及会计电算化等计算机操作等专业。

（三）物理因素所致职业病的常见行业和工种

1. 职业性噪声聋

存在噪声危害的行业和工种分布非常广泛。工作中噪声主要来自机械加工的下料、剪切、锻造、冲压，金属表面处理的抛光、喷砂、清理，热电厂的碎煤、球磨，水泥制造业的破碎、研磨，纺织业的纺纱、制造、制条，采矿业的凿岩、爆破、掘进等。机械工业中的铲边工、铸件清理工、铆工、矿工、凿岩工，发动机实验人员、纺织工、拖拉机手及炮兵等都面临噪声危害。

2. 职业性中暑

①户外工作人员包括夏季暴露于各港口、码头的货物搬运工人，从事建筑行业的工作人员，从事电力行业室外线路安装的工作人员；②生产性热源所造成的高温作业场所从业人员，包括电池制造行业中的熔铸岗位人员，塑料制品业中从事注塑成型的工作人员，食品制造业中从事糕点烘烤、油料烘榨、食盐干燥的工作人员，饮料制造业中从事原料蒸煮、酒精糖化的工作人员，通信及电子设备制造业中使用烘箱的工作人员，烟草加工业中从事烟草干燥、烟丝烘干的工作人员及从事蒸汽供应行业的锅炉房人员等。

3. 震动病

①从事捶打工具的职业工人，以压缩空气为动力，如凿岩机、搅拌机、选煤机、空气锤、筛选机、铆钉机、铆打机、风铲、捣固机等；②手持转动工具的工人，如电钻、风钻、手摇钻、喷砂机、金刚砂抛光机、钻孔机等；③从事固定轮转工具的工人，如砂轮

机、抛光机、球磨机、电锯等；④从事交通运输与农业机械设备的驾驶员，如汽车、火车、脱粒机、收割机等，此时手臂长时间把持操作把手，存在患手臂震动病隐患。

4. 放射病

①辐射医学工作者，X线透视及影像检查、核医学、放射性药物及介入治疗、发射计算机断层成像技术应用、近距离辐射治疗法、组织间质疗法等；②交通运输设备制造业，放射性物质运输、船舶电气安装、核反应堆安装、船用仪器装配等；③辐射加工从业者，辐射食品保鲜、辐射灭菌、γ射线加工、辐射交联、辐射聚合等；④辐射应用从业者，放射性同位素生产和营销、荧光涂料、仪表的生产和使用、加速器运行等；⑤辐射农业从业者：包括育种和杀虫等过程；⑥放射性废物贮存和处置，包括废物库及处理场等。

（四）物理因素所致职业病的预防

1. 职业性噪声聋

工业噪声的控制应从噪声源、传播途径及噪声入耳3个环节采取措施。具体为：①控制和消除噪声源。工作环境进行噪音监测，凡噪声强度超过极限值的企业均应采取措施进行厂房改造，比如将强噪声的设备改为无声或低声设备、加强机械的维修，机器碰撞处采用弹性材料来代替金属材料以缓冲撞击力等。②控制噪声传播。工厂及工作场所可采用消声、隔声及吸声技术来控制噪声的传播，比如采用消声器、吸声材料、隔音墙及隔音罩等，另外可根据具体情况采取调换工种或缩短工作及接触时间等措施。③个体防护。当必须在某种特殊噪声的环境中工作时，或当某种特殊原因导致工作场所噪声强度暂时得不到解决时，个体可以采用戴耳塞、耳罩、隔音帽等措施。④健康监护。噪声作业工人就业前应进行健康体检，对于患有听觉器官疾病、心血管系统疾病及神经系统疾病等人员，不宜参加强噪声作业；对于已参加工作的人员，应定期检查听力，以便早期发现听力损伤从而采取有效措施；对于已经发现听力损伤者，加以治疗和观察，重度损伤者及时调离工作岗位。

2. 职业性中暑

①用人单位要加强作业场所的高温环境管理，避免工人直接接触生产性热源。如合理设计工艺流程、改进生产设备及劳动者的操作方式、利用机械通风或自然通风对工作场所进行空气对流降温、利用水或导热系数小的材料进行隔热等。②加强个人防护。用人单位要为高温作业工人配备防热面罩、工作帽服、防护眼镜等防护用品，同时为高温作业人员发放耐热保健饮料，个人应做好配合工作，按用人单位的要求严格要求自己。③夏季工作时间避开阳光最强烈的时段。用人单位可安排早晚作业，使劳动者尽量避开高温时段。④从业前对劳动者进行体检。凡是患有中重度高血压、活动性消化性溃疡、未控制的甲亢、慢性肾炎、糖尿病以及大面积皮肤疤痕等劳动者，不宜从事高温作业。

3. 震动病

①控制震动源。应在设计、制造机械设备及工具时采取减震措施，使震动降低到对人体无害水平，这是最根本的措施。②改革工艺，采用减震、隔震等措施。如设计自动或半自动的操作装置降低震动强度；以液压、焊接、黏结等新工艺手段代替铆接等；减少手持震动工具重量，以减轻肌肉负荷及静力紧张等。③加强个人防护。发放个人防护用品如防震手套、减震座椅等。④限制作业时间和震动强度。建立合理的劳动制度，坚持工间休息及定期轮班工作制度，避免长时间处于震动状态，这是预防震动病的重要措施。⑤加强健康监护。对震动作业工人进行就业前的健康检查，有职业禁忌证者避免从事震动作业；加强健康宣传教育，提高工人自我保健意识。早期发现震动病患，应及时诊治；定期监测震动工具的强度，加强日常卫生保健等。

4. 放射病

①加强宣传教育，严守规章制度。定期进行预防放射性疾病的安全教育，严格遵守规章制度，减少不必要的照射。②安装屏蔽物。在放射源和工作人员之间，按射线性质安装不同的屏蔽物，减少射线的传播。③加强技术培训。提高放射线工作人员的技能，实现熟练操作，以缩短与放射源的接触时间。④加强个人防护。应根据不同的放射源，配备不同的个体防护用具，包括防护手套、工作服、鞋和帽等。⑤加强健康监护。放射线从业人员，进行严格的就业前体检，对于患有职业禁忌证比如活动性肺结核、肾小球肾炎、糖尿病、内分泌及血液系统疾病的劳动者，应禁止从事放射线工作；定期进行体格检查，建立个人健康档案。⑥使用放射源的地方应设置醒目标志，提高人们的注意力，防止意外发生。

四、职业性传染病

（一）概述

职业性传染病是指工作人员在职业活动过程中接触病原微生物而引起的传染性疾病。与非职业性传染病的主要不同点是传染源及流行病学特征均与职业因素有关，都是在职业活动中接触病原体而发病的。传染病都是有病原体的，包括微生物和寄生虫；传染病也都有传染性，它的病原体可以从一个人经过一定的传播途径传染给另外一个人，且有比较固定的传染期，可以预防、可以控制。

在中等职业学校，易患职业性传染病的相关专业主要包括园林技术、木材加工、森林资源保护与管理、畜牧兽医、畜禽生产与疾病防治、特种动物养殖、中草药种植、淡水养殖等农林牧渔类各专业；护理、助产、农村医学、医学检验技术、口腔修复工艺等医药卫生类各专业；加工制造类、轻纺食品类等涉及动物皮毛加工的专业亦有患职业性传染病的隐患。

根据《中国卫生健康事业发展统计公报》显示，我国每年职业性传染病的发病率处于相对稳定的状态，每年都有数百人发病，具体数据如图 4-6 所示。

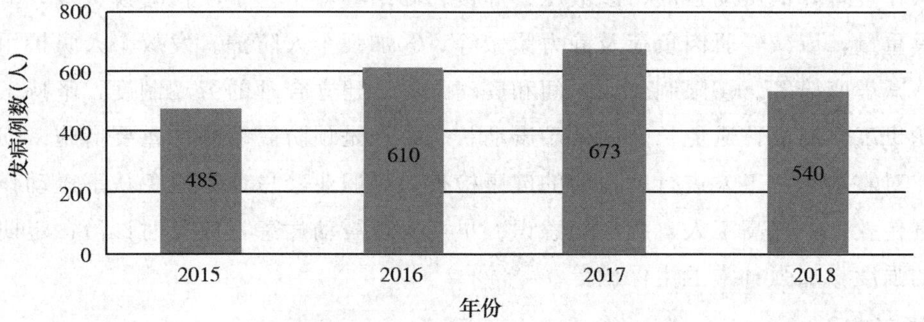

图 4-6　职业性传染病历年发病例数

（二）职业性传染病按致病菌的不同分类

（1）布鲁氏菌病　是由布鲁氏菌引起的一种人畜共患传染病。在我国，发病人群主要分布在内蒙古及西北等牧区，大城市偶有散发病例。本病全年都可发生，但以春末夏初家畜繁殖的季节为多，且以青壮年为主，男多于女。

（2）炭疽　是由炭疽杆菌所致的一种人畜共患急性传染病。

（3）森林脑炎　又称蜱传脑炎，是以黄病毒属中蜱为传播媒介的中枢神经系统急性传染病。本病流行于我国东北地区，属于森林地区自然疫源性疾病，多发生于春夏季。

（4）莱姆病　是一种以蜱生物为媒介的螺旋体感染性疾病。

（5）艾滋病　职业性艾滋病仅限于从事医疗卫生方面的工作者及人民警察在职业活动或执行公务过程中，被艾滋病病毒携带者或病毒感染者的体液、血液、废弃物污染了的皮肤或黏膜组织，或被艾滋病病毒的血液、体液污染了的医疗器械或其他锐利器械刺破皮肤等方式而感染的艾滋病。

（三）易患职业性传染病的行业和工种

（1）布鲁氏菌病和炭疽　青壮年因职业（农民、牧民、兽医、屠宰场和皮毛加工厂工人等）关系与病畜及其皮毛和排泄物、带芽孢的尘埃接触机会较多有关。

（2）森林脑炎　主要见于与森林作业有关的人员，例如森林调查队员、筑路工人、林业工人等。林业工人中采伐工、集材工的发病率高于其他工种，且多以 20～40 岁的青壮年男子为主。

（3）莱姆病　长期的林区工作者，手被叮咬后感染的发病率较高。

（4）艾滋病　仅限于医务工作者在医疗过程中或警察在执行任务过程中感染的艾滋病。

（四）职业性传染病的预防

预防职业性传染病的传播流行，可以将预防职业病和传染病的措施结合起来，如传染病的预防可以从消灭传染源、切断传播途径、增强易感人群抵抗力三个环节做起，具体措施有：

1. 布鲁氏菌病和职业性炭疽

它们都是人畜共患疾病，且都是接触感染，预防措施相似，主要是对疫源地的处理和对工厂的一些预防措施。其中对疫源地的处理包括：①隔离病畜。将病死动物尸体彻底进行焚烧或撒下生石灰将尸体埋至两米深处，严禁屠宰病畜将其进行肉食和加工之用。②对被污染的畜舍、土壤及其他用品进行彻底消毒处理。如对土壤的处理可以铲除表土、深埋地下，对畜类饮食及饮水用具可以用高温或其他消毒措施进行处理，对畜舍四周可以用喷洒20%漂白粉溶液的办法进行消毒等。③注射免疫疫苗。对于流行地区的其他活畜可以实施。④禁止流通传播。流行地区的皮毛、皮革等制品禁止外运。

2. 森林脑炎

①保持驻地的整洁卫生，如加强防蜱灭蜱，定期进行铲除杂草、灭蜱、防蜱等处理措施；②外出作业工人穿专门的防护服，如紧裤脚、紧袖口、紧领口防护服及高筒靴，戴防虫罩，戴用消毒药物浸泡涂擦的衣帽等，且定期更换；③接种灭活疫苗；④林区做好药物应急准备工作。

3. 医务人员职业感染的预防措施

①加强医院感染管理制度建设，建立医务人员健康档案，对新上岗人员进行健康体检，对在职人员进行定期体检，尤其对于高危人群定期防治和检查，对于职业暴露人员进行登记；②加强防护技术培训，增强执行规章制度的自觉性；③恪守标准预防观念、熟练掌握防护方法，如严格进行防护隔离、科学使用防护用品、正确洗手及使用消毒液、预防利器损伤等；④完善基础设施设备，如合理设计手术室、重症监护室、中心供应室等重点部门的布局，明确划分洁污三区，创造流动水洗手设备，采用感应式或脚踏式，消毒和防护物资充足；⑤紧急科学处理职业暴露，及时进行局部处理和全身处理，并上报至医院及有关部门，组织专家会诊，分析暴露级别、危险程度、指导科学预防用药，服药时间越早越好，并随诊观察防治效果。

五、职业性皮肤病

（一）概述

在生产劳动过程中，由于受到物理、化学、生物等职业性有害因素的影响，导致皮肤及毛囊等附属器官发生病变，称为职业性皮肤病。据历年《我国卫生事业发展统计公报》

显示，职业性皮肤病中近半数为接触性皮炎。研究还发现，在我国皮肤科门诊所有接触性皮炎患者中，职业性皮肤炎约占 1/5，发病率相当高。

在中等职业学校，易患职业性皮肤病的相关专业主要有农林牧渔类、资源环境类、能源与新能源类、加工制造类、石油化工类、轻纺食品类、医药卫生类等各专业，均因长期户外作业接触紫外线的照射致病或因接触有毒有害物质而导致皮肤炎症反应。

(二) 职业性皮肤病分类

按照国家颁布的《职业病目录》规定，职业性皮肤病可分为 8 类，根据其发病率高低，主要有以下 3 种。

1. 职业性皮炎

职业性皮炎占所有职业性皮肤病的 90%左右。因影响因素的不同，职业性皮炎大致可分为接触性皮炎、光敏性皮炎、电光性皮炎、放射性皮炎 4 种。接触性皮炎主要是由化学或生物因素引起的变应性皮炎；光敏性皮炎主要是由光线和光敏性物质共同作用而引起的光变应性皮炎；电光性皮炎主要是由于接触人工光源（如电焊等）而引起的急性皮炎；放射性皮炎是指接触物理性放射线等物质引起的病变。

2. 职业性皮肤色素变化

常见的职业性黑变病是由于长期接触煤焦油、橡胶、添加剂、某些颜料、染料等物质引起的一种特殊性皮肤色素沉着；职业性斑是由于长期接触酚类物质引起的皮肤色素脱失斑。

3. 职业性痤疮

由于接触煤焦油、卤素及其化合物、高沸点的石油分馏产品而引起的痤疮样皮损。

(三) 引发职业性皮肤病的主要因素

1. 化学因素

化学因素是引起职业性皮肤病的主要因素，占所有职业性皮肤病的 90%以上。引发因素大致包括原发性刺激物、致敏物、光敏物 3 类。原发性刺激物主要包括酸碱类、金属及其盐类、溶剂类等，主要特点是接触这类化合物的时间、浓度、剂量达到一定程度后，所接触的局部皮肤就会有炎症反应；致敏物主要包括染料、颜料及其中间物、制造橡胶的促进剂和防老剂、天然树脂及合成树脂、抗生素类、磺胺类、甲醛类等，主要特点是皮肤第一次接触此类的化合物没有反应，而以后接触就会引起炎症反应；光敏物主要有煤焦油、焦油沥青、酚类及吖啶、蒽、菲、蒽醌基染料等，主要特点是这些化合物直接与皮肤接触没有反应，但经过特定的波长光线照射后，可引起皮肤的炎症反应。

2. 物理因素

物理因素有机械作用、玻璃纤维或石棉的刺入、高温辐射、日光暴晒、电焊等。机械作用如反复的机械摩擦可引起局部皮肤胼胝（俗称老茧）；玻璃纤维或石棉等刺入皮肤生成疣状物等；高温辐射引起皮肤红斑或色素沉着等；长时间日光暴晒可引起晒斑和炎症；电焊可引起电光性皮炎等。

3. 生物因素

生物因素可分为植物和动物两类。植物因素主要有漆树、荨麻所致的皮肤炎症反应；茴香、柠檬、无花果等引起的皮肤光敏性皮炎。动物因素如螨虫类引起的螨虫皮炎、禽畜血吸虫尾蚴导致的稻田皮炎、炭疽杆菌所致的皮肤炭疽病等。

（四）职业性皮肤病的预防

职业性皮肤病是由于皮肤直接或间接接触致病物质引起的，因此预防的关键是避免接触致病源。

（1）避免与有害物质的接触。生产厂家可提供完善的作业场所，通过改进生产设备，改善劳动条件，安装通风、排水、灭菌消毒及废弃物处理系统，避免员工直接暴露于导致职业性皮肤病的环境中。

（2）加强个人防护，根据工作性质配备防护用品，如防护服、帽子、手套、口罩等。

（3）搞好生产环境与个人卫生，建立健全卫生制度，积极开展卫生宣传教育工作。

（4）定期安排职工接受医学检查，早期发现皮肤异常，及早诊治，对于确诊患者安排休息，必要时脱离原来的生产环境。

（5）对于特殊敏感个体特殊处理，妥善安排。如对于光敏感者，不宜接触光敏物，不宜在日光及紫外线作业环境下工作，严重痤疮的患者不宜接触致痤疮的化学物质等。

六、职业性眼病

（一）概述

在工农业生产等职业活动中，常因接触化学物质或辐射线而引起化学性或辐射性眼损伤，称为职业性眼病。职业性眼病在不同行业的发病率与受伤类型有很大差异，发病率较高的行业有建筑、机动车修理等，男性青年发病率较高，工业聚集区较高，农村地区偏低。出现职业性眼病最主要的原因是没有按要求佩戴防护镜或没有按安全规程操作，且在日常的生产和职业劳动过程中，与化学物质接触的机会比较多，又由于人体眼部器官娇嫩，眼球组织比较脆弱，且耐受力差，因此与外界致伤因素接触后受伤程度更重。

在中等职业学校，易患职业性眼病的主要专业有加工制造类中的焊接技术应用等相关操作人员；工作有关的眼病主要为干眼症，见于信息技术类及财经商贸类等长期从事计算机操作的专业人员。

（二）职业性眼病的分类

按临床的发病率可分为化学性眼灼伤、电光性眼炎、职业性白内障3大类。

1. 化学性眼灼伤

在生产过程中，由于直接或间接接触化学原料、成品或化工废物等导致的眼部损伤。随着化学工业的发展，化学性眼灼伤有逐年增加的趋势，约占眼外伤的10%左右；化学物质包括固体、液体和化学烟雾，所致眼外伤中17%为固体化学物引起，31%为液体化学物引起，52%为化学烟雾所致。

2. 电光性眼炎

电光性眼炎又称紫外线角膜结膜炎，是工人的眼部在生产环境或劳动场所受到紫外线照射所致的急性角膜结膜的病变。电焊作业人员及所有从事接触紫外线辐射的作业人员皆可发生，电焊工中电光性眼炎的患病率高达70%～80%，重复患电光性眼炎的次数从几次到数十次不等。电光性眼炎的常见症状：眼部异物感、灼热感加重，并出现剧痛、畏光、流泪，眼睑痉挛；角膜上皮脱落，荧光素染色阳性，放大镜或裂隙灯显微镜下观察呈细点状染色或有相互融合的片状染色；还可见到上下眼睑及相邻的颜面部皮肤潮红，结膜充血或伴有球结膜水肿。

3. 职业性白内障

职业性白内障主要是指劳动者在生产劳动过程及其他职业活动中，接触化学毒物、辐射线以及其他有害物质所引起的以晶状体浑浊为主的疾病。职业性白内障主要症状是视力减退和视物模糊，并出现逐渐加重的视力下降问题；阅读或看电视时很容易出现疲劳，而且视野中的物体可出现变形或扭曲的情况；看到的视物可能会有炫光感或视物呈双影，白天症状明显；随着晶状体浑浊程度的加重，会出现复视或多视的情况，眼部视力也逐渐下降；白内障较严重时会出现视物模糊、怕光、看物体颜色较暗或呈黄色等情况，如果这时没有得到很好的治疗，任其发展，最后将会导致视力继续下降，甚至失明。

（三）引发职业性眼病的主要因素

（1）化学性眼灼伤　多因工业生产中使用的原料、辅料、成品、半成品或者剩余废料直接接触眼部而引起的化学性结膜炎或者角膜炎、眼灼伤等。

（2）电光性眼炎　职业性危害因素是紫外线，多因在电焊或气焊时，由电弧与融化金属产生的紫外线照射后引起，也可由紫外线、太阳照射等所致，亦可在冰川、雪地、海面、沙漠等地工作时，因受阳光照射后反射之紫外线所伤害。

（3）职业性白内障　①中毒性白内障，主要是由于长期接触三硝基甲苯、萘、铊、三硝基酚引起的，以三硝基甲苯白内障最常见；②非电离辐射性白内障，主要是微波白内障、红外线白内障和紫外线白内障，微波白内障是指电磁波中固定波长辐射所致的眼损伤，红外线白内障是高温作业环境下热辐射所致的眼损伤，紫外线强烈辐射也可引起白内障；③电离辐射性白内障分为放射性白内障和电击性白内障，放射性白内障是指X射线、γ射线、中子及高能β射线等电离辐射所致眼损伤，电击性白内障主要指检修带电电路、电器，或因电器绝缘性能降低所致漏电等电流接触体表后发生的电击造成的眼损伤。

（四）易患职业性眼病的行业和工种

1. 化学性眼灼伤

①接触硫酸的行业包括纺织业的炭化、防缩整理及染色过程，皮革、毛皮及其制造业的浸酸、鞣制及配料阶段，造纸、印刷及纸制品业，文教体育用品制造业，石油加工业包括电化学精制、烯烃叠合、烷基化加成、页岩油分馏等，无机酸制造业包括三氧化硫吸收、硼酸合成、氢氟酸合成及磷酸合成等；②碱产品制造业包括氯氢处理；③无机盐制造业及其他基本化学原料制造业；④有机化学产品制造业包括化学肥料制造业、化学农药制造业、有机化工原料制造业、涂料及颜料制造业、染料制造业、化学试剂制造业、催化剂和各种化学助剂制造业等；⑤医药工业、合成药卤化、磺化、硝化等生产过程；⑥水泥制品和石棉水泥制造业；⑦玻璃及玻璃制品业包括玻璃酸处理、玻璃酸抛光、镜架清洗等；⑧塑料制造业包括塑料捏合、塑化、塑料成型，重有色金属冶炼业；⑨甲醛、酚等涉及的木材加工业及印刷业等。

2. 电光性眼炎

①文教体育用品制造业的钢管打孔；②金属制造品的金属材料切割；③金属表面处理及热处理业的等离子喷涂、电喷涂；④机械工业的手工电弧焊、气体保护焊、氩弧焊、电渣焊、碳弧气刨、气割；⑤交通运输设备制造业的平台组装、船舶管系安装、船舶电气安装、船舶锚链加工、制造梁加工、汽车总装、摩托车装配等。

3. 职业性白内障

①强光下暴露的职业，包括地质勘测人员、飞行员、高原地区工作的人员；②容易受外伤的职业，包括装修工人等。

（五）职业性眼病的预防

大部分职业性眼病都可以预防，不同行业防护有不同特点。

1. 化学性眼灼伤

①加强安全防护教育，杜绝工作中的粗心大意，严格执行操作规程；②在工业劳动过程中佩戴防护眼镜或防护面罩，以防止化学物质溅入眼内；③农业生产过程中比如施肥或者喷洒农药时，要戴防护眼镜，工作中不要揉眼；④对防护设备要进行改进并定期维修，防止化学物质泄漏。

2. 电光性眼炎

①电焊工焊接时应严格按照操作规程，戴好防护面罩，辅助工需戴辅助防护眼镜；②在有其他工作人员的场所或路旁电焊，须有防护屏，当出现电弧光时，应将脸部转向侧后方，电焊场所需通风，不可在密闭处电焊，操作者应在上风，以防烟雾刺激或中毒；③改善工作环境，如室内同时几部焊机工作时，最好中间设有隔离屏障，以免互相影响，墙壁上可涂刷锌白、铬黄等物质，以吸收紫外线；④加强宣传教育，使人们认识到电光性眼炎的危害性，做好防护工作。

3. 职业性白内障

①加强安全防护教育，增强安全防护意识；②避免工作中直接或间接受到紫外线的强烈照射，室外或室内有强光时戴有色眼镜；③加强生产过程眼部安全的防护，避免因眼部受伤造成外伤性白内障等。

七、其他有关疾病

（一）工作相关性肌肉骨骼疾病（WMSD）

1. 概述

这是目前世界上最常见的工作有关疾病，多是由于从事职业活动过程中，因固定姿势或强迫体位、负荷过重、快节奏且单调的操作引起，通常发生在肩、颈、背、腕、手和下肢等部位，临床上常表现为肩颈痛、腕管综合征、腰痛等。中等职业学校中，易患此类疾病的专业主要有信息技术类、财经商贸类、加工制造类、教育类等。

2. 预防 WMSD 的主要措施[①]

（1）改善作业环境，从源头预防做起。企业应创造舒适的工作环境，提供休息场所，按照工效学原则改进工作场所设施和设备，使工作台、座椅、键盘等的高度可以调节，设备的设计符合人体解剖结构及生理、心理特点。有研究者对某办公室进行了工效学干预，包括改进工作场所的设备及日常的培训及注意事项，发现干预后员工不同部位相关疾病较干预前均有所降低。

（2）调整作业制度，合理组织生产劳动。企事业单位在组织生产劳动时，应根据劳动强度、工作时间、工作任务及职工的生理和心理的适应和承受能力进行合理安排。例如，调整作业制度、合理安排工作节奏、定期进行工种轮换、适量增加公休时间，以利于工人技师消除疲劳、恢复体力。经研究发现，心理负荷过重与工作时间过长均会增加发生 WMSD 的风险。

---

① 赵金垣．临床职业病学［M］．北京：北京大学医学出版社，2017：21-24.

（3）加强体育锻炼，增强机体抵抗力和耐受力。缺乏体育锻炼是发生 WMSD 的危险因素之一。企业单位在常规的劳动安排中应适量设置工间操及工后操，劳动者个人也应形成自觉体育锻炼的意识，积极参加体育活动，增加机体耐受力和抵抗力。

（4）加强卫生宣传教育，开展职业技能相关培训。对职工实施 WMSD 相关的知识培训以及专业技能培训，可使劳动者充分了解工作相关性肌肉骨骼疾病的成因及防护知识，使职工形成防范意识以及自我保健意识，养成良好的作业习惯，掌握正确的作业方法、作业姿势，消除不良习惯带来的肌肉负荷。另外，企事业单位也应为劳动者提供足够的职业卫生防护咨询资源。

（二）职业紧张

1. 概述

职业紧张属于职业心理学范畴，是指劳动者在职业活动过程中受到各种生理、心理和社会因素的影响而不能适应时所产生的紧张状态。职业紧张会诱发紧张相关性疾病，即心身疾病。据统计，目前西方流行的疾病中，80%与职业紧张有关；工伤事故也与职业紧张有明显关系；还有研究表明，高强度的脑力紧张可以引起情绪障碍和自杀等心理疾病。中等职业学校中，易患职业紧张的专业主要有财经商贸类、信息技术类、教育类、加工制造类等。

2. 预防职业紧张的主要措施

（1）减少职业性紧张源。根本途径是控制和消除在生产环境和劳动过程中的紧张因素，提高职工适应和控制能力。职业紧张的发生与职业责任、职业组织机构、时间压力均有关，因此可在工作方式和劳动组织结构的设计和安排上尽可能符合卫生学要求，以满足劳动者生理需求，减少职业紧张因素。

（2）增强个体应对能力。当受到职业性紧张源的刺激后，劳动者可通过克制、忍耐、回避或抒发情感的方法，将职业紧张状态的影响降到最低；另外，可获得来自社会的支持，帮助自己获得应对职业紧张的能力。

（3）干预和控制职业紧张的因素。通过个人的咨询服务，或者学校组织应对职业紧张的培训活动，通过松弛、生物反馈等方法，应对职业紧张。

（三）职业性消化系统疾病

1. 概述

消化性溃疡是职业性消化系统疾病最常见的类型之一，其发病与胃酸分泌过多、幽门螺旋杆菌感染、黏膜屏障破坏有关，但职业精神因素及应激状态也是重要影响因素。大量研究发现，警察、医生、银行工作人员、监狱管理人员等，都是由于工作高度紧张，导致消化系统疾病的发病率明显升高；另外渔民、轮班者也亦患溃疡病，高温作业工人由于出汗较多，盐分丧失，也易导致溃疡病；在溃疡病患者中，精神紧张和劳累在发病病因中占30%～40%，居于首位。[①] 中等职业学校中，易患此类疾病的专业包括财经商贸类、信息技术类、医药卫生类、加工制造类、教育类等。

2. 预防职业性消化系统疾病的主要措施

①避免职业过程中的精神紧张，合理安排作息时间，不透支身体，避免劳累过度；②规律饮食，不暴饮暴食；③身体出现不适及时就医，及时诊治，预防疾病加重。

第四节　中职学生职业健康理念的培养

一、中职学生职业健康理念培养的必要性

1. 职业病发病率逐年增加

职业病危害是随着人类生产活动的产生发展而逐渐突显出来的，特别是近年来随着工业生产的不断拓展，职业病的种类越来越多。据《我国卫生健康事业发展统计公报》显示，2015—2018 年，我国每年新增职业病都在两万例以上（表 4-4），给国家造成的直接经济损失达数百亿元。职业病危害事件的频繁发生，尤其是群发性职业危害事件，不仅给国家的经济发展造成严重的负担，同时危害到个人的生命健康，影响到个体家庭的幸福，给社会的安定与发展造成严重的影响。

2. 中职学生是未来职业病的高危人群

从中职学生的生源来看，70%以上的学生来自农村，他们毕业后绝大部分都将进入生产第一线。由于他们在农村生活中长期养成的自由、松散、无秩序的习性与现在城市工作所呈现的技术化、规范化、复杂化的特点格格不入，导致他们被社会赋予“城市建设的主力军”的同时，也成为职业受害的“主力军”。因此，在职业教育阶段，必要的职业健康知识和技能的系统学习至关重要。从国家和企业的长远发展来看，这也是全民职业健康理念培养的重要组成部分。

3. 大多数企业制度不够完善

我国很多企业的工作环境十分恶劣，职业健康与安全教育、健康安全管理、健康监管

① 赵金垣．临床职业病学［M］．北京：北京大学医学出版社，2017：24-25.

与专业服务相当缺乏，部分企业片面追求经济利益，导致职业危害事故频频发生。据有关部门统计，我国现有 1 600 多万家企业存在着有毒、有害作业场所，职工不同程度受到危害的人数达 2 亿人。因此，改善职业环境，注重企业经营者的职业健康理念的培养，保障职工职业健康与安全刻不容缓。

二、中职学生职业健康教育方法

职业病是一种人为的疾病，它的发病取决于人、职业性危险因素和作用条件三方面。根据职业病的发病特点可以看出职业病是完全可以预防的。因此加强对中职学生的职业健康与安全教育，培养中职学生的职业健康与安全理念至关重要。具体可以从以下几方面着手进行。

（一）制订学校职业健康教育计划

（1）把职业健康与安全教育深入到课堂教学中。中职学生在校期间是职业健康理念形成的重要阶段，而职业健康理念的培养离不开课堂，课堂是培养学生职业健康理念的主阵地，教师是培养学生职业健康理念的第一任实践者。中等职业学校需要根据职业教育的特点，细化人才培养方案，探索符合中职学生职业健康理念培养的模式，最终形成以中职学生全面发展为核心的完整的中职人才培养体系，并通过课程设计、教学实践、教育评价三方面推进健康教育的全面落实。

（2）把职业健康与安全教育深入到各种教育教学活动中。大力开辟第二课堂，从课堂、学校、社区逐步走向实践单位、走向社会，从单纯的讲授走向生动形象的实践，让学生在实践中认识到职业性危险因素对人体的危害。例如可以组织计算机应用、电子商务等专业的学生到电子厂进行实际调查，就高温、粉尘、辐射等职业危害形式展开实践体验，让学生在实践中认识到影响职业健康的危险因素，认识到职业健康的重要性，并且理论联系实际，发现解决各种影响职业健康的因素和方法，并能动态评价效果，及时调整学习内容。

（3）完善职业健康与安全教育的总结评估机制。通过课程教学、评价考核、活动总结等方式做好每一项教学和实践活动，同时可聘请专家、教授等专业人士到学校讲学、指导工作，让每位学生能够在未来的工作岗位上自觉地保护自己的健康，有效地预防各种职业病的发生。

（二）设立学校职业健康教育领导和组织管理机构

学校职业健康理念的培养离不开学校领导的大力支持，建立专门的职业健康教育中心，加大必要的组织、制度、人力和财力支持，使职业健康教育成为老师乐教、学生乐学的必修课，完善职业健康教育的各种规章制度，规范职业健康防治工作管理。

（三）协调学校与实习就业单位的关系，实现职业健康教育的完美衔接

一方面，在企业开辟第二课堂，通过老师现场指导，让学生认识到职业健康的重要性；另一方面，当学生走向实习就业期时，需要中职学生敏锐地发现职业性危险因素，认识其危害并能够做好防护措施。这就需要学校与实习就业单位实现职业健康教育的完美衔接，让学生能够尽快适应工作环境，并做好自身职业健康的保护措施，更好地在职业岗位上健康工作。

（四）分步开展职业健康与安全教育

学校职业健康教育的主要目标是提高学生的健康知识水平，树立全体学生的职业健康信念和态度，采纳并形成对未来所从事职业所需要的健康行为和生活方式。在学校的职业健康教育过程中，分学期、分阶段开展职业健康教育，逐渐将职业健康的知识、技能和态度渗透到相应的教育教学活动中，最终促进学生改变不良行为和习惯，促进学生全面发展。比如在中职学生入学第一学年关注职业特点和职业健康知识，第二学年注重职业健康知识的普及率，培养学生的自我职业健康保健意识和能力，第三学年在建立职业健康信念的基础上，结合顶岗实习活动的职业特点，对环境中职业性危险因素有更深的认识，能够与理论知识相结合，从而建立从事职业所需要的健康行为和生活方式。

思考题

1. 什么是职业病？请简述我国法定职业病的分类及特点。

2. 影响职业健康的因素有哪些？请分类阐述。

3. 中职教育各专业的职业特点有哪些？请结合自己所学专业详细阐述本专业常见的职业病。

4. 我国几种常见法定职业病的特点及预防措施有哪些？

5. 简述几种常见工作有关疾病的特点及预防措施。

第五章

中职学生生活习惯与健康教育

◆ **教学目标：** 中职学生正处于心智尚未成熟和身体发育末期的重要阶段，是影响人生走向的关键时期。而目前我国中职学生生活习惯与健康状况不容乐观。通过普及健康生活方式与膳食营养的常识，促进中职学生建立关注健康、预防为主的文明健康生活理念，改变影响健康的不良生活习惯和行为，真正践行文明健康的生活方式。

◆ **教学重点：** 从了解不良生活习惯的危害和人体所需营养素及主要来源入手，构建文明健康的生活习惯，掌握平衡膳食基本概念和要求，并能充分运用这些知识以保障身心健康发展。

◆ **教学难点：** 中职学生的自我意识迅速发展并已形成了自己的饮食习惯。本章的关键是发挥学生的主观能动性，让学生积极参与和主动学习，达到情感认同，从而引导学生构建良好生活习惯和合理营养的知识及观念框架，切实改进学生在生活和饮食方面的不良行为，达到健康教育的目的。

第一节　中职学生生活习惯概述

一、生活习惯的内涵

生活习惯是指过日子的习性。广义上是指人们除了物质生产活动以外的一切经常性行为；狭义上是指人们衣、食、住、用、行、玩等日常生活的习性。概括起来包括饮食习惯、卫生习惯、作息习惯、行为习惯、运动习惯、心理习惯等。

生活习惯是个人多数日常活动的体现。良好的生活习惯能够促进个人身心健康发展，还会间接影响其未来的发展。生活习惯不是一朝一夕形成的，而是在从幼年、青年、成年到老年的漫长生活、学习、工作经历和环境中逐渐养成的，它是一个复杂而渐变的过程，而且生活习惯不论好坏，一旦形成，就有相对的稳定性。

中职学生精力充沛、活动量大，是一生中各种营养素需求较高的时期。但中职学生又不同于这一年龄段的普通高中学生，他们除理论学习外，还有生产实习任务，所以良好的生活习惯是保证其顺利、成功度过这一时期的重要基础之一。为了达到身心健康的目的，应该切实重视这个问题，有意识地培养自己良好的生活习惯，并防止不良生活习惯的形成。如果发现自己已有不良的生活习惯，就应“痛改前非”马上进行改变，这样才能更好地适应这个飞速发展的快节奏社会，才能有助于获得更大的成功。

二、中职学生的不良生活习惯及其危害

通过使用问卷星和微信群对某中职学校一、二年级各三个班300人发放调查问卷，经过统计分析收回的285份有效问卷，发现大部分中职学生目前的生活习惯不利于身心健康发展，主要表现在以下几方面：

（一）不良的饮食习惯

1. 不吃早餐或不规律饮食

部分学生因为想睡懒觉而不去吃早餐；还有部分学生因习惯夜宵或晚餐吃得较晚、较多而早晨不饿，会等到第二节课后（上午9点半）才去吃早饭或者不吃。不吃早餐就上课

的学生，容易在10点左右处于饥饿或半饥饿状态，会出现注意力不集中、反应迟钝，影响学习效果，甚至还会有头晕、乏力、面色苍白、出冷汗、昏厥等低血糖症状。经常如此，会直接影响学生的生长发育。还有的学生有胃疼的症状，这是因为经常饥一顿、饱一顿会打乱胃肠消化的生物钟。较长的时间空腹，分泌的胃酸等消化液不能与食物中和，就会侵蚀胃黏膜、胆囊等消化器官，致其不能正常工作，这样就容易诱发胃炎、胃溃疡、胆结石、十二指肠溃疡等胃肠消化系统疾病。很多不吃早餐或饮食不规律的学生因不能给自身提供足够的能量和营养，还会有不同程度的缺铁性贫血症状。同时，据专家对比研究，不吃早餐或早餐质量差不仅会影响人的健康状况，还会影响人的思维能力和创造能力。[①]

2. 饮食成分不健康

有的学生爱吃肉类，不喜欢吃蔬菜类，再加上多数中职学校封闭式管理不允许外出，学生很少购买水果，维生素摄入较少。较多学生出现维生素缺乏症，比如口角生疮、便秘、皮肤干燥等症状。在中职学生中还存在着严重的爱吃零食的习惯，尤其女生情况更为严重。零食中的营养不均衡，成分单一，不能为人体提供足够的能量；零食中糖、脂肪的含量比较高，爱吃零食的学生经常到该吃饭的时间感觉不饿，从而影响了正常饮食规律，减少了正餐摄食；零食中的多种添加剂会使长期食用者口味加重，继而导致学生挑食。如此恶性循环下去，最终会出现肥胖、营养不良、缺铁性贫血等症状。

3. 不重视饮食卫生

中职学生大多是学校住宿生，远离父母和家庭，自己掌握日常饮食。据调查，很多学生喜欢去校外的一些小吃摊或小餐馆就餐，而这些地方多数基本卫生设施不完善，很多餐具都没有进行消毒；再加上食品加工操作不规范、管理不到位等，食品的质量很难保证。由此可能会引发一些疾病，甚至导致发生食物中毒事件。另外，现代中职学生点外卖的现象也是屡见不鲜，外卖食物的质量不仅同样良莠不齐，而且外卖的一次性餐盒在高温下会释放出各种化学物质，长期使用有害物质会进入人体内无法分解，积累下去会严重影响健康。

（二）不良的作息习惯

随着现代社会的发展、娱乐活动的丰富，夜生活几乎已成了人们的一种生活方式。中职学生相对普通高中学生来说学习任务与压力较小，更是抵制不住五花八门娱乐活动的诱惑，使得越来越多的年轻人习惯晚睡。即使是在学校宿舍内，网络、电子产品、卧谈等活动使晚睡成了常态化。虽然也有些管理较严的学校有按时熄灯的要求，但一到周末，许多学生会用更深的熬夜去弥补平时“逝去的时光”。熬夜晚睡这一习惯是有百害而无一利的，它会直接导致学生精神疲惫，第二天上课的时候精力不足、注意力无法集中。长此以往，不仅会影响平时的学习效果，还会造成眼球周围血液循环障碍，引起黑眼圈和眼球血丝，

① 张远桃．哪些因素影响孩子智力［J］．开卷有益——求医问药，1999（1）．

进而影响视力。长期晚睡还会损害机体免疫力；还可能刺激胃酸分泌，成为胃溃疡等消化道疾病的诱因；还容易引起失眠，甚至引发神经衰弱症。另外，有专家指出长期晚睡使交感神经不能在夜间充分休息，就难以在白天兴奋，进而影响白天工作的精力，甚至导致记忆力减退和反应迟钝。

（三）不良的运动习惯

在我国经常运动的青少年比例非常少，尤其女生运动的次数和时长更少于男生。这首先是因为应试教育使学校和家长都只重视考试分数，忽视了体育运动，从而使学生没有养成热爱运动的好习惯，缺乏运动的氛围；其次，一些现代的娱乐方式严重挤占了学生们的运动时间，许多学生宁愿选择看电视、上网、打游戏、聊微信等，也不愿意出去动一动；还有一部分学生娇生惯养怕吃苦，缺乏坚持的毅力。不运动会使胃肠蠕动减慢、消化液分泌减少，容易出现食欲不振、消化不良、便秘、腹胀等症状。长期缺乏运动，人的心、肺功能及免疫力会降低；还很容易造成脂肪堆积，引起肥胖；而且身体内部的代谢减慢，垃圾毒素无法及时排出体外，很容易增加血管的黏稠度，这也是当今高血压、高血脂等老年病低龄化的原因之一。

（四）不良的嗜好

中职学生往往涉世不深，社会经验不足，自我控制力较差，还没有形成正确的世界观、人生观和价值观，法制观念较为淡薄，同时好奇心和模仿性强，又刚刚脱离家长的管控，面对纷繁复杂的世界，极易受到同伴和不良社会风气的影响，沾染上不良嗜好。如吸烟、酗酒、沉溺于网络或电子游戏不能自拔，这些都严重危害了中职学生的身心健康，甚至个别学生因交损友而走向吸毒、偷窃等违法犯罪之路。

三、中职学生的健康生活方式

健康的生活方式是指对健康有益的、习惯化的行为。健康的生活方式是促进健康、预防疾病的最简便易行且经济有效的途径。

（一）安排合理饮食

合理饮食包括健康的饮食和良好的饮食习惯两方面。健康的饮食是要按照正常身体所需的营养成分结合自己的口味偏好合理安排和搭配日常饮食，避免或减少不利于身体健康的成分，做到不挑食、不偏食、荤素搭配、粗细搭配、营养均衡。良好的饮食习惯包括定时定量、少食多餐、细嚼慢咽、规律进食，早餐吃好、午餐吃饱、晚餐吃少，保持良好的就餐气氛和心情等。重要的是要坚持这些理念逐渐使之成为一种生理需求和习惯，以确保身体的健康状态。

（二）坚持适宜运动

适宜运动是指运动方式和运动量适合自身状况。“生命在于运动”，体育锻炼是健康生活方式中十分重要的一部分。但运动过少和过量都不利于健康，个人要根据自己的身体状况、爱好和环境选择合适的运动形式和运动量。如球类、田径、游泳、武术、俯卧撑、杠铃等都是不错的选择。中职学生尤其适宜打篮球，不但可以锻炼身体、促进长高、提高身体协调性和反应速度，还可以培养团队意识和不屈的毅力。

其实对于以健身为目的的运动来说，运动形式并不重要，重要的是要量力而行，循序渐进，并持之以恒，培养终身运动的习惯。最简单的运动如快步走，每天快步走路6 000～10 000步，或慢跑30分钟，或做其他运动30分钟左右（如爬楼梯、跳舞、做操等），每周至少运动5次，最好能够保持心率加快、身体发热这种状态15分钟以上。把锻炼变成生活的一部分和生活享受，就能给自己带来健康的身体、充沛的精力和愉悦的心情。

（三）科学用眼、充足睡眠

虽然中职学生的近视率不及普通高中学生，但长时间使用电子产品，不正确的读书、写字姿势等，也是造成中职学生近视率持续上升的重要原因。因此要引导学生多参加户外运动；注意用眼卫生，不在过强、过暗或忽明忽暗的光线下看书；劳逸结合，连续用眼40分钟休息远眺10分钟等。

充足的睡眠是身体健康的重要保证，中职学生每天应保证8～10小时的睡眠。人体需要新陈代谢，而晚上进入深睡状态后是身体进行休整的重要时间段，一般来说，晚上10点半左右上床睡觉较为合理，这样在11点可进入深度睡眠，可以给身体充足的时间进行休整，也能保证第二天有充足的精力。如果有较多的功课，也应尽量保证晚上按时入睡，可以通过早起的方式来完成课业，再利用中午短暂午睡补充精力。

（四）戒除不良嗜好

不良嗜好是影响一个人的成长和进步，并令人沉迷的不良习惯，如抽烟、酗酒、暴力、沉迷网游、网恋、赌博、吸毒等就可以说是不良嗜好。不良的嗜好会严重影响人的身心健康、生活方式甚至生命质量，必须下定决心去戒除。那如何戒除不良的嗜好呢？一是转移注意力。比如吸烟的想法很强烈时，赶紧去从事其他劳动或体育运动等，几分钟后这种想法就会慢慢淡化。二是用新的良好习惯去代替。培养一个有益身心的兴趣爱好，它就像良师益友，会让人慢慢与不良嗜好脱离关系。三是寻求亲朋好友帮助。当自己的意志力不能打败不良嗜好的时候，可以寻求亲朋好友支持和帮助，让他们进行监督和管理。四是循序渐进地改变。有些习惯的养成是日积月累的结果，所以改变也是需要时间的。可以给自己树立小目标，不断品尝到成功的喜悦，从小目标慢慢实现大目标。五是找寻戒除的动力。多看多听自己的不良嗜好的危害性及毁灭性后果，触动了心灵，领悟明白了，就有了戒除的动力。六是适当奖励自己。戒除不良嗜好需要很大的勇气和毅力，让人脱胎换骨需要一定的磨砺。所以，在自己戒除不良嗜好之后，适当给自己一些奖励，让自己越来越好，始终坚持好的习惯。

（五）保持积极心态

树立适当的人生追求目标和积极乐观的人生态度，始终保持一颗进取的心，提高道德修养，养成勤奋学习的好习惯，热爱生活，珍爱生命，用从容和自信面对挫折与困难，学会沟通与宣泄。

（六）学习健康知识

知识是不断调整自己行为的指南针，只有懂得健康知识才能建立健康的生活方式。在当今知识不断更新的时代，只有注意不断学习新的健康知识，抵制迷信和各种错误信息的影响，才能使自己的生活方式更健康。

第二节　中职学生应禁烟忌酒

“吸烟有害健康”这是众所周知的事实，但我国仍有为数众多的烟民，吸烟和二手烟暴露现象十分普遍。据有关部门近年公布的数据显示，全国吸烟人数超过 3 亿，7.4 亿非吸烟人群遭受二手烟危害。每年有 100 多万人死于吸烟相关疾病，约 10 万人死于二手烟暴露导致的相关疾病。[①]“公共场所禁止吸烟”是近些年的国策，有效地限制了公众场所的二手烟雾污染问题。自觉养成不吸烟的良好习惯，不仅有益于个人及家人的身体健康，而且也是一种高尚公共卫生道德的体现。

据相关部门的抽样调查结果显示，在我国大学、高中和初中男生中，吸烟者的比例分别为 46%、45% 和 34%；未成年的吸烟者约有 500 万人；成年烟民人群中，有 75% 的人是从 15～24 岁这一年龄段开始吸烟的。[②] 在我们对中职学生组织的调查中显示，有吸烟经历的男生高达 72%，女生也达到了 11%。青少年吸烟人数的剧增与低龄化趋势是近 20 年来中国人吸烟状况中两个显著的特征。

---

① 刘垠．禁烟令“禁而不止”有望年内破冰［N］．科技日报，2014-1-15.

② 宋超英，夏芸．吸烟成瘾行为的经济学分析［J］．青海社会科学，2008（2）.

一、吸烟的危害

第一，燃烧烟草中的一氧化碳进入血液，立即和血红蛋白相结合，降低了其携氧能力。吸烟使血质变坏、血液变稠、血管硬化和血管内径变窄，又普遍降低了人体的免疫力，是造成高血压、高血脂、冠心病三大病症的主要成因之一。

第二，吸烟加大了多种癌症的发病率。国内外资料表明，长期吸烟者比不吸烟者肺癌发病率高 15～30 倍，口腔癌、鼻咽癌、胃癌、膀胱癌、乳腺癌的发病率都比不吸烟者高几倍。

第三，中职学生呼吸道比成人狭窄，呼吸道黏膜纤毛发育也不健全，吸烟会使呼吸道受损害并产生炎症，增加呼吸的阻力，使肺活量下降，影响胸廓的发育，进而影响其整体的发育。

第四，中职学生正处在性发育的关键时期，吸烟使睾酮分泌下降 20%～30%，使精子减少和畸形；使少女初潮期推迟、经期紊乱。

第五，香烟气体中的一氧化碳使大脑缺氧，而且烟草中含有的大量尼古丁，对脑神经也有毒害。因此吸烟多了会使学生精神不振、记忆力减退、学习成绩下降。调查发现，吸烟学生的学习成绩比不吸烟的学生低。

第六，被动吸烟即我们常说的“吸二手烟”，其所吸入的有害物质浓度并不比吸烟者低。吸烟者吐出的烟雾中，烟焦油含量比吸烟者吸入的多 1 倍、苯并芘多 2 倍、一氧化碳多 4 倍。另外，在室内环境中，无论是加装排风扇、空调还是其他装置，都无法避免非吸烟者遭受“二手烟”危害，唯一能够有效地避免非吸烟者暴露于“二手烟”的方法，就是在室内环境中完全禁烟。

二、饮酒的危害

酒是中国传统文化中不可缺少的一部分，但对于还处在生长发育期的中职学生来说，饮酒可是不值得提倡和鼓励的行为。在美国更是有法律规定 21 岁以下青少年不准喝酒，可见饮酒会对青少年的身体和心理发育产生很大的危害。饮酒会严重影响到所有青少年的身心健康和正常学习，也影响到跟家人、朋友的正常沟通等。

第一，饮酒首先是伤肝，因为酒精会在肝脏里面代谢。除了肝脏以外，身体各类组织器官都会受酒精的伤害。经常饮酒容易患脂肪肝、胰腺炎、胃炎、肝硬化、心力衰竭、高血压、胃黏膜萎缩、毛细血管溢血、内分泌或代谢损伤导致糖尿病、肌无力等。总之酒精会使身体对疾病的整体抵抗力降低、缩短寿命。

第二，无节制的饮酒会使食欲降低，摄入的食物量减少，以致发生多种营养素缺乏。

第三，中职学生饮酒会对正常生理功能和发育产生严重影响，有专家实验表明，长期饮酒能使生殖器官正常功能衰退，性成熟推迟 2～3 年。

第四，酒精影响最大的就是脑部和神经系统。中职学生神经系统比成年人稚嫩，对酒精的耐受力差，酒后行为更容易失控，最常见的饮酒过量会让人面红耳赤、乱说胡话、站立不稳、走不成路、丑态百出，以至醉倒、呕吐，甚至昏睡、面色苍白；严重的还可以引起呼吸困难、窒息，造成酒精中毒死亡等。年轻人本来就血气方刚，受酒精刺激更易发生擅自驾车、与人争斗等行为；更严重的还会产生心理疾病，甚至诱发精神病。各种媒体报道出的青少年因饮酒导致的死亡、车祸、自杀和犯罪现象也是屡见不鲜。

三、禁烟与忌酒

烟和酒对人们的身体健康有百害而无一利，如果这“两兄弟”再相互作用，会对身体造成更大的伤害，成年人都会有损伤，更何况青少年呢？常用的戒除烟酒的方法主要有下列 7 种。

替代法：当想抽烟或喝酒时，用别的东西代替，如口香糖、瓜子、茶叶、白水等。

转移法：当有吸烟或喝酒的想法时，赶紧去从事其他活动，淡化这种想法。

恐惧法：多了解吸烟及喝酒有害的书籍、广播和资料，从而产生恐惧，增强在心理和情绪上禁烟忌酒的动力。

躲避法：避开吸烟或喝酒的环境，这点非常重要。尽可能多去禁烟场所，如博物馆、图书馆、电影院等。未完全戒断前最好不要参加聚会。

奖赏法：把过去本应买烟或买酒的钱存起来，几个月后给自己或家人买一份心仪的礼品，会感觉到这更值得和有意义。

打赌法：公开戒烟或戒酒，与亲朋或好友打赌，取得亲朋好友的支持和监督。

药物法：对于吸烟饮酒成瘾的，还可采用药物治疗，如用戒烟、酒药丸，戒烟茶、糖或中药等。

第三节　合理使用电子产品

一、网络文明与健康

当今世界，互联网已经广泛深入到人们的生活、学习、工作、交友、创业创新等方方面面，成为人类精神家园之一。据 2018 年第 42 次中国互联网络信息中心发布的《中国互联网络发展状况统计报告》显示，截至 2018 年 6 月，中国网民已超 8 亿，学生群体最多，其中 10～39 岁群体占总体网民的 70.8%，中职和高中的网民占 25.1%。

（一）互联网给中职学生带来的便利与问题

互联网给中职学生带来的便利有：

（1）开阔了视野；

（2）促进了对外交流；

（3）可促进学生个性化发展；

（4）可改进学习方式，促进学业增长；

（5）便于掌握最新教育动态。

但同时，互联网中由于存在着安全漏洞和隐患，网民素养良莠不齐，致使网上充斥着许多不文明行为和现象，很可能会给包括中职学生在内的广大青少年造成如下问题：

（1）网瘾问题；

（2）荒废学业问题；

（3）浏览不健康网站问题；

（4）诱发未成年犯罪问题；

（5）网上交友问题。

这些问题不仅影响了他们的学业，还给正处于认知发展期和心智成长期的他们的社会道德伦理规范造成了冲击。

（二）正确上网、文明上网

为了增强青少年自律意识和自护能力，保障他们健康成长，团中央等部门正式推出了《全国青少年网络文明公约》。

1. 善于网上学习，不浏览不良信息

网上有一些不健康的信息，一定要注意控制自己的欲望和好奇心，不去浏览那些负面新闻，更不要去浏览和传播色情、暴力的网站，自觉抵制不良信息，做到不信谣、不传谣。遇到不良信息时，应积极向网监部门举报。

2. 诚实友好交流，不侮辱欺诈他人

利用网络，还可以与外界建立联系，所以在跟别人进行沟通的时候，一定要使用文明语言，不要在网上侮辱他人。

3. 增强自护意识，不随意约会网友

我们经常会在网络上遇到信息调查、性格测试、免费抽奖等小游戏，一般会要求填写真实姓名、手机号、家庭住址等个人信息，这些极易造成个人信息泄露。因为网友有很大

的隐蔽性，不能够准确识别他的真实身份和用意，所以千万不要随意与网友见面，更不要把自己的信息泄露给网友，以免上当受骗。

4. 维护网络安全，不破坏网络秩序

对于网络上某些敏感话题，我们应该注意把握话题的严肃性和政治性，不要任何话题都参与讨论，对于一些敏感的、反动的话题，要及时制止，不参与、不传播。

5. 有益身心健康，不沉溺虚拟时空

很多人钟爱网络游戏，但是如果沉溺于网络的话，必将会让自己的学习、工作和生活受到很大的影响，让自己变得消沉。

维护文明网络环境需要大家共同努力，让我们自尊、自律；坚持文明上网、上文明网；坚守和传递向上、向善的精神力量。

二、电子产品对健康的影响

随着技术的进步，电视、台式电脑、平板电脑、智能手机、游戏机等电子产品种类越来越多，内容越来越丰富，功能也越来越强大。从老人到儿童几乎每人每天都不同程度地接触、使用电子产品。这些电子产品在丰富和方便了我们的生活之外，也带来了不少负面影响。

（1）心理方面　如“手机上瘾”“手机依赖症”等，有事没事要看一眼手机，一天要是没有手机就会六神无主。还有网络上良莠不齐的内容，误导孩子们的心智，造成早熟、早恋等现象。

（2）身体方面　长时间使用电子产品，最明显的副作用就是导致视力快速下降、干眼症等眼部疾病；另外，使用电子产品时，长期低头或一个姿势，椎间盘及颈椎也不可避免地产生病变；其他还有如肘、腕、手指等部位的腱鞘炎；经常佩戴耳机还会导致听力下降；经常睡前使用电子产品，导致生物钟紊乱，也是当下“睡眠困难户”“垃圾睡眠”出现的主要原因之一。头痛、注意力不能集中、反应速度降低、记忆能力下降等一系列问题也会找上门来。

三、电子产品的合理使用

我们的生活已几乎离不开这些电子产品，尽管负面影响非常严重，但完全杜绝是不现实的，那么我们就应该合理使用电子产品。只有有效利用现代电子产品，才能趋利避害发挥好电子产品的用处，促进学生更好获取知识。

第一，控制时间。非学习目的的使用，单次不宜超过 15 分钟，每天累计不宜超过一小时。利用电子产品学习 30～40 分钟后，要休息远眺或做眼保健操放松 10 分钟，连续使用电子产品的时间越短越好。

第二，避免不良用眼行为。不在走路、吃饭、躺卧、晃动的车厢内、光线过强或过弱环境下使用电子产品。

第三，抵制诱惑。电子产品中存在着许多垃圾资讯和不健康的信息，还有一些游戏有可能会使学生沉迷其中，所以我们应学会抵制诱惑、自我约束。对于自控力和意志力较差的中职学生来说，可以培养其他方面兴趣，让学生找到自己的特长而不是沉迷于电子产品。

第四，正确利用。借助电子产品会使学生开阔眼界，利用电子产品在网上查找学习资料，自主性学习感兴趣的知识。

第五，多方监管。家长们对孩子使用电子产品应密切关注并合理规划与引导，而不能一味纵容随意使用。学校也应多开展一些课外活动，这样学生就能找到现实世界中的乐趣，而不会在虚拟世界中流连忘返。

第四节　膳食营养与健康

一、膳食营养及需求

膳食是指经过加工烹调处理后的食物，即把食物加工成人们进食的饭食，古人称为吃食。营养并不是某种物质，而是一个过程，即人体从外界摄取食物，经过消化吸收利用食物中身体需要的物质，以维持生命活动的整个过程。但是，在通常的语言中有时把营养当作食物里的营养素含量多少和质量的好坏来使用，例如说，某种食品“有无营养”，或某种食品“营养丰富”。

膳食营养就是从日常吃的食物中获取的营养素，它是人体生长发育的物质基础。

人体所必需的营养素有蛋白质、脂类、糖类、维生素、水、无机盐（矿物质）、膳食纤维（纤维素）七大类。

七类营养素在人体中可以发挥三方面的生理作用：一是人体的能源物质，如碳水化合物、蛋白质和脂类能提供人体所需要的绝大多数能量；二是人体的“建筑”材料，如蛋白质是构成人体细胞、组织等机体的重要组成部分，矿物质中的钙、磷、镁是构成骨骼、牙齿的主要原料；三是人体调节物质，如维生素、矿物质和膳食纤维等能够调节人体的生理功能。[①] 这些营养素分布在各种食物中，只要能广食，均可以得到。见图 5-1。

（一）蛋白质（人体的工程师）

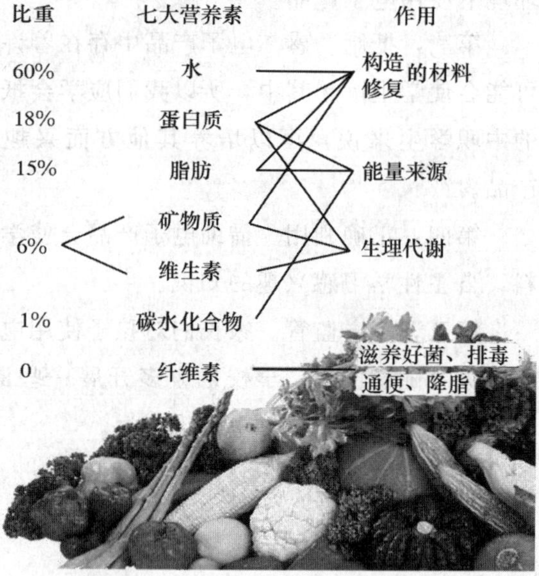

图 5-1 人体生命的构成与动力

蛋白质是维持生命不可缺少的物质。人体组织、器官由细胞构成，细胞结构的主要成分为蛋白质。机体的生长、组织的修复、各种酶和激素对体内生化反应的调节、抵御疾病的抗体的组成、维持渗透压、传递遗传信息等，都是蛋白质在起作用。肉、蛋、奶、豆类含丰富优质蛋白质，是每日必须提供的。

如果体内缺乏蛋白质，青少年会出现水肿和消瘦两种营养不良症状，成人则会出现免疫力降低、浮肿、伤口久不愈合等严重后果。但如果人体摄取的蛋白质过多，对健康也无益处，会加重肾脏的负担；摄入过多的动物性蛋白，还会加速骨骼中钙质的流失，导致骨质疏松症。

（二）脂肪（人体的燃料）

脂肪是储存和供给能量的主要物质。许多人认为脂肪会导致人发胖，引发多种疾病，因此在饮食中很少摄取脂肪。其实这个观点比较片面，脂肪也是人体不可缺少的物质之一。机体细胞膜、神经组织、激素的构成均离不开它。脂肪还有保暖隔热，支持保护内脏、关节、各种组织，促进脂溶性维生素吸收的作用。脂肪的食物来源主要有动物油、花生油、豆油、动物外皮以及不被人们注意的瘦肉、奶制品、动物内脏、豆制品、坚果类食物，等等。

如果人们摄入脂肪太少，会引发营养不良、生长迟缓和各种脂溶性维生素缺乏病。如果摄入脂肪过多，会患上肥胖症，诱发心脏病等心血管疾病，引起骨质疏松等。

（三）碳水化合物（人体的驱动器）

碳水化合物也称糖类，是为生命活动提供能源的主要物质。它广泛存在于米、面、豆类、薯类及各种杂粮中，是人类最重要、最经济的食物。这类食物每日提供的能量应占总能量的 60%～65%。任何碳水化合物在人体内经生化反应最终均分解为糖，因此也称之为糖类。除提供能量外，它还促进其他营养素的代谢，与蛋白质、脂肪结合成糖蛋白、糖

① 何莲．论述合理的营养膳食与人体健康［J］．中国卫生标准管理，2015（18）．

脂，组成抗体、酶、激素、细胞膜、神经组织、核糖、核酸等具有重要功能的物质。

如果人体内缺乏碳水化合物，会导致全身无力、疲乏，血糖含量降低，出现头晕、心悸、脑功能障碍等，严重者还会因低血糖昏迷。但如果摄入过多，碳水化合物会转化成脂肪储存于体内，而人过于肥胖会导致各类疾病，如高脂血症、糖尿病等。

（四）维生素（营养催化剂）

维生素又称维他命（vitamin），在人体内不提供热能，也不是机体的主要组成部分，需要量极少，但绝对不可缺少。它们参与维持机体正常生理功能，对维持人体生长发育和生理功能有着重要作用。维生素分两类：一类为水溶性维生素，包括维生素 C、B 族维生素、叶酸等，这一类占大多数，它们不在体内储存，需每日由食物提供，由于代谢快不易中毒；另一类是脂溶性维生素，包括维生素 A、维生素 D、维生素 E、维生素 K 等，可在人的肝脏中储存，不需每日提供，且过量会引起中毒。各种维生素各司其职，缺一不可，并能帮助人体对营养素的吸收，但维生素一般不能在体内合成，或合成的量很少，不能满足机体需要，必须由食物供给（维生素 D 除外）。而又没有一种食物含有人体所需的全部维生素，因此食用新鲜蔬菜、水果、肝、蛋黄，适当吃点粗粮，多晒晒太阳，就显得格外必要了。

如果人体内缺乏维生素，会产生头发干枯、皮肤粗糙、记忆力减退、失眠、浮肿、溃疡、伤口不易愈合、骨质疏松、生长发育迟缓、夜盲症、免疫力低下、贫血等多种症状。

（五）水（人体的运输网）

水是生命之源，在人体组织成分中含量最多，占人体体重的 60%～70%。水对人体有非常重要的作用，是维持人体正常生理活动的重要物质。水主要储存在细胞内液和细胞外液（如血液中 90%以上是水，还有淋巴、唾液、皮肤和肾脏分泌的体液等）。水参与物质代谢过程，有助于物质的消化、吸收、生物氧化及排泄；水能调节体温，保持人体的正常温度；水能保持腺体分泌，充实体液；水是器官、关节及肌肉的润滑剂。人对水的需要量与人的体重、热能消耗成正比。一名健康的中职学生，在正常状况下每天需要 1 500～2 000 毫升水。正常情况下，人体内水分的出入量是平衡的。喝水是人体所需水分的直接来源，人体内氧化时也能产生水，而且人体需要的水还可以从饮食中取得，如肉类含水 50%、白菜和西瓜等水果含水 90%以上等。在炎热、高温、发烧、运动和体力劳动量大的情况下，饮水量就相应增加，并以少量多次为原则，甚至饮用接近血浆渗透压的淡盐水或饮料，以保持体内水盐的平衡。

若饮水过少，会使血液浓缩，黏稠度增高，不利于血液循环及营养吸收。缺水会导致脱水，如果不能够及时补水，可直接导致昏迷，人体若丧失 20%的水分就会有生命危险。

（六）矿物质（身心调控员）

矿物质又称无机盐，是构成人体组织和维持正常生理功能必需的各种元素的总称。是除了碳、氢、氧、氮之外，其余的60多种元素的统称。它是构成机体组织的重要原料，如钙、磷、镁是构成骨骼、牙齿的主要原料。钙、镁、钾、钠、磷、硫、氯7种元素含量较多，占矿物质总量的60%～80%，称为常量元素（或宏量元素）。其他元素如铁、铜、碘、锌、锰、钼、钴、铬、锡、钒、硅、镍、氟、硒等，存在数量极少，在机体内含量少于0.005%，被称为微量元素。

矿物质也和维生素一样，不提供能量，且无法自身产生或合成，但又是人体必需的元素。每种元素均有重要的、独特的、不可替代的作用，各元素间又有密切的联系。矿物质主要作用包括：构成骨骼的主要成分；维持神经、肌肉正常生理功能；组成酶的成分；维持渗透压，保持酸碱平衡。

在人体新陈代谢过程中，各种矿物质每天都有一定量随粪、尿、汗、头发、指甲、皮肤及黏膜的脱落等途径排出体外，因此必须通过膳食补充。矿物质的每天摄取量是基本确定的，但随年龄、性别、身体状况、环境、工作状况等因素有所不同，如从事运动锻炼时，机体热能代谢水平较高，人体大量出汗，使体内钙、磷、钾、铁排出量和消耗量增加，所以大量运动后应及时适量的进行补充。某些矿物质在体内的生理作用剂量带与毒性剂量带距离较小，如果摄取过多，容易引起过剩症及中毒，所以一定要注意矿物质的适量摄取。矿物质在各种形式的食物中均存在，如肉类、谷类、牛奶和乳制品、蔬菜、水果和干果等。

矿物质缺乏与疾病有关，例如缺钙会导致佝偻病（老人会出现骨质疏松）；缺铁会引起缺铁性贫血；缺锌、缺碘会导致生长发育落后，等等。此外，精力不集中、易过敏、易感冒、易抽筋、皮肤病、贫血等也与矿物质缺乏有关。矿物质缺乏甚至还会导致更严重的疾病，如糖尿病、冠心病、生育能力下降、异食癖，等等。

（七）膳食纤维（人体的清道夫）

膳食纤维的定义有两种：一是从生理学角度将膳食纤维定义为哺乳动物消化系统内未被消化的植物细胞的残存物，包括纤维素、半纤维素、果胶、抗性淀粉和木质素等；另外一种是从化学角度将膳食纤维定义为植物的非淀粉多糖加木质素。膳食纤维可分为可溶性膳食纤维和非可溶性膳食纤维。非可溶性纤维来自食物中的小麦糠、玉米糠、芹菜、果皮和根茎蔬菜，不被人体消化吸收，只停留在肠道内，可刺激消化液的产生和促进肠道蠕动，吸收水分利于排便，也有利于肠道菌群的建立。可溶性膳食纤维来自大麦、豆类、胡萝卜、柑橘、亚麻、燕麦和燕麦糠等食物，可以进入血液循环，降低血浆胆固醇水平，改善血糖生成反应，影响营养素的吸收速度和部位，有助于调节免疫系统功能，促进体内有毒重金属的排出。大多数植物都含有水溶性与非水溶性纤维，所以均衡摄取水溶性与非水溶性纤维才能获得不同的益处。

随着人们生活水平的提高，对食品的加工越来越精细，膳食中粗纤维的含量越来越少，现代“富贵病”如便秘、肥胖症、动脉硬化、心脑血管疾病、糖尿病等，正严重地威胁着现代人的身体健康，在食物中补充膳食纤维尤为重要。但还应注意千万不要矫枉过正，大量补充纤维，可能发生低血糖反应；可能影响蛋白质、钙、铁、锌等元素的吸收；使胃肠道功能较弱者“不堪重负”。

总之，七大营养素对人体缺一不可，除了保证健康、维持生命外，还能影响人的其他方面：如人的美丽容颜、言行、心情、思维能力、年轻、衰老，等等。有关青少年营养素与能量的每日平均需要量见表 5-1。

表 5-1　营养素与能量的每日平均需要量 EAR（14～17 岁）

类别			EAR
能量（中等活动水平）	男	兆焦	11.92
		千卡	2 350
	女	兆焦	9.62
		千卡	2 050
碳水化合物占总能量的比(%)			50～65
蛋白质(克)	男		75
	女		60
脂肪能量占总能量的比(%)			25～30
钙(毫克)			800
磷(毫克)			590
钾(毫克)			2 200
钠(毫克)			1 600
镁(毫克)			270
铁(毫克)	男		12
	女		14
锌(毫克)	男		9.7
	女		6.9
硒(微克)			50

类别			EAR
碘(微克)			85
铜(毫克)			0.6
铬(微克)			35
钼(微克)			85
脂溶维生素	维生素 A(微克)	男	590
		女	450
	维生素 D(微克)		8
	维生素 E(毫克)		14
	维生素 K(微克)		75
水溶维生素	维生素 B_1(毫克)	男	1.3
		女	1.1
	维生素 B_2(毫克)	男	1.3
		女	1.0
	维生素 B_6(毫克)		1.2
	维生素 B_{12}(微克)		2.0
	叶酸(微克)		320
	烟酸(毫克)	男	14
		女	11
	维生素 C(毫克)		85

注：本表数据参照《中国居民膳食营养素参考摄入量速查手册(2013 版)》，中国营养学会编著。能量单位的换算关系如下：1 千卡(kcal) = 4.184 千焦(kJ)，1 兆焦(MJ) = 1 000 千焦(kJ)。平均需要量(estimated coverage requirement，EAR)是群体中各个体需要量的平均值。

二、中职学生的营养现状

我们通过调查对体质指数［体质指数（BMI）= 体重（千克）/身高（米）^{2}］分析发

现，当前中职学生的营养状况主要有以下几个特点。

1. 营养不良和营养过剩现象并存

突出表现为非正常体重（肥胖或体重较轻）者的人数竟大于正常体重者。较轻体重者身高基本正常、体型消瘦、肌肉不发达；主要原因是挑食、偏食、吃零食过多或错误的认知（如女生以瘦为美，盲目减肥）。肥胖者主要原因是高脂高热量饮食摄入过多，体育锻炼的次数减少。

2. 膳食结构不合理

由于生活水平的提高，高热量、高脂肪食物摄入比高，致使钙、铁、锌和维生素、膳食纤维等营养素摄入不足。同时，膳食热能大多数来自谷类、动物性食物，豆类供给的热能偏低。

3. 营养健康意识薄弱

有80%以上的中职学生不了解营养知识和营养结构，不太重视自己的健康状况，没有考虑过营养搭配。多数中职学生在学校住宿，日常饮食自己掌控，所以吃饭全凭口味喜好。如很多学生从来不喝奶，还有一部分学生从来不吃豆制品，甚至还有学生一日三餐在小卖部解决，这样就会造成缺钙、缺维生素等营养不良情况。

三、合理膳食、均衡营养

中职学生不同于普通高中生和大学生，他们除了理论学习外，还有生产实习任务，因此他们的学习、活动量较大，加之仍处于生长发育的中后期，对各种营养素需要量仍较大。合理的膳食意味着机体能够摄入保持身体健康所必需的所有营养成分，并且各种营养素的比例符合人体的需要。膳食结构不合理或各种营养素摄入不均衡，不但会引起生长发育迟缓，而且会导致各种急、慢性营养不良和各种营养缺乏症。因此，合理膳食与均衡营养能够更好地促进中职学生健康成长，还能改善记忆与提高学习效率。

（一）健康人群膳食指南

人体所必需的七大营养素均来自食物，而不同的食物所含的营养素各不相同。我国的营养学家根据营养学原理，紧密结合我国居民膳食消费和营养状况的实际情况发布了《中国居民膳食指南》。最新的2019版《中国居民膳食指南》针对2岁以上的所有健康人群提出10条核心推荐：

（1）食物多样，谷类为主，粗细搭配。

（2）多吃蔬菜水果和薯类。

（3）每天吃奶类、大豆或其制品。

（4）常吃适量的鱼、禽、蛋和瘦肉。

（5）减少烹调油用量，吃清淡少盐膳食。

（6）食不过量，天天运动，保持健康体重。

（7）三餐分配要合理，零食要适当。

（8）每天足量饮水，合理选择饮料。

（9）如饮酒应限量。

（10）吃新鲜卫生的食物。

（二）推荐多吃的食物或鼓励的行为

（1）每天膳食品种多样化（每天食物超过 12 种，每周超过 25 种），应包括谷薯类、蔬菜水果类、畜禽鱼蛋奶类、大豆、坚果类等。

（2）增加全谷物和杂豆类，每天要吃 50～150 克，占主食（谷薯类食物）总量的 20%～40%。还要吃薯类 50～100 克，占主食（谷薯类）总量的 20%。

（3）餐餐有蔬菜，每天 300～500 克，其中深色蔬菜应占 50%。天天吃水果，每天 200～350 克。

（4）多吃奶类。每天液态奶或其他奶制品 300 克。

（5）经常吃大豆或豆制品，适量吃坚果。

（6）每天一个鸡蛋，包括蛋黄。

（7）适量摄入鱼、虾、禽类和瘦肉，平均每天总摄入量 80～150 克。鱼虾和禽类是优选。

（8）足量饮水。提倡饮用白开水，每天 1 500～1 700 毫升。

（9）经常运动，保持健康体重。每周至少有 5 次中等强度的运动，且每次运动时间在 1 小时以上。

（10）珍惜食物，提倡分餐不浪费；学会阅读食品标签，合理选择食品。

（三）建议少吃的食物或限制的行为

（1）少吃肥肉、烟熏和腌制肉制品。

（2）大米、白面等精制谷物占主食（谷薯类）总量的一半左右，其余应为全谷、杂豆或薯类。

（3）少盐少油。少吃高盐和油炸食品。

（4）控糖。每天摄入添加糖不超过 50 克，最好控制在 25 克以下。

（5）食不过量，控制总能量的摄入，避免肥胖。

（6）减少久坐时间，每小时起来动一动。

为了进一步帮助消费者在日常生活中实践《中国居民膳食指南》，专家们还以宝塔图形表示出了食物定量的指导方案。它直观地告诉居民食物分类的概念及每天各类食物的合理摄入范围，对合理调配平衡膳食进行具体指导，故称之为“中国居民平衡膳食宝塔”

（简称“膳食宝塔”），如图 5-2 所示。

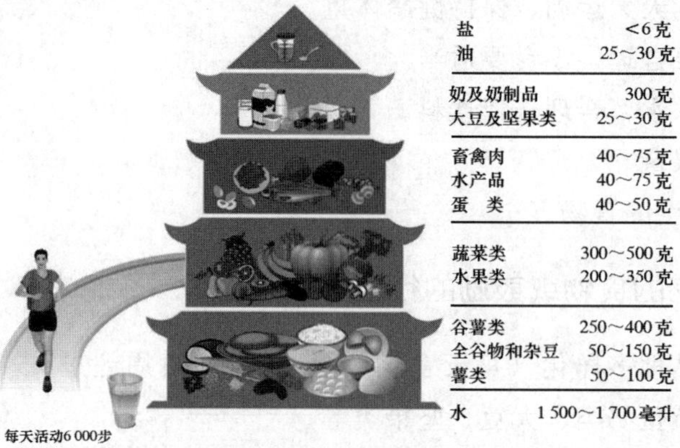

图 5-2　中国居民平衡膳食宝塔（2016）

（四）中职学生膳食应注意的问题

（1）在膳食宝塔上看到的每日所需的 5 类食物，不能互相替代，要使身体健康，每一类食物都需要。

（2）在宝塔同一层中的各种食物所含营养成分大体相近，在日常饮食中应经常互相替换，以使膳食丰富多样，摄入的营养素更加全面。

（3）日常饮食中，不是每天每种食物都严格按照“宝塔”推荐量吃，重要的是遵循宝塔各层各类食物的大体比例，及每日膳食要包括宝塔中的各类食物。

思考题

1. 联系实际列举几种不良的生活习惯或行为，并说明对健康的危害。
2. 中职学生健康的生活方式包括哪些内容？
3. 人体所必需的营养素有哪些及主要来源。
4. 简述《中国居民膳食指南（2019）》的主要内容。

第六章

中职学生心理与健康教育

◆ **教学目标：** 中职学生心理健康教育的目标是提高中职学生的心理素质，帮助中职学生树立心理健康意识，培养其乐观向上的心理品质，增强心理调适能力，促进中职学生人格的健全发展，提高他们的心理健康水平。

◆ **教学重点：** 本章教学重点是普及心理健康基本知识，树立心理健康意识，以积极向上的心态认识自我、面对挫折、健康发展。

◆ **教学难点：** 本章的教学难点是使中职学生不断正确认识自我，增强调控自我、承受挫折、适应环境的能力，培养他们健全的人格和良好的个性心理品质。

第一节　中职学生心理发展的特点

一、中职学生的心理素质

大量的统计数据和中职学生心理咨询案例表明，中职学生中有相当一部分人存在着程度不同的心理问题。而且，中职学生的心理问题逐年增加，中职学生的心理健康现状不容乐观。

中职学生年龄段本应该是一个充满活力的群体，然而受多种因素的影响，他们的思想、个性被抑制，迎接挑战、自我完善的勇气被消磨，因心理问题休学、退学的屡见不鲜，中职校园安全事件频繁发生，骇人听闻报道频频见诸各类媒体。人们不禁要问：中职学生究竟怎么了？导致这些事情的原因究竟何在？

当代中职学生的心理素质不仅影响到自身的发展，而且也关系到技术技能型人才的培养，更关系到全民族素质的提高。有关中职学生素质的调查表明，中职学生的素质不能适应社会发展和经济转型的需要，最欠缺的是心理素质。如何使他们避免或消除由心理压力而造成的心理应激、心理危机的发生，加强对中职学生的心理健康教育，就成为各中职学校迫切需要和密切关注的问题。

到目前为止，关于中职学生心理问题的研究已经取得了大量的有价值的成果，针对中职学生的健康教育也主要围绕心理健康开展，形成了较为成熟的中职学生心理健康研究体系。这些成果不仅帮助中职学校的管理者、教育者获得指导学生心理健康成长的科学范式，也为中职学生自我调适提供了指导方案。但总体来看，一方面仍然沿袭了一般心理学的研究方法，整体科学框架与普通心理学无异；另一方面又过度关注中职学生的心理问题，而较少看到和客观分析中职学生的积极心理品质；再一方面是以心理健康教育替代健康教育，以为心理健康教育做好了，中职学生的健康问题也就解决了。

鉴于上述情况，本章基于已经开展的大量中职学生心理研究，试图客观地从正反两个方面来分析中职学生的心理特点，并尝试以积极的心理观念来提出中职学生心理健康教育的一般方法，使之成为中职学生健康教育的重要内容之一。

二、中职学生心理特点分析

美国临床心理学家阿尔伯特·艾利斯（Albert Ellis）通过临床观察，总结出 11 条生活中人们对事物的看法，这些不合理的信念常会导致人们的心理问题。从现时中职学生的心理状态看，基本符合他们的心理特点：

（1）无论做什么事，都应该得到社会上其他成员的喜爱和赞许。

（2）一个人应该是全能的，完美无缺的。

（3）世界上有些人很坏，或可憎。坏人都应该受到责备与惩罚。

（4）若事情的发展未如己愿，那实在是太可怕了。

（5）不愉快的事情都是由自己不能支配的外界因素造成的。

（6）一个人应该时时警惕是否有危险或可怕的事情发生。

（7）直面现实中的困难和自我承担的责任是很困难的，逃避是最好的选择。

（8）人必须依赖他人，尤其是依赖强者。

（9）历史是现在的主宰，过去的影响是无法消除的。

（10）一个人应该关心他人的事情，并为他人的事情而悲伤和难过。

（11）任何问题都应该有一个正确而完整的答案。若找不到一个正确而完整的答案，是不可能办到的事情，只会使自己感到失望和沮丧。

中职学生的年龄一般在 15～19 岁，从年龄阶段的发展来看，他们属于人生青年阶段的初期。这个时期，人的生理已经趋于成熟，但由于社会生活经验的欠缺、社会阅历简单，正处在求学阶段，自我意识的发展还很不成熟，也不完善，心理上正在走向成熟而又未真正成熟。这个时期正值人生最重要、最关键阶段，是人身心发展最迅速、最旺盛、最重要的时期，也是人生各年龄发展阶段中的最佳时期，是人生各个阶段的黄金时期。但是，中职学生是一个特殊的学生群体，由于成绩、家庭或经济等原因没能升入普通高中，其内心世界是非常复杂、不平衡、不稳定的。总的来看，中职学生的心理既有正面的也有负面的，正面的心理特质比如好奇心、自我关注、挑战意识、批判意识、思想活跃、渴望交流与表现等，这都符合这一年龄段的基本特征。但客观地讲，中职学生的负面心理问题也有很多，综合而言可以分成两大类：一类是一般性的成长心理问题，有心理障碍倾向但并不严重，这是中职学生心理存在的主要方面；一类则是出现了程度不等的心理障碍，如环境适应不良、人际交往障碍、学习焦虑等。

（一）有面对新起点的好奇，但环境适应不良

从初中到中职学校是人生的一个重要的转折。初到中职学校的新生，大多是人生中第一次离开父母，初中时在家有父母无微不至的关怀和照顾，过着饭来张口、衣来伸手的生

活，生活不需要自理。现在的中职学生都是计划生育政策时期出生的，在父辈、祖辈的呵护下成长。许多中职学生从小就是与祖辈生活在一起，老人对孩子的溺爱、教育不够严，导致这些孩子的规则意识淡薄，自控能力差，是非观念不强。社会的不良影响起着某种反面的“社会导向”作用，有的学生家长自身的不良习惯对孩子的影响是深远的，对孩子的教育简单粗暴，缺乏耐心，在遇到“反复”时失去信心等。

中职学校的学习生活方式方法和初中有很大的不同，致使很多同学不知道如何学习，心理上产生焦虑、失落、自责、失望等，而且现在像洗衣服、叠被子等这些需要自己动手的事情，一下子不知如何干，心理上感觉到一种难以消解的苦闷和忧愁。再者，由于初到一个陌生的环境，迫切需要寻找良师益友，由于他们自身特有的闭锁心理，互相之间不愿轻易吐露真情，很难很快找到知心朋友。面对陌生的面孔、不同的方言，很多中职新生会自然地想家、想念中学时代的老师和同学，怀念过去的生活和朋友。因此，就会自然产生孤独、苦闷、寂寞的心理。在这样一个生活方式转变的过程中，由于学校环境、生活方式、学习方式、交往方式等都会发生相应的变化，使得很多新生感觉不适应。而这种入学之初对环境的适应不良是一种相当普遍和正常的现象，任何人到了一个新的陌生的环境，都需要一个适应的过程。而有很多中职学生经过较长时间的过渡，仍然适应不了，甚至精神上萎靡不振、情绪一直低落、焦虑不安，甚至想退学等，充分说明了其适应性差的心理特点。

（二）认识到自己的不足，但过分关注消极面

大多数的中职学生是中考落选者，中考失利产生了挫折感。他们感觉低人一等，进入中职学校后他们会人为地把自己封闭起来，没有上进心，没有求知欲，得过且过，甚至自暴自弃。中考是人生的一个转折点，面对自己中考的失败，面对家人的失望，觉得愧疚苦恼；自己明明不想学但又不得不待在学校学习，结果整天处于烦躁无奈中，导致精神创伤或行为偏差，如上课捣乱、与老师闹对抗、拖交或欠交作业、逃课等。

这种情况使他们过分关注消极面，不能正确地评价认识自我，总是关注自己的不足和弱点，对自己的成绩和优点却视而不见，自然就会造成消极自卑心理，给人的普遍印象是缺乏理想信念，目标不清晰，对自己的前途和未来没有规划。中职学生中的相当一部分人，只顾眼前、不考虑未来，他们走进职业学校，主观上感觉低人一等，前途渺茫，加之社会对职业教育、中职学生的偏见，使得他们内心对在职业学校的学习并不抱多大希望，以至于不思进取，得过且过。

另外，相当一部分中职学生来到学校是迫于无奈。他们来校后，不知道学什么，不知道干什么，志向不明。调查发现，72.35%的学生的学习目标不明确。有些中职学生把学校当成收容所、逃避站，借读书的旗帜，想方设法找父辈要钱。他们既不用为穿衣吃饭着急，更不需要自己去挣钱养活自己，于是便“和尚撞钟”得过且过混日子。

（三）有挑战意识，但自卑情绪和反抗性强烈

这些初中毕业的学生善良朴实，能够捕捉大量信息，对社会也有自己的见识，还具有挑战权威的意识。但由于缺乏相应的人文精神、科学基础和社会交往能力，又不能接受挑战，不具有真正意义上的怀疑精神和挑战传统的胆略。所以，他们反而具有强烈的自卑意识。

自卑是一种过多的自我否定而产生的自惭形秽的情绪体验，自卑感在中职学生中普遍存在。中职学生大多数是初中阶段成绩差，而经常被家庭、学校甚至社会所忽视的“特殊”群体，他们由于学习成绩不好，小学初中教育阶段长期承受来自家长、老师的过多指责和同学们的歧视，有些学生来自留守家庭、单亲家庭或经济贫困家庭，他们长期缺乏父母真诚的关爱，久而久之就会形成抑郁、消极、自卑心理，逐渐发展到对学校、对社会充满冷漠、恐惧甚至是仇视。同时，现在的社会对职业教育还存在着一定认识上的偏见，再加上一些中职学生拿自己与上普通高中的同龄人比较，感到自己的未来比较渺茫，自主性被忽略或个性发展受到阻碍，他们表现在行为上就是无所适从、怪异和反抗，有时甚至用过激的行为方式保护自己，去掩饰自己可能受到的伤害，比如通过逃课、顶撞教师、打架斗殴、自残等违纪违规现象，来显示自己的勇敢。

（四）思想活跃，但学习动机缺失

我国现阶段的职业教育和普通教育培养目标和培养方式上有着明显的区别，中职教育更多注重学生实践技能的培养。中职学生没有升学的压力，虽然他们的学习成绩较差，但他们活泼好动，思想意识活跃，有着广泛的兴趣爱好。但是，他们对于很多发生在自己身上的问题，并不能摆正自己在“矛盾”中的位置，从不是客观地从自身找问题，而是寻找外界因素来为自己解脱，以维持自我心理平衡。许多事情，都习惯以自我为中心，不能客观地对自己进行正确的评价。在对中职学生学习态度的调查中发现，在没有老师或家长督促的情况下，会主动学习的学生占比 34.5%，不会主动学习的学生占比 25.8%，而极少主动学习的学生比例最多，占比 39.7%，由此可见，学生的学习兴趣不大。大部分中职学生由于学习基础较差并且缺乏刻苦学习的精神和毅力，在学习上没有养成良好的习惯，也没有找到适合自己的学习方法，学习动机十分模糊，学习没有动力。他们不知道究竟为什么要学习，只是觉得这个年龄不读书不行，而且是家长和老师要求他们学习，结果居然出现了很多学生觉得学习是为了他人，哪怕是习得一技之长也好像是为了家庭、为了父母。也有的学生因为学习方法不当而学不好、因为学习成绩不好而不想学，从而产生厌学的心理和行为，并渐渐形成学习上的恶性循环现象，越不努力成绩越差，成绩越差越想放弃。

（五）渴望在交往中得到认可，但人际交往存在障碍

中职学生在心理发展阶段存在着坦率与封闭的矛盾，一方面，他们期盼得到人们的理

解，遇到和自己观点一致或境遇相似的人，就愿意敞开心扉，说话坦诚直率；另一方面，他们更多的会把注意力集中在自己的内心世界上，这就暴露出他们的心理闭锁性，他们会固执、多疑、逆反、对抗，有时候仅仅因为看别人不顺眼就主动挑事而发生冲突，甚至是发生打架斗殴事件。中职学生特别渴望展示自己的才能，体现自己的价值，得到家长、老师、同学的认可。但是，由于在他们的成长过程中，缺少与父母沟通、缺少家庭温暖、不善于与人交往，从小在孤独中成长，为人处事能力较差，存在着社会交往障碍。这种状况与他们的心理特质有关：第一，不良的心理品质，性格内向，情感封闭，以自我为中心，妒忌，猜疑，偏激，报复性强等；第二，个人能力方面的原因，如语言表达力差，知识水平低，不会交往等；第三，曾有过交往失败的经历，对交往存在认知和观念上的偏差，固执地认为："我对别人真诚，别人也应该对我真诚，可我付出了真诚之后，却得不到回报。""人都是自私的，人与人之间都是尔虞我诈，没意思。"从而对如何交往感到困惑和沮丧，对社会交往产生消极情绪；第四，交流不通畅，没有共同语言等。[①]

（六）自我独立意识强，但自控能力不足

从心理学的角度看，他们感觉自己身心已经成熟，已经长大，这实际上是一种"假成熟""伪长大"，反而导致他们过于强调自己内心世界中的"本我"，并将注意力集中到发现自我、关心自我的存在上。多数的中职学生自我意识较强，他们往往把自己的失败归因于他人。自己犯了错误，却总是埋怨对方、指责老师、批评学校，稍不如意则对家长、对老师和学校抱有对立和敌视态度。这一时期，他们开始把自己看作是"成年人"，渴望与成人一样具有平等的社会地位与权利，反对从属地位，更反对权威式的干涉。中职学生有一种典型的"假成熟"现象，总以为自己长大了、成熟了，别人不应当对自己指手画脚，在心理上要摆脱对父母的依赖，要以独立人格出现。由于生理、心理迅速发展，使他们在缺乏准备的条件下，会面对许多矛盾和困惑，常让他们处于焦虑之中，如遇到不满或不平之事，就容易出现突发式的情绪失控，这些情绪上的波动，使他们难以自控。[②]

（七）具有较强的表现欲望，但常出现分帮结派现象

中职学生的学习生活经历决定了他们的心理还不够成熟，普遍具有比较强烈的虚荣心，表现欲望比较强烈。因为他们学习成绩差，心理的倾斜度也较大，为了寻找心理平衡，他们就会经常寻找机会表现自己，为了证明自己的存在，他们有时甚至靠发出异样的声音，或做出与场合不相称的怪异动作，来引起老师和同学的注意，以免自己在这个集体中遭受"冷落"，不惜寻找一个"扭曲"的"位置"，来弥补自己在学习等其他方面的不足。中职学生大多来自不同的学校，由于成绩差的原因，使得他们有"同样的命运、同样

① 戴倩. 中职学生心理浅析 [J]. 商情，2015（16）.

② 陆海浪，王冬梅. 中职学生心理特点及成因分析和解决对策 [J]. 经营管理者，2016（13）.

的归宿”，有一种同病相怜的“难兄难弟、患难姊妹”的感觉，从而使他们在心理上得到沟通，很容易形成一个个小团体，出现拉帮结派现象。

中职学生每个人有着不同的心理特点，这就决定了工作的复杂性。要用心了解每个学生，根据每个学生的心理特点顺势导引，帮他们树立正确的人生观、价值观，从而达到心理健康教育的目的。

第二节　中职学生心理健康的影响因素及对策

一、中职学生心理健康的影响因素

在现实生活中，中职学生的心理健康状况往往受许多因素的综合影响。一般而言，影响中职学生心理健康的因素，既有个人生理因素和心理因素等内在原因，又有着家庭环境和社会环境等外在原因。

（一）生理因素

影响人心理健康的生理因素主要包括遗传和疾病。虽然医学上尚未给出遗传影响心理健康的具体数字比例，但有一点可以肯定，生理是心理的基础，如果生理不健全，人的心理活动就会受到影响。在对某中职学校随机选取的一个班全部36位学生的调查中发现，有6位同学因身体原因导致心理障碍。其中4位同学还比较严重，几乎很难适应学校的教育教学。班主任和任课老师普遍认为这些学生基本上是不可能完成全部学业的。但出于对这些学生的关爱，对其家长的理解和对其家庭的支持，班主任还是坚持把这6位同学留下，并施以特别的教护。

研究表明：在有心理健康问题的中职学生中，家族中有癔症、活动过度、注意力不集中病史的学生所占的比例明显偏大。多动症儿童的家庭成员中有多动症史的占13.6%，其中父辈或同辈有类似病史的各占50%。但需要注意的是，多动症并非100%都是遗传造成的，也就是说虽然遗传因素在一定程度上对人的心理健康有影响，但其作用也不是注定不可以改变的。遗传只是提供一种可能性，后天的环境也有着关键性的作用。除了遗传因素之外，身体的疾病也可能会导致心理障碍。例如，流行性脑炎等中枢神经系统传染病，会导致器质性心理障碍；甲状腺功能亢进可引起暴躁、易怒、情绪不稳、自控力差等心理问题。

（二）心理因素

心理素质是人的认知、情感、意志等心理机能在社会实践中所表现出来的个性行为品质。中职学生的心理健康与其心理素质和心理承受力呈正相关关系。在现实生活中，个体某些方面的因素，如外貌、能力、习惯等也会影响个体的心理健康状况。事实证明：外貌较好、能力较强的个体，往往在生活中会更多地获得别人的喜爱，会感到更多的满意、愉快，这有助于其心理健康；反之，外貌较差的很多个体，特别是当处于青春期的时候，往往容易感到自卑、焦虑、挫折，从而导致出现心理问题。因此，面对这些群体时，更应当关注他们的心理健康，要注意疏导和调节他们的情绪。

从本质上讲，人格特征是与心理健康密切相关的品质，在现实生活中，不同的人，遭受同样一种生活挫折，由于个性的不同，其影响程度完全不同。面对挫折，有的人可能无法承受，一味地消极应对，从此自暴自弃；有的人则可能正视现实，积极面对挫折，加倍努力，奋发图强。研究表明：特殊人格特征往往是导致相应心理健康问题的基础，因此，培养健全人格是保持身心健康的关键因素之一。事实上，不同的人面对同样的生活事件时，往往具有不同的表现形式和处理方式，因而对心理健康的影响也不相同。一般而言，由于个人的认知态度、自我意识、性格特点等方面存在差异，不同的中职学生面对同一事物时，采取的评价态度也不同，甚至是截然相反的，因此，对心理健康产生的影响也完全不同。很多时候，中职学生心理发展中的内在矛盾，常常成为其心理障碍的动因。这些矛盾的存在，会使他们的情绪极度不稳定，经常处在情感波涛中，当内心矛盾长期存在或者内心矛盾冲突强度过大时，往往使他们的心理平衡遭到破坏，从而引起心理或生理上的疾病。

如何让学生的人格得到和谐发展，是中职学校心理健康教育必须严肃对待的问题。老师要指导帮助他们，让他们不仅学会正确地对待自己、接纳自己，认识自己的内在潜力，还要充分发挥个人的潜能；指导帮助他们确立符合自身发展的积极的生活目标，培养他们的责任感、义务感和创新精神；指导帮助他们学会认识环境，学会如何正确处理好各种复杂的人际关系，以便更好、更快地适应生活、学习和工作环境；指导帮助他们掌握社会规范，形成良好的道德品质、积极的人生观和价值观、积极的情绪情感、坚韧不拔的意志品质，养成良好的行为习惯，使他们适应学校生活，为更好地适应未来社会需要，在能力上和心理上做好充分准备。

（三）家庭因素

习近平同志指出，家庭是人生的第一个课堂，家风是一个家庭的精神内核。中国人一向重视“家庭”在个人成长中的作用，所以，素有“天下之本在家”之说。习近平同志对家庭的重要作用予以高度关注，他强调，无论时代如何变化，无论经济社会如何发展，对一个社会来说，家庭的生活依托都不可替代，家庭的文明作用都不可替代。古往今来，“生活在家庭之中”是绝大多数中国人的传统生活理念。可以说，家庭是人生的第一个课堂，父母是孩子的第一任老师。家庭是一个人最早接触到的生活环境，家庭教育是人生教育的起跑线，家庭是最早承担了孩子的教育责任，并伴随孩子的整个教育阶段的全过程。由此可见，家庭既是一个人人生起点的地方，也是一个人“梦想起航的地方”。因此，习近平同志特别指出，要重视家庭建设，注重家庭、注重家教、注重家风。只有每一个家庭都既承担起“帮助孩子扣好人生的第一粒扣子，迈好人生的第一个台阶”的重担，又承载起帮助孩子“在为家庭谋幸福、为他人送温暖、为社会做贡献的过程中提高精神境界培育文明风尚”的重任，这样家庭培养出来的孩子才能够形成良好的思想基础、品德基础和人格基础，才能为社会做出有益贡献。

首先，家庭结构影响孩子的性格发展。在现实生活中，由于家庭成员结构不尽相同，家庭氛围不同，对孩子的心理影响也不同。一般而言，家庭结构完整且气氛和谐的家庭，孩子有安全感、乐观、信心十足、待人和善、能很好地完成学习任务，孩子能够健康地成长；而结构不完整、不和谐以及单亲家庭，家庭成员尤其是父母之间经常争吵，则容易导致孩子发生情绪和行为问题，容易使孩子产生躯体疾病，同时心理障碍的发生率也较高，对孩子身心健康成长明显有不利的影响。其次，父母教养方式直接影响孩子的心理及性格形成。有关调查表明，父母的教养方式是影响青少年心理健康发展的重要因素，尤其是父母不良的教养方式对青少年心理健康水平有显著的消极影响。比如：父母在教育孩子过程中表现出态度不一致、压力过大、歧视、打骂或者冷漠等特点时，常常会导致孩子出现更多的心理健康问题。研究表明，父母的教养方式对孩子的心理发育、人格形成、归因方式及心理防御能力等都有着极其重要的影响。最后，家庭环境也影响着孩子身心的发展。家庭的物质生活条件、社会地位、家庭成员之间的关系，以及家庭成员的语言、行为和感情等都会潜移默化地影响着孩子的身心发展。事实上，有很大一部分中职学生的家庭有这样那样的问题，对这样的学生应当予以特别的关注，并加强与家长的沟通和互动，以取得更好的教育效果。

（四）学校因素

中职学生的绝大部分时间是生活在学校里，其成长与发展同中职学校的教育和管理是密不可分的。首先，学校在较长时间内对学生进行系统教育，而这种系统教育对学生社会行为的塑造是家庭、社会无法替代的。其次，学校有着独特的、完整的管理教育机制，某种程度上讲是社会的雏形，对学生了解社会、发展自我和人格、培养合乎角色的社会行为模式起着至关重要的作用。由于学生与学校的关系紧密，因此，学校因素是影响中职学生心理健康的重要因素。当前，影响中职学生心理健康的主要因素表现在：教学方式方法和学生管理方法简单，不能适应新时代学生学习生活的需求；中职学生往往缺乏良好的人际交往环境，不能与同学进行正常适当的交往；紧张的师生关系导致教师的教育态度和水平必然降低，这些都对学生心理健康带来消极的影响。再加上中职学生业余生活单调枯燥等，也会对中职学生心理健康发展造成一定的压力。

（五）社会因素

随着社会的不断发展，现在社会的物质文化生活有了极大改善，但一些社会问题和社会舆论宣传导向存在一定的偏差，社会上的一些不良风气，如社会腐败现象、金钱至上的价值取向，都给正在成长中的中职学生的世界观、人生观、价值观的形成造成很大的负面影响。一方面，他们向往优越的物质生活条件；另一方面，他们却不愿付出、不愿奉献，只是一味索取，这就导致他们缺乏对是非的认识，缺乏对社会现象中真善美的辨别力，对接触到的社会上纷繁复杂的社会信息，缺乏判断力、辨别力，导致不健康的思想乘虚而入，渗透到他们的思想行为中，久而久之，就形成了不健康的心理。

二、促进中职学生心理健康的对策

中职学校是培养一代新人的重要教育场所，学校环境对中职学生个性形成及发展、心理健康水平促进和提高起着绝对主导作用。因此，中职学校应当合理安排学生的学习、生活，经常有效地开展形式多样、生动活泼的心理健康活动，从而有效地改善和提高学生的心理健康水平。

（一）学校重视学生心理健康教育

1. 重在发现，及时引导

发现问题是揭露问题和解决问题的基础和前提。中职学校学生的身心特点决定了他们不会轻易表露自己的内心世界、不会主动寻求帮助。家长和老师要注意观察学生的情绪和行为变化，要做到第一时间发现问题，对存在轻度心理障碍和行为偏差的学生及时进行矫治，教给他们必要的心理调节方法，努力提高他们的心理适应能力，避免严重问题的产生，做到把中职学生的心理问题消灭在萌芽状态。

对绝大多数中职学生来说，心理健康是一个陌生的话题。由于他们缺乏心理健康基本常识，对自己的心理是否健康无法判断，当遇到想不通的问题时，就容易产生心理障碍，产生心理疾患，自己也不知道该如何解决，该向哪里寻求援助。因此，中职学校的老师，尤其是班主任老师，要善于及时发现学生的心理问题，要了解关心他们的心理变化。老师要对暂时有心理问题的学生，给予适当的心理调适，帮助他们能尽快摆脱苦恼、困境，帮助他们重塑信心，以积极的心态面对存在的问题。

2. 建立中职学生心理档案

开展心理健康教育，有利于中职学生树立心理健康意识，优化心理品质，增强学生心理调适能力和社会生活适应能力，有利于帮助他们处理好环境适应、自我管理、学习成才、人际交往、求职择业、人格发展和情绪调节等方面的困惑，对于提高新时代中职学生的心理健康水平，促进他们德智体美劳全面发展具有重要意义。

“面”的教育固然重要，但现实中迫切需要帮助的是“点”。即为中职学生建立心理健康档案，详细了解这些学生心理问题产生的不同原因，针对具体原因制定可行性措施，这样才能针对不同学生的不同情况给予他们持续的、具体的、有效的帮助。

3. 配备专业心理医生，提供心理咨询服务

在对中职学生进行心理教育的实践过程中，教师凭着对学生管理和教育的经验，有时确实可以发现学生的心理问题，但有发现问题的能力不等于就有解决问题的能力，绝大部分教师不具有心理学专业知识，在解决学生存在的心理问题时，由于缺乏相关专业知识，常常感到力不从心，就出现了或束手无策、或事倍功半、或根本就无效的尴尬局面。心理辅导是一门专业性、技术性很强的工作，需要具备专业知识的专业人员才能更好地胜任这项工作。因此，心理健康教育要实现其目标要求，在队伍配备上必须讲求科学性、专业性。

4. 发挥班主任的主力军作用

班主任和学生朝夕相处，他们是学生心理健康教育的主力军，因此，加强班主任的心理健康教育培训势在必行。要引导班主任对存在心理问题的学生给予学习、精神上的关心、关怀，而不是过多地把时间、精力放在督促学生的纪律、宿舍卫生等方面，因为这只会适得其反，往往会引起这些学生的反感，不利于其工作的开展。

班主任应该清楚地认识到：对存在心理问题的学生的心理教育工作，是自己工作中的一个重要组成部分，要通过和存在心理问题学生经常性的接触，深入了解他们的心理状态，及时地发现他们心理障碍、心理疾病，要加强与这些学生的交流，成为他们倾诉的对象，了解他们的心理需求。只有这样，才能有的放矢，有针对性地帮助这些学生学会面对现实，适时调整心态，从而保持心理平衡，使他们的心理能够处于健康良好状态。

5. 建立健全家校联系机制

加强与家长的联系，争取家长对心理健康教育的合作。而开办家长学校是一种非常有效的家校沟通的方法。通过家长学校，更新家长的旧的教育观念，改变家长顺宠、娇惯、打骂、专制等错误的教育方法，使家长懂得心理健康教育是关系到孩子未来前途和命运的大事，必须从当下开始，配合学校做好这项工作。同时，要教给家长一些家庭教育的常识，让他们认清家庭教育的误区，当他们遇到问题时知道如何做。让家长掌握一些青少年心理健康方面的知识，使他们了解孩子青春期发展的特点，掌握一些帮助孩子克服心理问题的方法技巧，了解自己孩子的心理特点，避免使孩子心理问题越积越多，越积越重。

（二）针对问题，因材施教

（1）针对学生厌学情绪产生的不同原因，应采取相应的措施做好教育和疏导工作。如果学生的厌学情绪是由不能适应新的学习和生活环境引起的，那么班主任就要及时地给新生多一些关心和鼓励，让他们感受到家一般的温暖，帮助他们度过适应期。此外，学校还可以通过组织一些活动来帮助新生尽快适应新的校园生活。比如，组织“新老生见面会”，鼓励新生与老生之间多交流学习和生活方面的经验；组织丰富多彩的联谊活动，使新生多认识新同学、结交新朋友。

对于被动无奈型的学生，关键是激发他们的学习动机，引导他们挖掘自身的潜能，重塑自我。这些得过且过的学生往往对自己的能力估计过低，看不到自己的长处和优势，易产生一种消极的自我评价或自我意识。我们可以从以下几个方面入手来激发中职学生的学习动机：

①教师对学生要有积极的期望要求，相信每个学生都有向上发展的潜能，相信每一个学生内心都渴望向好的方向发展，渴望被认可。

②帮助学生正确归因。学生对学习成败的归因直接影响着其自信心。教师有必要学习掌握基本的归因知识，指导帮助学生查找原因，不能让学生错误地认为：学习不好是自己“傻”，是自己“笨”，是自己智商有问题，是自己的父母文化水平低，是自己遗传基因不好等，而是要引导学生把失败原因归于用功不够，基础知识有缺陷等可以控制的、内部的原因，让学生有信心改变现状，从而走出迈向成功的一步。

③帮助学生调整抱负水平。抱负水平是人在从事某种活动时，对自己所要达到的目标规定的标准。如果学生的抱负水平很低，容易达到目标，他的身心潜能实际上处于被埋没的状态；而如果抱负水平过高，超过了自己的能力，虽然全力以赴，但力不从心，学生就会产生失败感，体验不到成功。心理学研究表明，中等强度的动机激起水平最有利于潜能的发挥，即让学生“跳起来摘果子吃”。

对于那些学习后进生的厌学心理，根据目前学生文化素质下降、能力水平参差不齐的特点，在安排教学时，应根据学生实际水平、学习能力，适当降低学习难度，还可采取学生间“一帮一，结对子”，先进帮后进，共同进步的办法，让后进生能迎头赶上正常的学习进度，学校、老师、同学齐心合力，帮助他们树立自信心，克服学习上的困难，消除学习上的恐惧心理。同时，要求班主任及任课教师必须帮助学生明确学习目的，端正学习态度；指导学生养成良好的学习习惯、掌握科学的学习方法、注重操作能力的培养，从而提高学生的综合素质。[①]

值得注意的是，任课老师要适当调整教学要求，针对学生实际设定教学目标，不要一味追求标准、大纲的规定，而要以学生通过学习能掌握为度，解决当前中职教学中为完成

① 张静．浅析中职学生的心理问题及解决办法［J］．辽宁教育行政学院学报，2009（4）．

教学任务，教师只管按标准教，学生却没有学会的尴尬境况。

（2）针对人际交往中的问题，首先要帮助指导学生认识人际交往的重要性，人与人之间应互相尊重，要乐于助人，树立他们人际交往的自信心。其次要帮助指导学生在交往时要学会给他人以真诚的肯定、鼓励、赞扬和善意的批评、忠告，不能唯我独尊，不能凌驾于他人之上，不能把个人意见强加于人，应尊重他人隐私。最后要帮助指导学生勇于参加校内校外的各种社会活动，在活动中锻炼自己的社会交往能力。①

（3）针对网络成瘾问题，首先要多和学生沟通，和他们平等对话。遇到问题，老师并非要一味地训斥学生，而是平等、理性、友好地和他们交流，要他们自己发现自己存在的问题，这样才能起到最好的效果。其次就是培养学生的其他爱好，转移兴趣点。教师可在学习和生活中及时肯定学生的一些积极行为，淡化不良行为，帮助指导培养他们充分发挥自己特长，有意识地为他们的爱好创造条件，搭建平台，满足他们的好奇心和求知欲，老师应因势利导，有针对性地进行指导，艺术性地把他们对上网的兴趣扭转到现实生活和学习中来。

一般而言，迷恋上网的学生大多在现实生活中存在不愿与人交流、对社会上现实生活中的事物反应冷淡、情绪不稳定等现象。对这类学生最好的帮助方法，是为他们建立一个全新的、相对独立的转变环境，让他们在教师的引导下试着与人交往，尝试体验网络以外的同龄人群体游戏的乐趣，使他们从虚拟的网络世界中摆脱出来。

（4）针对自我心理问题，教师要积极引导学生正确地评价自己，更重要的是让学生学会接纳自己。一个现实生活中的人，不可能是尽善尽美的，缺点或短处固然会有，但优点和长处才是一个人的主要品质，即使是缺点或短处也总有一定的限度，作为一个学生决不能因为自己存在着一些缺点和不足，就否定自己，就断定自己一无是处。一般说来，一个人的短处不外乎两种：一是可以改进的，如不良的习惯等，对此要随时发现随时承认它、改正它。二是无法改进的，如身材矮小、相貌不佳等，对此也要鼓足勇气正视它、接受它，并以后天的努力来“弥补”。针对中职学生的自我认识现状，学校可以组织关于自我认识和自我接纳知识的讲座，也可以通过团体辅导帮助学生接纳自我，同时，班主任老师也可以通过班会、和学生谈心等形式，促进学生正确地评价自己，从而增强中职学生的自信心。

总之，我们要认真、及时地发现影响学生心理健康的因素，并研究对策，从而对症下药，促进和帮助他们养成健康的心理和完善的人格，从而提高中职学生的心理素质和社会适应能力。

---

① 张静．浅析中职学生的心理问题及解决办法［J］．辽宁教育行政学院学报，2009（4）．

第三节　中职学生积极心理品质的培养

一、培养中职学生积极心理品质的必要性

（一）积极心理健康教育

积极心理健康教育理论认为：除了传统心理治疗重视的忧郁、疾病、悲伤等负面的、消极的心理知识外，人类心理健康研究领域中其实还有许多快乐、幸福、追寻生命意义等重要课题值得挖掘探索。

在我国，孟万金教授创立了积极心理健康教育理论体系，他主张心理健康教育应面向全体，预防为先，以培养学生积极向上的心理品质为重点。即一切从“积极”出发，用积极的视角发现和解读问题的积极方面；用积极的途径培养积极的品质；用积极的思想浇灌积极的心灵；用积极的过程提供积极的情感体验；用积极的反馈强化积极的效果；用积极的态度塑造积极的人生。由此可见，积极心理品质是多维度的，是包含个体思想、情感和行为等各方面的一系列积极品质的集合。

（二）中职学生积极心理品质培养的必要性

中职学生正处在人生发展的关键时期，而中职求学阶段是建立健全人格的关键阶段。近几年来，中职学生中存在的校园暴力、校园欺凌、自我伤害、意外伤害等，以及抽烟、喝酒等健康问题层出不穷，存在心理健康问题的学生逐年增加，中职学生心理健康问题受到社会各界的广泛关注。因此，加强学校心理健康教育促进工作，促进中职学生身心健康发展显得尤为重要。

心理健康教育与一般精神医学中的诊疗模式完全不同，中职学生心理健康教育主要是针对中职学生心理发展特点的需要而开展的教育活动，旨在培养和提高学生的心理素质，帮助中职学生学会如何恰当有效地应对现实生活中所面临的各种压力、如何进行情绪调节等，从而使他们更加有效、更加积极地适应社会、适应自身的发展变化，促进其心理健康发展。所以，预防心理健康问题的发生、促进心理素质提高是中职学生心理健康教育的主要目标。也就是说，中职学生心理健康教育就是对中职学生心理素质的教育和培养，是加

强中职学生素质教育的具体体现。

二、中职学生积极心理品质的培养策略

1. 引导学生发挥个人优势，激发自我潜能

每一个人都有自己的优势及闪光点，人人都有积极的心理潜能。每一个个体，都有自我向上的成长能力，最好的方式是自我心理调适和自我教育。因此，老师应引导中职学生发现自己的积极心理品质，让他们清醒地认识到自己才是自我生命的主导者，主导权始终握在自己手中，自己才是自我生命历程的主角，并对于自身发展拥有自主选择的权力。也就是说自己主宰自己的一切，包括“遵循父母”“自己决定”，甚至“自己不做决定”等等，这些仍然都是自己的自主想法，自己本身并非总是被动的。引导学生发现主宰自己未来的只能是自己，本人有责任也有权利对自己的选择负责。积极心理品质培养就是引导学生充分挖掘自己人性中的积极成分，引导学生自我教育、自我发展，让他们在学习与生活中积极、自觉、主动地追求自己心中的美好，创造属于自己的幸福。

2. 引导学生积极参加各种活动，在活动体验中自我成长

开展丰富多彩的活动是积极心理教育的主要方式，让学生在活动中获得积极心理体验，形成积极的心理品质。中职学生的心理特点，决定了他们自我展示的需要，这也是他们自我教育的重要途径，他们需要在参与中获得动力，在成功的激励中获得力量，在活动与体验中获得成长。所以，应开展丰富、生动、有趣的各种活动来培养中职学生的积极心理品质，让他们在活动与体验中获得积极健康的成长。

由于年龄的原因，中职学生的抽象逻辑思维能力尚未完全形成，思维方式仍然以具体形象思维为主。主要表现为：活泼好动、探索欲强、注意力不稳定、持久性差。他们对抽象的理论、说教，事物的因果关系以及事物规律性知识不感兴趣，而对直观、形象、生动的活动感兴趣。所以，内容具体形象、方式方法多种多样、丰富多彩的活动在中职学生积极心理品质培养中发挥着重要作用。在活动中让他们不仅学会技巧、增长能力，更重要的是让他们发现自己的价值和力量，引导他们往积极的方向前进，让他们将负面的、消极的东西缩小，将正能量的、积极方面的东西放大，积极探索自己的内在、外在资源及成功经验，以促进中职学生自觉意识到积极的、健康的东西才是自己生命和社会的主流。实践证明，在丰富多彩的活动中发现学生的个性特长，因势利导，积极地鼓励培养，对学生积极心理品质的形成有不可估量的作用。

3. 加强学校与家庭的沟通合作，形成家校合一的教育合力

中职学生处在心理成熟的培育时期，他们的世界观、人生观、价值观正在逐步建立过程中，他们非常容易受到学校教师和家庭中父母长辈的影响，所以，外部环境因素影响着学生积极心理品质的形成。为了共同促进中职学生积极心理品质的形成，学校与家庭应密

切沟通合作，消除所有影响他们积极心理品质形成的外界因素，共同创造积极心理品质形成所需的积极力量。一是中职学校要积极为家长开设辅导讲座，提高家长对孩子积极心理品质的教育意识，摒弃错误观念，营造良好的家庭积极心理健康教育环境。二是分享成功案例，通过家长学校的举办，分享积极心理品质培养做得好的家长的成功经验，以发生在身边的成功案例激励家长的信心与决心，促进学生积极心理品质的形成。三是创设家校联系平台，加强家庭和学校之间的沟通，共同促进学生积极心理品质的培养。通过家校的有效沟通，家校共同努力，形成强大的合力，用积极的方式鼓励学生积极健康成长。

4. 加强师生的沟通与互动

学校在促进中职学生心理健康时，第一，应充分利用已有的校园文化资源，融合技巧教学于相关课程之中，有意引导同学之间的良善互动，注重培养同学之间的良好关系，既可以使学生学会交往，妥善处理自己的人际关系，又可以有效减少学生心理健康问题的发生。第二，要使中职学校老师和学生之间有良好的沟通和互动。中职学生的年龄阶段，正处于心理叛逆时期，老师和学生每天朝夕相处，共同学习和生活，如果老师没有足够的爱心和耐心，师生沟通不畅，极易导致师生关系紧张，甚至造成矛盾冲突。因此，作为中职学校的教师，尤其是德育教师、班主任和心理健康课教师，应多给学生提供积极心理品质的专业知识，提升学生积极心理品质形成的能力，教师运用自己的专业技能对学生进行指导，使师生之间形成良好的互动关系，培养师生之间的感情，以和谐的师生关系来有效减少学生心理健康问题的产生。第三，中职学校还应充分利用各种社团组织，为学生之间、师生之间提供多元沟通渠道，多途径了解中职学生的内心世界，并及时有针对性地提供有效实时信息，以利于把握学生心理健康教育的方式方法。第四，中职学校应举办形式多样、丰富多彩的文体活动，并引导学生积极参与到活动之中，促进学生积极主动地与教师及同学相处，大大增进同学情、师生情。同时，让学生在活动中扮演好自己的角色，使其明显感受到自己能够得到学校资源的大力支持，让他们有成就感，提高他们的自信心。

思考题

1. 中职学校学生心理特点有哪些？
2. 中职学生有哪些积极的心理特点？
3. 中职学生可能存在哪些心理问题？
4. 试述家庭及家庭教育在中职学生心理教育中的重要作用。
5. 影响中职学生心理健康的因素及对策有哪些？
6. 中职学生怎样才能形成积极的心理品质？

第七章

中职学生体育运动与健康教育

◆ **教学目标：** 体育运动与健康促进成正相关关系。中职学生的体育运动因种种原因而被忽视。成功唤起中职学生的体育运动意识，通过适当的方式来增强他们的体能，督促他们掌握一定的体育运动技能，教育和训练他们提高体育品德，是开展体育运动的主要教育目标。

◆ **教学重点：** 本章的重点是让中职学生认识到，只有通过体育技能的培养，才能逐步提高他们的体能、体质和体育品德。体育技能的习得是一个循序渐进的过程，中职学生要充分了解自己的体育运动条件，并能在此基础上选择合理的体育运动方式和方法，为今后的健康生活奠定基石。

◆ **教学难点：** 由于小学和初中期间接受的体育运动教育极为有限，导致中职学生在体育运动方面存在一些问题，对健康和健康教育的理解又有偏差。因此，对中职学生体育运动的引导和教育的难点在于如何为他们建立正确的体育健康意识和树立良好的体育品德修养。

第一节　体育运动与健康概述

一、中职学生体育运动概述

中等职业学校体育以学生身心发展特点和学习规律为依据，以学校体育学、体育与健康课程教学论、健康教育学为基础，同时还涉及运动解剖学、运动生理学、体育心理学、运动营养学等学科知识。体育运动对于促进中职学生身心健康，推进“健康中国”建设，增强中华民族的旺盛生命力，促进社会文明进步，培养德智体美劳全面发展的社会主义建设者和接班人，都具有不可替代的重要作用。

中等职业学校体育是以身体练习为主要手段，以体育与健康知识、技能和方法为主要学习内容，以培养中职学生的体育与健康素养和增进中职学生身心健康为主要目标的健康教育实践。体育是全日制中等职业学校课程体系的重要组成部分，是面向全体中职学生的基础教育，对落实立德树人根本任务，推进素质教育和培养全面发展的人具有独特的功能和价值。

中等职业学校学生的体育运动具有基础性、实践性、选择性和综合性等基本特征。基础性强调在义务教育基础上进一步全面提高学生的学科核心素养，为学生终身体育锻炼和保持健康奠定坚实的基础；实践性强调以身体练习为主要手段，引导学生通过适宜的运动负荷和方法进行体能练习和运动技能学习，积极参加课内体育与健康学习以及课外体育锻炼、体育社团活动和体育竞赛活动；选择性强调学生根据自身的特点和需求，在学校开设的若干运动项目中进行自主选择，较为系统地学习1～3个运动项目，培养运动爱好和专长，养成体育锻炼习惯；综合性强调关注多种内容和方法的整合，以体育运动为主，融合健康教育，注重学科德育，培养学生的健康意识和行为，促进学生全面发展。

二、中职学校体育教学的问题分析

（一）学校不重视

受教育观念及办学形式的影响，体育教学在中职学校没有受到足够的重视，中职学校普遍把学生专业技能培养作为教学的重点，导致对体育教学的淡化，对国家体育法规条例要求更谈不上贯彻落实。一方面表现为体育教学投入不足，中职学校体育教学普遍存在缺乏资金支持的困境，这直接导致了教学场地不够、设施不完备、教学器材匮乏、有限的设备器材维护更新不及时；另一方面表现为有效的教学时间不保证，一些学校没有按照素质教育要求，单纯强调就业导向，只抓专业技能训练，认为只要就业好就是完成培养目标，导致包括体育课在内的一些公共基础课程被忽视，体育课教学要么缩减课时、要么干脆不开。

（二）体育师资力量薄弱

体育师资力量薄弱是当前中职学校普遍存在的问题。一是不少中职学校缺少专业的体育教师，现有体育教师多由文化课教师兼任，这样的师资状况势必会直接影响到体育教学的质量，不能保证正常的体育教学；二是专职的体育教师虽然具有一定的专业理论水平和运动技术水平，但是综合素质偏低，在体育专业上缺乏深层次钻研的动力，导致专业发展能力不够，进而影响整体教学。

出现这种局面的深层次原因仍然在于中职学校对体育教学重要性认识不足，认为专业体育教师可有可无。现有体育教师多数只有中专或大专文凭，高学历、高职称、高水平的体育教师明显偏少，势必导致体育师资的整体水平止步不前。同时，由于中职学生的体育运动基础差，对体育运动的认识不够，任课教师要用大部分精力来组织和管理学生，留给体育课堂的有效教学时间通常很少，再加上体育教师自身的教育教学理念没有及时提高，无法有效引导学生正确看待体育课的真正价值，中职学校的体育教学质量呈现逐步下滑的态势。

（三）体育教学方法简单陈旧

（1）中职体育教学缺乏权威教材且选择随意。中职学校体育与健康课的教材匮乏是多年来较为突出的问题，教育部颁布的专业教学标准虽然明确了体育与健康课的要求，但缺乏可执行的体育与健康课程标准，再加上体育教材编写还没能做到统一管理，结果是体育与健康教材数量不少，但中职学校可选择的高质量教材不多，一些学校干脆不订教材，教学安排的随意性空间很大。

（2）体育教学理念不能适应学生需求。传统体育教学强调竞技，恰恰是竞争性教育挫败了这些中职学生的信心，于是，一堂体育课结束后，学生除了觉得累就再无其他收获。另有不少中职学校体育课采取放任式的教学，把学生带到场地、给些体育器材就认为完成任务，体育教学从形式到内容都失去其原有的意义。

（3）体育教学方法简单。大部分中职学校的体育教学仍沿用传统的“填鸭式”教学，过于强调教师的主导地位，忽视学生的主体地位，缺少师生之间的交流互动，也没有办法让学生主动积极地参与教学，结果使得本该活跃的体育课堂反而气氛沉闷、缺乏活力。

（4）体育教学不关注学生未来发展。体育运动教育教学不仅要关注当下学生的身体健康，更要关注学生未来发展，中职学生的学习和未来的职业发展也更需要强健的体魄。体能、运动技能、体育品德、健康行为等体育元素带来的素质提升，关系到一个人未来生存、生活、生命的质量。一般的体育教学就体育讲体育，忽略了体育运动固有的丰富内涵，也谈不上与学生所学专业实际的结合。

（四）学生对体育课有畏惧感

中职学校的学生对体育教学的畏惧感来自两个方面：一是对体育运动的知之甚少带来的认识不够；二是对体育运动伤害带来的后续问题的处置常识缺乏。过度强调就业导向使得中职学校的学生认为，到职业学校就是来学技术技能，体育课无用。而且在以应试教育为主的学习教育经历中，体育运动被长期边缘化，相当一部分学生对体育课不感兴趣。来到中职学校以后，体育课也不是学校重视的课程，这些学生同样不会产生兴趣。再加上中职学生大多缺少吃苦精神，缺乏坚强意志，还带着各种各样的问题标签，对体育课的畏惧不言而喻。

三、中职学生体育运动的基本原则

1. 坚持“健康第一”的指导思想，促进学生健康成长

中等职业学校学生体育以促进学生身体、心理和社会适应等多能力提高为目标，构建技能、认知、情感、行为等多领域并行推进的教育架构，融合体育、生理、心理、卫生保健、环境、社会、安全、营养等多学科领域的有关知识，真正关注学生的健康意识、锻炼习惯和卫生习惯的养成，将增进学生健康贯穿于体育的全过程。

2. 激发运动兴趣，培养学生终身体育的意识

学生体育运动是终身健康的基础，运动兴趣和习惯是促进学生自主学习和终身坚持锻炼的前提。无论是运动内容的选择还是运动方法的更新，都应关注学生的运动兴趣。只有激发和保持学生的运动兴趣，才能使学生自觉、积极地进行体育锻炼。因此，在体育教学中，学生的运动兴趣是实现健康目标与价值的有效保证。

3. 以学生发展为中心，重视学生的主体地位

中等职业学校体育运动关注的核心是满足学生的需要和重视学生的情感体验，促进全面发展的社会主义新人的成长。从体育运动项目设计到评价的各个环节，始终把学生主动、全面的发展放在中心地位。在注意发挥体育活动中教师主导作用的同时，特别强调学生学习主体地位的体现，以充分发挥学生的学习积极性和学习潜能，提高学生的体育学习能力。

4. 关注个体差异与不同需求，确保每一个学生受益

中等职业学校学生体育运动与健康教育应充分注意到学生身体条件、兴趣爱好和运动技能等方面的个体差异，根据这种差异性确定学习目标和评价方法，并提出相应的运动建议，从而保证绝大多数学生能完成体育学习目标，使每个学生都能体验到学习和成功的乐趣，以满足自我发展的需要。

四、体育运动的基本素养

中等职业学校学生体育运动的基本素养包括运动能力、健康行为和体育品德等。通过体育运动的实践，树立健康观念，形成健康文明生活方式；遵守体育的道德规范和行为准则，塑造良好的体育品格，发扬体育精神，增强社会责任感和规则意识。运动能力、健康行为和体育品德三方面素养协调发展，培养学生在未来发展中应具备的体育与健康的正确价值观念、必备品格与关键能力，形成乐观开朗、积极进取、充满活力的人生态度，为新时代健康文明生活做好准备。

（一）运动能力

运动能力是体能、技战术能力以及心理等能力在身体活动中的综合表现，是人类身体活动的基础。运动能力分为基本运动能力和专项运动能力。基本运动能力是从事生活、劳动和运动所必需的能力；专项运动能力是参与某项运动所需要的能力。运动能力的具体表现形式为体能状况、运动认知与技战术运用、体育展示与比赛等。

中职学生运动能力发展的重点是发展体能、运用技能和提高运动认知。通过体育运动，学生能够运用所学的运动知识、技能和方法，参加与组织体育展示和比赛活动，显著提高体能与运动技能水平，掌握和运用所学运动项目的知识和技巧，增强发现问题、分析问题和解决问题的能力；能够独立或合作制订和实施体能锻炼计划，并对练习效果做出合理的评价；了解和分析国内外的重大体育赛事和重大体育事件，具有运动欣赏能力。

（二）健康行为

健康行为是增进身心健康和积极适应外部环境的综合表现，是提高健康意识，改善健康状况并逐渐形成良好生活方式的关键。健康行为包括养成良好的锻炼、饮食、作息和卫生习惯，控制体重，远离不良嗜好，预防运动损伤和疾病，消除运动疲劳，保持良好心态，适应自然和社会环境等。通过体育运动，学生能够积极主动地参与校内外的体育锻炼，掌握科学锻炼方法，养成良好锻炼习惯，形成基本健康技能，学会自我健康管理；情绪稳定、包容豁达、乐观开朗，善于交往与合作，适应自然环境的能力强；关注健康，珍爱生命，热爱生活，养成良好的健康文明生活方式，改善身心健康状况，提高生存和生活能力。

（三）体育品德

体育品德是指在体育运动中应当遵循的行为规范以及形成的价值追求和精神风貌。体育品德的养成对维护社会规范、树立良好的社会风尚具有积极作用。体育品德表现为体育精神、体育道德和体育品格三个方面。体育精神包括自尊自信、勇敢顽强、积极进取、超越自我等；体育道德包括遵守规则、诚信自律、公平正义等；体育品格包括文明礼貌、相互尊重、团队合作、社会责任感、正确的胜负观等。

中职学生体育品德培养的重点是积极进取、遵守规则和社会责任感。通过体育运动，学生能够自尊自强，主动克服内外困难，具有挑战自我、追求卓越的精神；正确对待比赛的胜负，胜不骄、败不馁；胜任不同的运动角色，表现出团队合作与负责任的行为；遵守规则、文明礼貌、尊重他人，具有公平竞争的意识和行为。

发展学生的运动能力、健康行为和体育品德三个方面的核心素养，需要通过体能、运动技能、体育文化和健康教育等内容的融合和有效教学来实现。其中体育文化渗透在运动技能和体能的运动训练与学习中，也可以在传授体育文化有关内容的同时，引导学生通过多种途径（如报纸杂志、网络、电视和电台等）获取体育文化的相关知识，提高体育文化素养。

第二节　中职学生体育运动的项目及要求

一、体能训练项目及要求

体能训练是对人体各器官、组织和躯干进行自我调节的训练，包括肌肉力量训练、身体柔韧性训练、耐力训练等。参加体育锻炼确实可以提高学生的免疫能力，但应注意的是，要根据学生的身体状况选择合适的体育锻炼，并且还要有科学、合理的训练计划和持之以恒的练习。

（一）肌肉力量与肌肉耐力

1. 肌肉力量的耐力与健康

肌肉力量是指肌纤维收缩时产生的力，是力量活动的基础。肌肉力量的大小与肌肉生理横截面的大小密切相关，但与性别、年龄无关。肌肉粗细是由肌纤维的粗细决定的，人的肌纤维蛋白含量会随着运动负荷的增加而逐渐增加。

肌肉耐力是指肌肉长时间工作的能力，是耐力活动的基础。肌肉耐受性取决于肌肉毛细血管的发育和肌肉血流量。反复进行活动，能激活那些没有进入工作状态的毛细血管活力，从而提高肌肉耐力。因此，经常参加锻炼，可使肌肉的耐力逐步得到增强。

2. 增强肌肉力量和耐力的措施与方法

负重耐力训练是提高肌肉力量与耐力的基本手段。不分性别和年龄，只要每周做适当的、持之以恒的力量锻炼，都能增强肌肉力量，提升肌肉耐力，促进身体健康。常用力量练习方法有：

（1）发展胸部肌肉。杠铃、哑铃的不同角度推举、健身拉力器的夹胸、双杠的臂屈伸都是很好的发展胸部肌肉的练习手段。

（2）发展背部肌肉。宽握距的引体向上、杠铃提拉、划船等训练都能发展背部肌肉的相关区域。

（3）发展肩部肌肉。杠铃立姿推举、倒立推、健身绳索提拉可以很好地锻炼肩部肌肉。

（4）发展腹部肌肉。仰卧起坐、仰卧抬腿是锻炼腹肌的有效方法且简便易行。

（5）发展腿部肌肉。锻炼腿部肌肉的主要方法是负重深蹲。

（6）发展手臂肌肉。哑铃弯举和拉力器拉伸训练可以强壮手臂肌肉。

（二）身体的柔韧性

1. 身体柔韧性

身体柔韧性是指人体关节的活动幅度和关节的肌腱、韧带、肌肉等组织的拉伸能力和弹性。立位体前屈或坐位体前屈指标可以反映上体、腰、髋等的关节、肌肉和韧带的柔韧程度。

2. 发展柔韧性的措施和方法

主动或被动的伸展性练习是发展身体柔韧性的基本措施。在科学合理的锻炼计划指导下，青少年学生都可以使自己的身体柔韧性得到良好的改善。常用的身体柔韧性练习方法有：

（1）静力拉伸方法　静力拉伸方法是指缓慢地将肌肉、肌腱、韧带拉伸到一定酸、胀、痛的感觉位置并略有超过，然后停留一定时间的练习方法。这种方法可减少或消除超过关节伸展能力的危险性，防止拉伤，由于拉伸缓慢不会激发牵张反射。

（2）动力拉伸方法　动力拉伸方法是指有节奏的、速度较快的、幅度逐渐加大的多次重复一个动作的拉伸方法。在运用该方法时用力不宜过猛，幅度一定要由小到大，先做几次小幅度的预备拉长，然后加大幅度，从而避免拉伤。

（3）辅助拉伸方法

①在器械上的练习：利用肋木、平衡木、跳马、把杆、吊环、单杠等。

②利用轻器械的练习：利用木棍、绳、橡皮筋等。

③利用外部的阻力练习：同伴的助力、负重等。

④利用自身所给的助力或自身体重的练习：压腿时双手用力压同时上体前压振；在吊环或单杠上作悬垂等。

（三）体能训练的要求

（1）注重全面发展　人体是一个有机的整体系统，各系统机能之间相互影响、相互制约。当某方面机能得到发展时，其他方面机能也会发生变化。具体的体能训练手段对身体影响各有侧重，也都有其局限性，如果训练内容和手段单一，很难获得整体发展效能。因此，在体能训练中要注重各方面的全面发展。

（2）注重循序渐进　人体对内外环境变化的适应是一个从量变到质变的循序渐进的过程。体能训练计划的制订必须科学分段、强度渐进、密度渐增，方能有计划、有步骤地实现预期目标。

（3）注重因人而异　中职学生虽然年龄相仿，但每个人的先天条件、锻炼基础等因素却不尽相同，因此，在选择体能训练内容、方法上不能一刀切，要因人而异，根据不同条件定制不同锻炼内容、锻炼方法。

（4）注重兴趣培养　爱因斯坦说过，“兴趣是最好的老师”。在中职学生体能训练中要特别注重学生体育锻炼兴趣的培养。通过对学生胜利的嘉奖、进步的肯定等正面鼓励和引导，逐步培养学生对体能训练项目的兴趣。只有有了兴趣，学生才会积极主动参加锻炼，才能持之以恒，终身受益。

二、技能训练项目及要求

（一）体育之源——田径运动

1. 田径运动介绍

田径运动是由田赛、径赛、公路赛、竞走、越野赛等组成的运动项目，是世界上最为普及并易于开展、推广的体育运动项目之一。之所以易于开展与推广，是因为田径运动发展的就是人类最基本的活动能力。人类在与大自然的互动中，主要依靠行走、奔跑、跳跃、投掷等运动技能，并把这些技能代代相传，今天的田径运动诸多项目锻炼发展的运动技能仍然以行走、奔跑、跳跃、投掷为主。因此，田径运动才有了“体育之源”“体育之母”的称号。

2. 田径运动的价值

田径运动是体育运动的基础。各项运动都要重视和采用田径的基本练习手段和方法，以发展运动所必备的速度、力量和耐力等身体素质，达到增强体质、提高运动成绩的目的。走、跑、跳是人类在日常生活和工作中最基本的生活能力，通过田径运动对人类基本活动能力进行锻炼，能够提高人的生活品质和工作效率；能有效地发展速度、力量、耐力以及灵敏性和协调性等身体素质；能够提高心血管系统、呼吸系统和其他各器官系统的功能，促进人体的新陈代谢，调节人体的机能，从而提高人体对环境的适应能力，有效预防和抵抗疾病，保障人体健康；还能够陶冶情操、调节身心、愉悦心情，促进人与人之间的交流，减轻工作压力，促进身心全面健康的发展。

通过田径运动教学、锻炼、训练和竞赛，能对学生和运动员进行爱国主义、集体主义等方面教育，并能培养竞争意识和勇敢顽强、吃苦耐劳的优良品质。田径运动注重对学生意志品质的培养，要求学生在一定条件下最大限度地释放自己的能力，要努力争胜，要克服困难；注重对学生规则意识的培养，以严密的组织和严格的规则保证运动的公平、公正；注重科学训练计划的制订，根据中职学生生理特征和个体身体条件差异，因人而异制订训练计划。

（二）身体对抗——大球运动

1. 篮球

篮球运动起源于美国，是由詹姆斯·奈史密斯(James Naismith）于 1891 年发明的。经过一百多年的发展，这项运动已遍布世界各地。它是一项以投篮得分为中心的跑、跳、投等多能力相结合的对抗性体育运动。由于篮球运动比赛激烈，形式灵活，不受年龄、性别、数量和技术水平的限制，深受人们的喜爱。

篮球运动是一项快速而激烈的综合性运动，由跑步、跳跃和投球等基本的人体活动组成，能培养人的敏感、快速、力量、耐力等身体素质，促进青年学生的正常成长和发展；篮球运动是在群体间对抗和变化的条件下进行的，定期参与篮球运动不仅可以提高神经系统的灵活性，而且有利于提高集体意识、团结协作、顽强拼搏等良好的心理素质。

根据篮球运动的特点，对运动参与者也有相应的要求。首先，要求参与者具备适应运动的奔跑能力，以求在攻防中到达合适的位置；其次，要求参与者具备包括运球、投篮在内的对篮球的控制能力，以求在比赛中不落下风；再次，要求参与者知晓篮球比赛的规则，以求在比赛中免受裁判的惩戒；最后，要求参与者具备篮球运动常见运动损伤的预防和处置常识，以求在比赛中免受损伤或在损伤后能够进行科学合理的处置。

2. 排球

排球运动起源于美国，1895 年由马萨诸塞州（旧称麻省）的霍利沃克城基督教青年会干事威廉斯·盖·摩尔根（Williams G. Morgan）发明，但发展、普及都在欧洲。排球运动是由发球、垫球、传球、扣球、拦网等技术动作组成的进攻与防守的球类运动，球场为长方形，中间被高网隔开，每六人组成一支队伍各占球场一方，以把球从网上击落在对方场内为得分手段。由于隔网活动避免了身体接触，减少了伤害事故，所以很快就成为人们所喜爱的运动项目之一。

中国女排在 20 世纪 80 年代以“攻防全面、快速多变、高快结合、密切配合”的独特打法荣获“五连冠”。2019 年女排世界杯比赛中，中国队取得十一连胜的骄人成绩，成功卫冕世界杯冠军，第十次荣膺世界排球“三大赛”冠军，对世界排球运动产生了深远的影响，也书写了中国排球史的辉煌。以“祖国至上、团结协作、顽强拼搏、永不言败”为核心内容的新时代女排精神也将激励着一代又一代的中国人奋勇争先。

排球运动是项集体性运动，适合不同年龄、性别、体质和不同训练程度的人参加。经常从事排球运动，能够提高身体的机能状况、培养团结协作精神和良好作风。排球竞赛和排球活动的过程充满丰富的教育因素，能活跃社会生活内容、促进社会交往、增进国家与民族的自尊自强。排球运动属于有氧运动，不仅可以锻炼身体的爆发力和弹跳力，还可以增强耐受力，有助于肌肉生长。排球运动所运用的技术规范有助于人体脊椎和颈椎的健康。

3. 足球

足球运动是以脚支配球为主，两个队在同一场地内进行攻防的体育运动项目。它起源于中国，被称作蹴鞠，类似的足球运动也在古希腊、罗马和日本兴起。现代足球始于英国的剑桥大学，1863 年成立的英格兰足球协会，统一了竞赛规则，以后不断修改补充、逐渐完善并大力推广，使这项运动成为风靡全球的“世界第一运动”。新中国成立后，中国足球运动不断发展和提高，中国女子足球队在世界杯和奥运会的比赛中都登上了亚军领奖台，获得了“铿锵玫瑰”的美称。中国男子足球队也打进了 2002 年韩日世界杯的决赛圈，圆了几代中国足球人的梦想。目前，党中央和国务院都十分重视青少年校园足球工作，青少年足球运动的健康开展必将大大推进中国足球运动水平的提高，也会成为“健康中国 2030”战略目标达成的重要推手。

足球运动的特点是场地设施条件简单，身体健康的一般学生都可以参加。其竞赛运动强度高、对抗刺激性大、比赛观赏性强，比赛过程中抗衡激烈、紧张精彩，技战术的运用变化莫测、配合巧妙，战局跌宕起伏、胜负难料，过程扣人心弦，引人入胜。经常参与足球运动可以进一步发挥参与者的身体素质的优势，弥补其身体素质的不足，坚持锻炼就可以拥有强壮的体魄；可以很好地锻炼参与者团结互助、遵守纪律等集体主义精神，提高社会适应能力；也可以很好地锻炼参与者的奋勇争胜、顽强拼搏、坚韧不拔的优良品质，形成独特的班级、校园足球文化。

（三）技巧比拼——小球运动

1. 乒乓球

乒乓球运动是一种参与双方手握球拍在中间隔有球网的球台上轮流击球的技巧类球类运动，以把球击打在对方球台上且对方不能有效还击为得分手段。它起源于 19 世纪后期的英国，由室内网球演变而来。大约在 1890 年，有位名叫詹姆斯·吉布（James Gibb）的英格兰人到美国旅行时，偶然发现了一种用赛璐珞制成的空心玩具球，弹跳力很强。于是，他就将这种球稍加改进后，逐步在英国和世界各地推广起来。

乒乓球是全世界流行的运动，于 1931 年传入中国。新中国成立后，乒乓球运动迅速崛起，截至 2019 年 7 月，中国乒乓球协会官方网站的世界冠军榜上显示人数为 115 人，刘国梁、邓亚萍等人更是多次登上世界冠军的领奖台，创造了国际乒乓球运动史上的奇迹。由此，乒乓球在中国被誉为“国球”。

乒乓球运动有很高的运动价值。作为一项全身运动，其独特的速度及变化的特点决定了参与者可以提高神经系统的敏感性、能有效发展心理与智力、能全面促进人的健康。但打好乒乓球不是一日之功，要想让自己的乒乓球技术高人一筹，一般要经过一定时间量的刻苦训练积累，需要有良好的技术定型训练并勤于练习。多与高水平选手对抗练习将十分有助于自身乒乓球运动水平的提高。

2. 羽毛球

羽毛球运动起源于日本，发展在印度，现代羽毛球运动诞生在英国。1893 年在英国成立了第一个羽毛球协会，1899 年该协会举办了第一届“全英羽毛球锦标赛”，每年举办一次，沿袭至今。

羽毛球运动是一项深受广大群众喜爱的在室内外均可进行的小型球类运动。依据参与的人数，可分为单打和双打，参与双方手执专用球拍在场地上隔网击球，以把羽毛球击落在对方场地上为得分手段。羽毛球运动场地适中、器材简便，是一项既充满乐趣又能强身健体的大众化体育活动，也是竞技性较强的比赛项目。1963 年前后，随着华侨中的羽毛球名将归国，我国羽毛球运动迅速崛起，跻身世界强队之列，在世界大赛上屡创佳绩。

羽毛球运动竞争性强、对抗性强、速度快、战术多，对运动参与者的综合素质要求很高，不仅要求速度以及耐力，而且强调技术动作要科学、协调，还要具有基本的运动装备。

（四）修身养性——身体运动

1. 武术运动

武术是以技击为主要方式并辅以套路和扑斗的一项注重内外兼修的中国传统体育项目，具有健身、护体、防敌、制胜的作用。它产生于数万年前的原始社会，起源于中国祖先的生产劳动，发展于古代战争中劈、砍、刺等技能，它是东方文化宝库的瑰宝，是炎黄子孙对人类文化的杰出贡献。习武之人以“制止侵袭”为目的，引领习练者感悟人与外在世界的交流与互动，达到体健神满、和谐安然的境界。

武术对身体协调性要求比较高，并且锻炼的方法也不同于一般运动方式，要求人能够“内”“外”兼修、形神兼备，达到壮内强外的效果。经常参加武术运动，能大大提升学生防身格斗的能力，能够渐渐培养人的刻苦耐劳、坚韧不拔的性格。

“未曾习武先学礼，未曾习武先习德”，中国武术传习传统里，武德教育始终放在首位。中国武术人一向“尚武崇德”，把尊师重友、明礼守信、以武会友、见义勇为、不恃强凌弱等优秀品德不断发扬光大。对传统武术运动的继承和发展是新时代中国特色社会主义武术发展的必然需要，也是推广和弘扬中华传统武术的必然要求。中华武术本身就是建立在对传统技法继承的基础之上，并不断推陈出新，逐步发展起来的。为适应时代要求，新时代武术运动发展必须对传统武术文化加以“扬弃”，取其精华，去其糟粕。

2. 体操运动

体操运动是通过徒手、持轻器械和在器械上完成不同类型与难度的单个动作、组合动作或成套动作，并具有一定艺术要求的体育运动项目。它包括基本体操（单杠、双杠、支撑跳跃等）、技巧、韵律操（健身健美操、竞技健美操）、街舞、校园集体舞等运动项目。[①]

体操运动对于人体健康的促进和意志品质的培养是显而易见的，对青少年学生的影响更为突出。一是增强学生体质，促进身体健康；二是团体项目合作，培养集体意识；三是勇于突破自我，有效心理拓展；四是塑造健美体型，培养审美情趣。

体操运动对身体体能和柔韧性要求都很高，这就要求在运动前要充分热身，待肌肉和韧带充分活动和伸展后，才能循序渐进地从易到难去完成技术动作，以免给身体带来伤害。参加体操运动必须在专业老师的科学指导下进行，切不可独自创新古怪动作，在没有保护措施的条件下不得从事高难度技术动作。

三、校园体育文化

（一）校园体育文化概述

校园体育文化是指在学校的范围内，全体师生在体育运动实践过程中积累和形成的一切物质财富和精神财富的总和。广义的校园体育文化是指全体师生在体育课、运动会、课外体育活动、各类体育赛事、体育设施建设等活动中创造的物质财富和精神财富。狭义的校园体育文化特指全体师生员工的体育观念和体育意识。校园体育文化和校园德育文化、智育文化、美育文化、劳动文化等一起构成校园文化体系。校园体育文化既是校园文化的主要内容，也是学校教育的重要组成部分，是德智体美劳全面发展的学生教育不可或缺的重要载体，在培养具有创新精神和实践能力的社会主义现代化合格人才方面发挥着非常重要的作用。一个学校必然拥有特定校园体育文化特质，并且在学校发展、学生成长、文化传承、体育价值创造中产生一定的影响。

（二）校园体育文化的特征

校园体育文化具有开拓创新性。各类体育运动都有着一个相同的特点，那就是不断鼓励突破，不断鼓励创新，这也是体育文化的特质。校园体育文化的创造主体是青少年学生，他们代表着新生力量，总是能够把最新颖的文化元素引入校园并主动推广，从而不断

① 田振生，张秉祥. 大学体育教程［M］. 保定：河北大学出版社，2010：175.

丰富校园体育文化的内涵。

校园体育文化具有开放吸纳性。体育运动总是引导学生向着更高、更快、更强的目标前进，而要想更高、更快、更强，就需要“踮脚抬头向外看”，比如观看更高水平的赛事，比如走出校门和另外的体育文化交流，无形中让学生加深对外面世界的了解，开阔眼界，提高社会适应能力并吸取外来文化的有益成分，弥补自有校园文化不足。

校园体育文化具有潜移默化性。校园体育文化对人的影响通常不会立竿见影，往往是潜移默化的影响。参与其中的学生日积月累地从身体机能到心理状态都会向着更加健康的方向发展。比如越来越阳光、越来越愿意参加团体活动、越来越具有竞争意识等。长此以往，即可养成经常锻炼的习惯，受益终身。

校园体育文化具有内聚外张性。校园体育文化既是一所学校发展内聚力的推手，也是显现学校外散力的窗口和平台。多姿多彩的校园体育文化对全体师生有着巨大的吸引力，每逢体育活动，一定能吸引多数人的眼球，大家积极参与，互相沟通，无论是何种角色都会产生强烈的集体荣誉感，团结一致，众志成城，形成巨大的内聚力。通过与校外各方力量的体育文化交流活动，传播本校体育文化，体现学校精神风貌，扩大学校积极影响，校园体育文化又成了对外传播学校形象的精美名片。

（三）校园体育文化的价值

校园体育文化彰显学校的体育价值。职业学校区别于其他学校的特殊性，使得学校体育文化在培养合格技术技能型人才方面有着独特的功能。学校长期积淀形成的公平竞争、恪守规则、尊重对手、顽强拼搏、集体观念和团队意识等，有形或无形中会影响学生的成长，有助于学生更好地获得体育知识、技能和方法，提高身体素质和机能，养成良好的运动习惯和道德品质。

校园体育文化促进体育文化的传承。体育文化内涵丰富、博大精深，包含着人类发展的深刻哲理，在校园这一特定的环境里，将人类积累的优秀体育文化传播开来，让学生了解体育、学习体育、发展体育，通过体育活动实现传统体育文化与现代体育精神的有机融合。

校园体育文化推动学校的发展。一所学校的校园体育文化是长期体育教学实践的结晶，既有积累沉淀也有创新发展，承载着学校的历史脉络和文化使命。一个体育活动丰富多彩、群体活动遍及校园、师生运动生动活泼的校园景象，一定会获得很高的社会赞誉，这无疑是一张不可多得的学校名片，是学校发展的助推剂。

校园体育文化有利于学生健康成长。生动活泼的校园体育文化可以激发学生主动投身于德智体美劳各方面的教育教学活动之中，激发学生不仅热爱体育，也激励他们自主学习、自我管理、自我提高，在体育文化创造的氛围中，充分挖掘自身的潜能，学会生存，学会生活，为今后走向社会奠定良好的基础。

第三节 中职学生体育锻炼的方法

一、体育锻炼的一般方法

体育锻炼的一般方法包括负重锻炼法、重复锻炼法、综合锻炼法和身体不同部位锻炼法等。

负重锻炼方法是指利用杠铃、哑铃、沙袋等辅助锻炼器材进行锻炼以达到增强体质的锻炼方法。此锻炼方法既适合运动员的身体训练，又适合普通人强身健体，还适合身体伤病患者的康复训练，是一种常见的体质训练方法。

重复锻炼法是指按照一定的运动负荷要求，对某一动作多次重复的锻炼方法。此方法通过机体的重复刺激来加速新陈代谢，从而实现强身健体。进行重复锻炼要根据中职学生体质现状合理掌握重复次数和强度，重视运动间歇的机能恢复，避免训练受伤。

综合锻炼法是在体育锻炼过程中，为了促进身体各个部位的全面发展，将对身体各个部位有不同影响的几个运动项目组合起来，形成一个可以影响身体几个部位甚至全身的方法，如跳绳、垂直支撑、广播体操、多级跳远等。

身体不同部位锻炼法包括头颈部运动，如头部屈曲、后屈、侧屈、旋转等；上肢运动，如俯仰、双杠臂的屈伸、水平杆的拉力和握持设备等；躯干运动，如仰卧起坐、仰卧举腿、仰卧两头起等；下肢运动，如杠铃深蹲、半蹲、提踵、跳跃等。

二、身体素质的锻炼方法

身体素质是指人体在运动、劳动和日常活动中，在中枢神经调节下，器官系统所表现出的机能能力，主要包括力量、速度、耐力、灵敏和柔韧等五个方面的素质。身体素质的好与差，是衡量一个人体质状况的重要标志。15～19 岁阶段是发展各项身体素质的重要阶段，在此期间全面提高身体素质，将对终身锻炼的能力产生决定性的积极作用。

（一）力量素质锻炼

力量素质是指肌肉紧张或收缩时克服内外阻力的能力，是人体的一项基本素质，也是各项运动的基础。发展力量素质，不仅能增大肌肉力量，提高身体的壮实度，使身体更加结实、丰满、匀称、健美，而且有利于学习和掌握各项运动技术和技能，减少运动损伤事故。

（二）速度素质锻炼

速度素质是指人体以最短的时间完成某个动作或通过一定距离的能力。通常将速度素质分为反应速度、动作速度和位移速度等三种。影响速度素质的因素有动作频率、幅度大小和神经反应能力等。

（1）反应速度是指人体对各种信号刺激发生快速反应的能力，如短跑运动员的起跑反应等。

（2）动作速度是指人体快速完成某动作的能力，如跳跃运动员的踏跳速度等。

（3）移动速度是指人体在特定方向上位移的速度，以单位时间内机体移动的距离为评定指标。在体育运动中，常常是以人体通过固定距离所用的时间来表示，如男子 100 米跑 12 秒、100 米自由泳 60 秒等。

（三）耐力素质锻炼

耐力素质是指有机体在疲劳和疲劳后迅速恢复的能力，是体质强弱的重要标志。经常进行耐力练习，对心血管系统功能改善有显著的作用。

从生理学角度来讲，耐力可分有氧耐力和无氧耐力。有氧耐力指机体在供氧充足的情况下克服疲劳的能力。有氧耐力的锻炼主要是提高有机体供氧功能，促进肌肉新陈代谢能力。长跑和游泳锻炼是提高有氧耐力的最好方法。无氧耐力指机体在供氧不足（存在氧债）的情况下克服疲劳的能力。无氧耐力的锻炼主要是提高有机体对氧债的承受能力。发展无氧耐力的方法主要是采用大强度、负荷时间短的运动项目，如 100 米、200 米和 400 米跑。

（四）灵敏素质锻炼

灵敏素质是指人体在各种突然变换环境的条件下，迅速、准确、协调地改变姿势和运动方向的能力，它是运动技能和各种素质在运动过程中的综合表现。发展灵敏素质应从培养各种能力入手，如掌握动作能力、反应能力、平衡能力、观察判断能力及节奏感等。常采用体操、球类、活动性游戏、跳跃等非周期性项目进行锻炼。

（五）柔韧素质锻炼

柔韧素质是关节的结构、关节周围组织体积的大小、跨过关节的韧带、肌腱、肌肉与皮肤的伸展等因素的综合表现。锻炼方法主要是采用加大动作幅度，即拉长肌肉、肌腱、韧带和皮肤的练习。练习时，身体各部位的柔韧性要交替进行，并需持之以恒，才能产生较好的效果。

三、经济时尚的锻炼方法

体育锻炼的内容和方法多种多样，且每位参加锻炼的人也有着不同的动机和目的，选择适合自己的锻炼方法是一个必须考虑的问题。否则，体育锻炼不但不能增进健康，反而会有损健康。下面介绍几种经济时尚的个人锻炼方法。

（一）散步

散步即走路。走路不仅是一种交通方式，而且还是一种延年益寿的保健方法。散步简单易行，活动量容易控制又可使全身得到锻炼，因此，对各种年龄的人都适用，尤其是对校园里从事脑力劳动的学生来说帮助最大。经常散步能够调节人的精神状态、增强循环系统的功能，使呼吸系统得到锻炼。

散步可以单独散步，可以结伴散步，也可散步与快走相结合；时间一般选在早晨和傍晚较好；地点通常选在田野、河边、树林、公园、山坡和瀑布等处。散步的速度和距离可根据自己的爱好和身体条件来决定，一般先以慢速和短距离为主，以后逐渐增加速度和距离。

（二）跳绳

跳绳是一项群众性体育活动，是一人或多人在一根或多根环摆的绳中做各种跳跃动作的运动游戏。跳绳不需要特定的运动场地，也不分时间、季节，更不受身体条件的限制，所以参加锻炼者的范围广泛，也是特别适合中职学生个人和团体参与的体育运动项目。

跳绳能增强神经系统的反应能力，使工作效率显著提高；能提高前庭分析器的功能，提高身体的平衡能力，而且使人不容易晕车和患耳病性眩晕；能增强运动能力，提高身体的奔走能力和弹跳能力，使协调性和柔韧性得到提高；能增强内脏器官的功能，对提高健康水平和预防疾病有着重要意义。

跳绳可单人跳、双人跳、多人跳；可单脚跳、双脚跳、向前或向后摇跳、迈步跳、蹲跳、交叉臂跳、向后侧摆跳、水平摇跳、叠绳跳等。但要注意，身体条件差者，不要做难度过大的跳绳练习，最好不要屏气练习，不要选择不平坦的场地，跳绳锻炼后休息时间要充分。

（三）踢毽子

踢毽子是中国传统体育项目。毽子以鸡毛、绒线等插在圆形的底座上制成。据史料记载，此项目起源于汉代，盛行于唐宋，明代有了正式的踢毽子比赛，清代发展到鼎盛时期，毽子的制作工艺和踢法技巧都达到了空前的高度。

毽子制作简单，且踢毽子对场地要求不高，不管是室内室外，还是庭院操场，只要有几平方米的空地，男女老幼都可以踢起来；再加上毽子的踢法多种多样，趣味性很强，所以，历来是我国人民喜爱的一项娱乐性的运动。

踢毽子的花样很多，算得上是技巧性很强的全身运动。它能使全身各部位都得到很好的锻炼，有效地增强踝、膝、髋、肩关节以及腰、颈椎的灵活性和柔韧性，踢毽子还可以加强血液循环、提高人体抗御寒冷的能力。对于青少年来说，其增进健康和促进生长发育的锻炼价值就更为显著。

（四）骑自行车

自行车运动是指以自行车作为健身工具的运动项目。自行车具有很强的实用性，既可以作为交通工具，又可以当作运动器材。自行车运动不受性别、年龄的限制，不受季节的限制，在 1896 年的第一届奥林匹克运动会上就被列为正式运动项目。

自行车运动能培养人机智、勇敢、果断、顽强的意志，并能发展力量、耐力、速度、灵敏等身体素质；经常参加自行车运动，能够增强心脏、血管系统、呼吸系统的功能，对身体的新陈代谢有一定的促进作用；相对于跑步、跳绳等运动方式，骑自行车可以更好地保护膝盖；户外自行车运动轻松、便捷、愉悦，还可以欣赏沿途美景、陶冶情操。

由于自行车运动对身体有很好的锻炼作用，国内外有不少医院和疗养院，用室内固定式自行车让伤病员进行锻炼。这种只有脚踏板、链条、轮盘的自行车（没有前后车轮）对病人有很好的医疗保健作用，病人根据体质强弱，可以选择不同的运动量参与锻炼。

（五）太极拳

太极拳是我国国家级非物质文化遗产，它以中国传统道家哲学的阴阳辩证思想为基础，集修身养性、强身健体等功能为一体，结合经络学、导引吐纳术融合而成的一种柔美、和谐、优雅、轻灵并刚柔相济的宝贵民族遗产，男女老幼皆宜，不受时间和季节的限制，单人练也可，集体练更好，既能锻炼身体，又能防治疾病，不仅深受我国人民喜爱，而且受到世界各国人民的欢迎。打太极拳虽然不跑、不跳、不用猛力，但对身体的锻炼作用是很大的，因为打拳时全身的骨骼、关节、肌肉都得到自然柔和的伸缩训练，不断地改善身体各项素质和各个系统的功能，故能提高新陈代谢水平，有利于健康长寿。

练好太极拳有五大要求。首先是静心用意，呼吸自然，练拳时要聚精会神，思想集中，动作引导与呼吸吐纳相协调，舒坦自然；其次是中正安舒，柔和缓慢，练习时要求身形端正，不偏不倚，安逸舒适，动作柔美和缓，行云流水，不涩不滞；再次是动作圆润，浑然完整，要求技术动作呈圆弧形、螺旋式，以腰为轴转圜，周身相随；然后是连贯协调，虚实分明，要求动作连绵不断，衔接自然，处处虚实分明，重心稳定；最后是轻灵沉稳，刚柔相济，要求动作轻灵且沉着，外柔内刚，发力有弹性。

太极拳运动具有精神贯注、呼吸自如、动作灵活、用意不用力等特点，这种柔和的练习，能使大脑皮质得到休息，肌肉得到放松。大脑皮质的休息能提高思考能力，并有利于神经衰弱的防治；肌肉的放松能反射地引起血管扩张，使血压下降，能够防治高血压和冠心病。

打太极拳时，呼吸深沉有力，横隔肌上下运动，尤其是具有有节奏的腹式呼吸，能对胸腔的心肺和腹腔的肠胃起到按摩作用，再加上打太极拳的腰部运动较多，能够促进腰部的血液循环，起到壮腰养肾的作用，对胃肠的消化功能也有很大的帮助。太极拳的动作复杂，前后连贯，动静结合，变化多端，坚持练习下去，能够锻炼前庭分析器的平衡作用，如"起势""云手""搂膝拗步""左右分脚""下势独立"等动作，都是很好的平衡运动，这对锻炼平衡能力具有重要的作用。

（六）游泳

游泳是人利用水的浮力产生漂浮并通过肢体有规律的运动使身体在水中运动的一种历史悠久的体育项目。据史料考证，古代生活在江河湖海附近的人类为了生存，必然要到水中捕食，通过观察并模仿青蛙、鱼类的动作，逐渐学会了游泳。中国历史悠久，水域辽阔，早在5 000年前的史料中就有了游泳的记载，但作为一个运动项目得以发展还是近代以来的事情。随着游泳运动的发展，游泳被分为竞技游泳和实用游泳两大类。竞技游泳分为蛙泳、仰泳、蝶泳、自由泳、混合泳、花样游泳等；实用游泳包括侧泳、潜泳、踩水、泅渡、救护等。

美国的科学家预测，在21世纪最受欢迎的体育项目中游泳名列第一，可见游泳具有雄厚的群众基础。游泳是集水浴、日光浴、空气浴三浴合一的体育项目，游泳对锻炼肌肉、增强心肺呼吸功能、促进新陈代谢、适应自然环境和培养勇敢顽强的意志都有积极作用。游泳还可锻炼在水中自我解救和水中救生的能力，是家庭体育与国防体育的重要内容。

在炎热的夏季，游泳对中职学生有着巨大的诱惑，为了安全，一定要注意防范溺水，做好安全保障。第一不要在单人或同伴不是成年人的情况下去游泳；第二不要去陌生水域游泳；第三不要在身体生病时去游泳；第四不要在恶劣天气里去游泳；第五牢记游泳前要充分热身，避免水中抽筋；第六是女学生切忌在生理期去游泳。

（七）日光浴和空气浴

1. 日光浴

日光浴是指按照一定的科学方法使日光照射在人体皮肤上，从而引起一定的生理反应以达到健身治病目的的一种健康锻炼方法。日光浴一般采取直接照射法，或坐或卧，按照循序渐进的原则，逐步扩大照射范围和延长照射时间，使被照射部位逐渐适应日光的刺激。可以先从背部和下肢照射，无异常再转向上肢和胸腹部，要注意用帽子、墨镜等器材保护眼睛和头部。照射时间因海拔高度、季节和个体差异而各有长短，一般是高原比平地照射时间短，夏季比冬季照射时间短，中午比早晚照射时间短。照射时间可以从5分钟开始，而后可每次增加 5 分钟，最长可照射 1 小时以上。日光浴要选择在干燥、清洁、平坦的地方进行。

2. 空气浴

空气浴是指让身体皮肤暴露在新鲜空气中，利用空气中湿度、温度、气压、气流以及负氧离子等对人体的刺激反应，达到提高机体对外部环境适应能力的体育健身方法。健身的时间以早晨为宜，森林、田野、公园等场所皆可进行，长期锻炼能有效提高人体抗寒能力，预防感冒等疾病。

皮肤裸露状态下，引起人体寒冷的临界温度是 28℃左右，气温越低，对身体的刺激作用越大，健身效果就越明显。寒冷的刺激使人体热量流失，为维持体温平衡，人体神经中枢反射性地使皮肤血管收缩以减少血流量，减少汗流量，同时，内脏器官血液循环加快加强，使心肌功能得以加强，肺活量提升，新陈代谢加快，燃烧脂肪，使人感觉神清气爽。

体验空气浴之前，必须进行热身且不要出汗，然后再脱衣体验；冬季要结合跑步等其他运动方式进行，以身体不出现寒战为标准；发烧感冒、身体虚弱者不宜进行空气浴。

桑拿、汗蒸属于利用加热装置和密闭空间用热空气来健身的方法，与传统意义上的空气浴完全不同。

第四节　中职学生体育运动应注意的问题

一、中职学生体育运动中的安全问题

体育运动中的安全问题一直是中职学校开展体育教学的一个棘手问题，甚至因此而影响了体育教学的正常开展。据统计，中职学生在体育教学过程中意外伤害的事件逐年上升，单双杠练习时的“骨折”、长跑中的“昏厥”、篮球争抢中的“脑震荡”等，在中职学校体育教学中屡有发生，由此带来的经济和法律纠纷也不断增加，对学生和家长造成一定程度的身心伤害，也给学校带来了一些负面影响，学校体育教师也有相当的心理负担，在某种程度上还对整个职业教育产生消极的作用。所以，职业学校要积极探索中职学生体育活动伤害的原因，改革现阶段的体育教学，总结体育运动的安全防护经验，减少体育活动伤害的发生。

（一）中职体育常见的运动性伤病及处置

（1）擦伤　学生在体育活动中，皮肤表面受到外力摩擦导致表皮破损，常带有毛细血管出血。小面积擦伤可用红药水涂抹伤口；大面积擦伤需要先用生理盐水冲洗至干净，然后涂抹红药水，再用消毒纱布覆盖包扎。

（2）撕裂伤　学生在剧烈运动时造成的组织撕裂，如肌腱撕裂、眉际皮肤撕裂等。轻度撕裂伤用红药水涂抹伤口即可；重度撕裂伤必须止血并缝合，必要时应注射破伤风抗毒血清。

（3）软组织挫伤　身体某处受钝性暴力作用引起的皮肤和软组织挫伤，有时还有其他组织器官的损伤。挫伤后24小时内应采取局部冷敷的方法，局部包扎可以有效防止渗出和水肿，抬高受伤部位有利于消肿，也可配合云南白药气雾剂等辅助治疗；24小时后可进行热敷、按摩来化解伤痛。

（4）肌肉拉伤　在肌肉猛烈收缩或过度牵伸时引起的肌肉组织损伤。与软组织挫伤处置方法相同，如肌肉断裂应立即送医院手术治疗。

（5）韧带扭伤　在关节发生超范围活动时导致的韧带扭伤，与肌肉拉伤有一定相似之处。韧带扭伤需马上冷敷并加压包扎，24小时后理疗、针灸和按摩治疗；韧带断裂则需要送医院手术缝合并做固定处理。

（6）脱臼　运动过程中两个骨端失去了正常位置，即关节脱位，经常出现的如肩关节、肘关节、踝关节的脱位。出现脱臼时，建议找专业人士治疗复位以避免造成更大的伤害。

（7）骨折　运动导致的骨结构的连续性完全或部分断裂，常见的有锁骨骨折、前臂骨折、肱骨骨折、小腿骨折、踝足部骨折等。骨折如出现休克时，应立即点按人中穴并进行人工呼吸或心脏胸外按摩；有出血伤口应同时实施止血并包扎；骨折部位暂勿移动，固定后及时送医院治疗。

（8）抽筋　抽筋即肌肉痉挛，肌肉不自主地强直性收缩，常见的部位是小腿和足底部。运动过程中出现抽筋时，应马上停止运动，可自行或凭借外力慢慢伸展痉挛的肌肉，也可对抽筋部位轻轻按摩。

（9）运动性腹痛　在激烈运动时引起的腹部疼痛，常表现为钝痛或胀痛，中长跑、篮球运动中多见。出现运动腹痛时，应采取鼻腔呼吸并尝试做背伸运动拉直腹部肌肉，也可进行热敷缓解疼痛。

（10）运动性中暑　在运动训练时体内热量积蓄导致身体高热中暑。出现中暑现象应立即把患者抬至阴凉通风处，保持呼吸道畅通，辅助以物理降温手段，口服凉淡盐水，严重者到就近医院治疗。

（11）脑震荡　一种轻微性脑损伤，一般是头部遭受外力打击而致短暂的脑功能障碍。出现脑震荡，应让患者保持安静、平卧，及时送医院治疗。

(二) 出现安全问题的原因

在体育教学中出现上述问题的原因是多方面的，归纳起来无非是学生因素和教师因素。从学生角度来讲，职业学校学生的运动基础差是主要原因，他们在义务教育阶段被忽视的状态导致体育方面的知识、技能和方法严重不足，不会进行经常性的体育锻炼，既缺乏必要的安全防范意识，也不会科学合理地进行体育活动。一些学生身体素质、心理素质不达标，对一些体育项目有畏惧感，另一些学生又好强逞能，在没有充分准备的情况下就投入激烈的对抗活动之中，这都会造成运动损伤。

从教师角度来看，体育教育专业性的匮乏、备课不充分、教学组织不规范、课堂控制力不足、教学内容过难或过易、不懂得必要的应对措施、对场地器材不熟悉等，都是给学生带来损害的重要原因。也正是由于运动伤害的频发，使得体育教师产生一定的心理压力，又加剧了体育运动危险程度，最终导致体育运动的弱化，体育课“放羊”成为常态。

(三) 解决安全问题的策略

参加体育运动的目的是增强体质、促进健康，安全事故的出现显然适得其反。因此，了解和掌握预防运动性伤病的措施非常必要。

1. 遵循体育运动的基本原则

前已述及，中职学生体育教学应当以促进学生健康成长为目的，既要遵循教育教学的基本规律，也要遵循体育运动的基本规律。因此，一是要针对中职学生体育素质的实际，合理设置体育运动项目，根据中职学生的特点、学校的具体情况、季节气候等条件来安排教学内容、教学方法和实施步骤，有效预防和减少伤害事故的发生；二要注重激发学生的体育运动兴趣，关注学生的个体身心素质差异，在完成《中等职业学校体育与健康课程标准》规定的教学任务的基础上，为每一个学生定制体育运动方案，循序渐进地推进体育教学和体育活动，最大限度地满足学生体育运动的需求，促进学生健康成长、全面发展。

2. 把握体育运动的基本规律

体育运动有它自身的科学规律性，背离体育规律不仅会给师生带来伤害，也可能会使体育的效果适得其反。所以要将既定的教学任务与学校实际相结合，与学生的年龄、性别、健康状况、训练水平以及各个项目的特点相适应，运动之前应充分准备、运动强度应循序渐进、运动过程应全身心投入、运动之后应适当放松，使每个学生都能体验到体育运动过程中学习和成功的乐趣，以满足自我发展的需要。

3. 加强体育运动的安全防范

防范体育运动中的损害事故是顺利开展体育活动的基本保证，首先要把体育运动安全的基础知识、技能和方式方法融入体育教学之中，增强师生对运动损害的防范意识和处置能力；其次要加强预见性，针对可能发生伤害事故的运动环节，特别是运动强度大、技术要求高的项目，要有防范伤害事故的预案，在没有把握的情况下不进行那些危险性大、专业性强的项目；再次要关注学生的承受能力，身体不适、状态不佳的要适当调整运动内容，同时还要密切注意学生在运动中的不良习惯，这对于中职学生来说尤为重要。

4. 做实体育运动的安全保障

体育运动的安全保障涉及活动中的软硬件设施。硬件上要求学校建设相应的场地和配置相应的器械设备，并保证场地设备符合体育运动的要求，合理安排使用教学场地设备，特别是当前中职学校在校生数量较大，不同体育项目的场地设备协调就显得十分必要。在软件上，应当提倡专业化的体育教师从事体育教学，不仅要在体育运动领域做到专业化，保护学生不受伤害，还要具备一定的处置运动损伤事故的能力，确保在第一时间能对受到伤害的学生及时处置，最大限度地降低损害程度。

二、中职学生体育运动的误区

中职教育的特殊属性决定了它在整个教育体系中的作用，即便是在将职业教育作为一种类型教育的当下，中职教育仍然处于相对劣势地位。家庭、社会甚至职业学校的师生也都认为中等职业教育就是低层次的教育，原本就处于弱势的中职体育就更被认为是可有可无的课程，导致人们对中职学生体育运动产生误区。

（一）中职学生的自暴自弃

中职学生的自暴自弃源于以下几个方面：首先，长期以来的应试教育只看基础文化课的成绩，身体素质的好坏不影响学生评价，于是体育就被边缘化了，一旦被认定为文化课成绩不好，学生就被打入冷宫，不受关注，包括体育在内的所有学业被荒废；其次，招考中的体育特长生政策使得家长和学生认为体育是那些拥有这方面专长的考生才需要学习的，自己的文化课都不过关，体育就没有必要学习；最后，一经被认定为差生，一切就无从谈起，学习都不好，运动也就无所谓了。

消除学生健康教育的误区，当然需要学生自身的力量，而其自身的力量既需要学生个体的觉醒，也需要社会、政府、学校和家庭的干预。学生不仅需要有学习积极性，更需要强化学生参与体育锻炼的积极性，应当以国家民族命运和学生个人命运的结合来看待学生健康教育。

（二）中职体育教师的可有可无

中职学校教师对体育以及健康教育的可有可无心态表现在两个方面。一是学生体育运动可有可无，对于被考试淘汰的学生来说，运动不运动跟自己无关；二是体育教师本身的专业能力可有可无，中职学生不懂得学习也不会学习，随便弄点东西就可以对付体育课堂教学，所以才有了“放羊”式的体育教学活动。

在体育运动中，教师的地位不可或缺，因为他们是学生体育与健康教育的引导者和实践者。作为体育教师，要充分发挥主导作用，在思想上重视体育教学，把教学当作事业来做，根据实际情况，抓住学生特点，调整教学方法，安排适合学生个性和感兴趣的体育内容，培养学生自觉养成良好体育锻炼的习惯。学校要加强体育教师的培训与业务进修，注重专业化和理论化水平的提高，根据专业教学需要，争取各方面支持，引进高水平体育教师，提高体育教师队伍水平。

（三）学校领导的偏见

中职学校的办学方向无外乎就业与升学，在一些校领导看来，体育运动就是日常体育课教学、体育运动会而已，学习成绩好准备升学的学生疲于应试顾不上体育运动，学习差一些准备就业的学生只需练好技能也不需要体育运动。于是，不专业的教师教不合格的学生，学校有限的投入多用于专业，体育教育被边缘化，学生健康教育被忽视。

《中华人民共和国义务教育法》明确指出，要把学生培养成德、智、体、美、劳全面发展的人才。这就要求学校领导要提高认识、去除偏见，把体育教育放在首位，加大投入，健全体育设施，严格按照《中等职业学校体育与健康课程标准》组织体育教学，保证体育相关课程教学时间和教学效果，因地制宜，灵活开课，全面提高学生的综合素质。

当前我国的教育体制、教育方式正在改革与创新，秉承对每一个学生负责的态度，要求中职学校在发展过程中重视体育与健康课程开设与建设的重大意义，正视体育与健康课存在的问题；要求体育教师在教学改革中起到关键性的作用，立足于为整个国家和民族培养身心健康的人才，统筹教学，关注学生的健康成长，提高学生的综合职业能力。

思考题

1. 中等职业学校体育具有哪些基本特征？
2. 中职学校体育教学存在哪些问题？
3. 中职学生体育运动的基本原则是什么？
4. 中职学生体育品格培养的重点是什么？
5. 简述增强肌肉力量和耐力的措施与方法。
6. 校园体育文化是什么？具有什么特征？
7. 举例阐述中职学生体育锻炼的方法。

第八章

中职学生性健康与生殖健康教育

◆ **教学目标：** 对中职学生进行性健康与生殖健康教育是非常重要和必要的，对性健康与生殖健康知识的了解能够帮助学生正确认识和面对青春期自身的生理变化与心理变化，为树立正确的婚恋观、价值观、人生观及世界观奠定基础；帮助学生建立正确的性观念和性态度，保障其身心健康，性格健全；正确面对早恋，预防性侵害，安全度过青春期这一人生中最敏感的阶段。

◆ **教学重点：** 本章重点是让中职学生熟知性健康与生殖健康的相关概念及特点；帮助学生建立正确的性观念、性态度；提高学生预防性侵害的能力；规范与指导其在生活中的行为，为其长大、成熟走向社会保驾护航。

◆ **教学难点：** 对中职学生性健康与生殖健康的正确引导与教育是本章的难点，中职学生对于性健康与生殖健康知识存在学习途径少、困扰多，心理与生理发育不同步等诸多问题。如何采用正确的培养方法对中职学生开展性健康与生殖健康教育是一项必需而又艰巨的任务。

第一节　性健康与生殖健康

中职教育阶段是中职学生生命历程中极为重要的时期。在此阶段，学生个体生理的发育，心理的变化，家庭对他们的引导，学校对他们的教育，社会环境对他们的浸润，诸多因素无时无刻不在对中职学生的成长产生着影响。

据彭彧华、向燕辉调查显示，[①] 15～17 岁年龄段的青少年男女生之间产生好感、牵手、接吻、性爱抚等边缘性行为的比例最高；14～15 岁年龄段自慰比例增长最快；17 岁时发生性交行为比例最高。但在此阶段学生的性与生殖健康相关知识相当匮乏。其中，就性生理方面知识调查结果表明，只有 68.3%的调查人群正确率能够达到一半，有 83.6%的调查人群正确率只有 60%以下。我们的中职学生年龄大多在 15～19 岁，身体正处于快速发育时期，他们既有刚刚长大的欣喜，又有含苞待放的羞涩，尤其是在性与生殖健康方面所存在的问题更为突出。中职学生已经完成了九年义务教育，但大多是由于各种原因未能考取高中才选择进入中职学校的。他们学习目标不明确，学习习惯差，学习兴趣不强，虽然他们和高中生是同一年龄段的孩子，但他们所处的环境与高中完全不同。中职学生没有学习压力，同时又处于一个对异性极为敏感的时期，因此，对于中职学生的性健康与生殖健康教育就更为重要。

一、性健康

性健康是指生殖器官的解剖结构正常且无疾病，性生理功能、性心理功能正常，并有健康的性观念和性行为。中职学生对性健康的正确认识，能够帮助他们成长为道德品质高尚、身体心智成熟的社会人。

（一）生殖器官的解剖结构

男性生殖器官分为内生殖器和外生殖器，其中内生殖器包括睾丸、输精管道（附睾、输精管、射精管）、附属腺体（前列腺、精囊腺和尿道球腺）。睾丸的主要功能是产生精子和分泌雄性激素；输精管道的主要功能是分泌营养及促进精子成熟的分泌物、保障精液顺

① 彭彧华，向燕辉．青少年性健康教育研究［M］．北京：世界图书出版公司，2012：141-145.

利排出；附属腺体的功能是分泌除精子外的其他精液成分。外生殖器包括阴阜、阴茎和阴囊。阴阜出现阴毛是男性青春期第二性征发育的标志之一；阴茎的功能是排尿和射精；阴囊通过收缩和松弛来保障精子适宜的发育和生存的环境温度。男性生殖器官见图 8-1。

男性性细胞，或称精子，产生并贮存在男性的睾丸中。在性交的过程中，数以百万计成熟的精子穿过管状网络，到达阴茎的顶部，并由此被释放到女性阴道中。这个过程就叫射精。其中只有一个精子能与卵细胞发生受精。

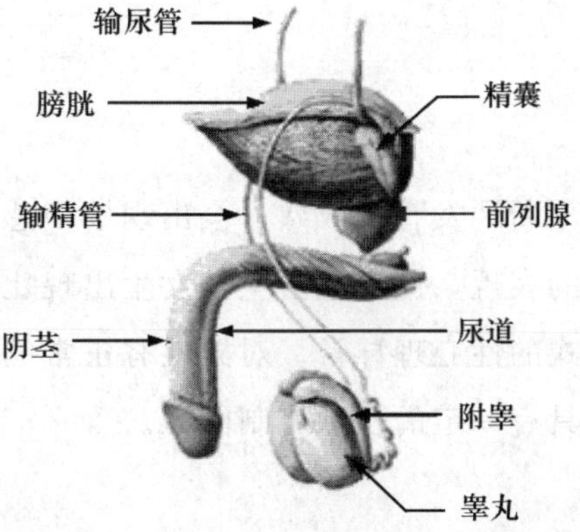

图 8-1　男性生殖器官

女性生殖器官分为内生殖器和外生殖器。内生殖器包括卵巢、输卵管、子宫及阴道。卵巢的主要功能是产生及排出卵子，分泌雌激素、孕激素及少量的雄激素；输卵管的主要功能是接纳卵子，受精、并帮助受精卵向子宫方向移动；子宫是孕育胚胎和产生月经的脏器；阴道和外生殖器共同构成性交的器官，同时也是分娩胎儿、排出月经的通道。外生殖器包括阴阜、大阴唇、小阴唇、阴蒂、阴道前庭、处女膜、前庭大腺。阴阜的主要作用是减少摩擦，对小腹起到保护作用；大阴唇保护阴道清洁、降低对阴蒂刺激；小阴唇和阴蒂是性敏感区域；阴道前庭是尿道与阴道的开口处；处女膜孔与阴道相通，保证月经正常流出；前庭大腺的主要功能是分泌碱性液体，润滑阴道。女性内生殖器官见图 8-2。

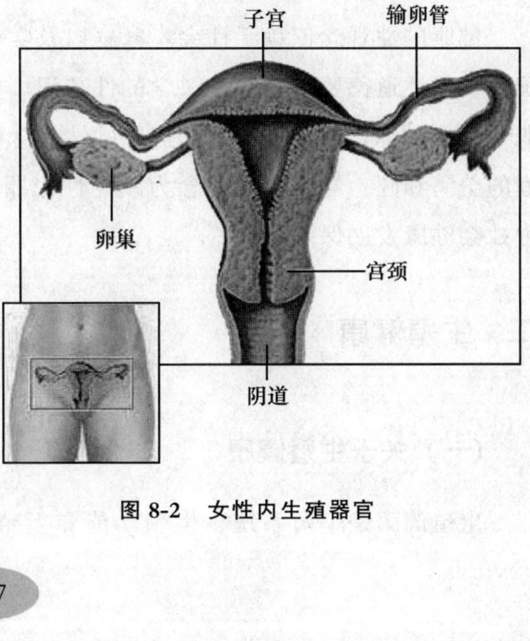

图 8-2　女性内生殖器官

（二）性生理功能

处于青春期的男生会出现遗精现象。精液量每次大概在 2～5 毫升，但不会像女性月经一样规律，精液的成分主要是精子、水、少量的蛋白质、糖和无机盐，遗精是正常生理现象，只要发生不频繁不会影响正常身体健康。

青春期的女生会出现月经现象。但月经初潮后的一年里有部分女生月经不规律，一年后将逐步正常。对于月经初期的女生，一般会经历 1～3 年的无排卵月经阶段，初潮后 1 年内即排卵的仅占 18%。我国女性初潮一般是在 12～15 岁之间，对于绝大多数中职女生而言，应该已进入正常的有排卵的月经周期阶段，月经趋于规律，功能正常，即没有月经周期紊乱、月经量过少或过多、月经周期过长或过短、子宫功能性出血等不规则生理现象。

（三）性心理功能

中职阶段的男、女生随着不断地发育、成熟，会出现性困惑和性冲动，有时会出现性梦、性幻想，这是性心理需求的表现，此现象男生较女生出现比例高。性心理功能正常是指性欲指向正常，没有任何形式的性心理异常。对异性有正常的性需要和性欲望，有科学的性知识，有良好的性道德，具有一定的性欲克制能力。

（四）生殖系统无疾病

中职阶段男、女生一般生殖系统不会出现疾病，既没有生殖系统的器官性、实质性的疾病，也没有生殖器官的功能性的异常和障碍。但要加强对学生性生理卫生的教育，搞好性相关疾病预防的宣传，防止男、女生内、外生殖器官的器质性疾病，如炎症、结核、肿瘤，以及包括艾滋病在内的多种性传播疾病发生，上述疾病对性健康的危害非常大。

（五）健康的性观念和性行为

健康的性观念依赖于社会、家庭以及学校强有力的、有效的性知识普及，更要符合中国传统的性道德要求。掌握科学的性知识，树立正确的性观念，对每一个成长过程中的中职学生来讲都是非常必要的。健康的性观念能保证社会的和谐安定、人民的身心健康、家庭的美满和睦。健康的性观念为减少性犯罪、防止性传播疾病流行提供了强有力的保障，为社会健康发展保驾护航。

二、生殖健康

（一）关于生殖健康

生殖健康是生殖系统、生殖功能和生殖过程所涉及的一切相关事宜，诸如身体、心理、精神和社会等方面的健康状况，而不是仅表示无疾病或者不虚弱。换句话说，生殖健康不能简单地认为只是人类机体自身生殖器官、生殖功能和生殖过程等方面健康，人类生殖健康要符合以下几个条件：一要有机体自身健康作前提；二要有心理健康、精神正常作基础；三要有社会法制法规、人类道德准则、健康的性知识认知作保障。

（二）生殖系统常见疾病

生殖健康决定了人类的繁衍、生活的幸福。但现在来自都市生活的多重诱惑，工作方面的诸多压力，不健康的生活方式给人类生殖健康带来了不良的影响，甚至引起了生殖方面的疾病。

男性生殖系统常见疾病：包皮、阴茎相关疾病，精索静脉曲张，附睾炎，隐睾，鞘膜积液等。

女性生殖系统常见疾病：子宫内膜异位、卵巢囊肿、痛经、月经失调、外阴炎、阴道炎、宫颈炎、输卵管炎及盆腔炎等。

三、中职学生对性与生殖健康认识的特点

1. 直接学习途径少

由于我国传统社会对性与生殖健康的教育比较保守，社会、家庭、甚至学校都未能正确、直接地对学生进行性与生殖健康教育。学生对性与生殖健康的很多认知来源于网络、杂志、广播、小说等间接途径，这就让学生认为性与生殖健康知识的获取是不合理的、不光明的、不正常的。

2. 知识比较匮乏

由于获取途径的非直接化，中职学生对性与生殖健康认识水平有限，所获取的相关知识往往是片面的、低俗的、不健康的，对自身性与生殖健康的问题也是一知半解，对艾滋病等性传播疾病的预防和认识上更是存在误区。

3. 困扰比较多

由于中职学生正处于青少年到成年的过渡阶段，身体和心理上存在诸多问题，尤其是在性与生殖健康方面没有正确的态度，有些同学过于热衷，有的同学过于排斥，部分同学甚至产生了焦虑、抑郁等不良情绪。

4. 生理与心理发育不同步

现在中职学生的生理发育一般比较早，但心理发育稍迟，他们就是一群自认为已经

"长大成熟"的大孩子。学生所处的生长环境不同，家长给予的关注不同，学校提供的教育不同，相应的心理辅导不同，造成了中职学生生理与心理发育的严重不同步。

5. 性别差异严重

由于男性、女性生理发育和心理需求的不同，造成了男、女生对性与生殖健康的认识存在严重的性别差异。虽然女生在生理发育上较男生早，但由于男生对性与生殖健康更关注，造成了女生对性与生殖健康知识的正确认知比例严重低于男生。

6. 存在不正确的婚恋观

由于中职学生生理与心理的发育，他们对异性产生相当的兴趣和好感，学习压力又小，更重要的是有相当一部分同学赞同中职期间谈恋爱，甚至有部分家长鼓励此种行为，这些都造成中职学生恋爱比例偏高，更有部分同学有恋爱期间发生性行为的经历。

第二节　中职学生性健康教育

中职学生生理上处于发育期，心理上处于敏感期，对各方面知识都处于一个渴求的阶段，尤其是在性健康方面，既是一种饥渴的需求，又是一种羞于启齿的诉求。我国中职阶段学生现有的性知识贫乏，获取性知识的途径有限，对性观念认知片面，所持性态度缺乏理性的判断。此阶段的性健康教育水平，微观上讲会直接影响到学生的一生，宏观上看会影响到整个国家的发展以及社会的稳定。我国教育部 2004 年 7 月就制定了《中等职业学校学生心理健康教育指导纲要》。近些年来，全国各地中职学校也或多或少开展了相关性健康教育，但教学模式、教学内容均不系统，同时也缺乏专门教材。

一、现有性知识情况

中职学校的核心任务是为国家培养技术技能型人才，前提是我们要保障学生的身心健康，其中性健康就是身体健康的重要健康指标之一。随着社会日新月异的发展，现代文明的推进，网络技术的不断更新，东西方文化频繁的交流，人们的生活水平不断提高，青少年的发育速度加快，性成熟提前。而我国目前婚育年龄延迟，并且性健康教育开展较晚，因此我国青少年性健康教育状况不容乐观，尤其是中职学生性健康问题更为突出。中职学生在普通教育阶段处于无人关注，甚至受到学校、同学冷落的境地，学习兴趣不高。因此，中职学生接触社会闲杂人员的机会增多，更容易受到社会不良风气的影响，由于成绩的落差使其来自家庭的关爱也比较少，他们更倾向于通过恋爱来寻求异性的关心和爱护，来满足自己自卑心理的需求，因而面临更多的性健康问题。

1. 关于青春期生理保健知识

据张幸福、何颖、许曙光等调查显示，[①]绝大多数学生知道青春期的到来在年龄上存在着差异，其中男生比例为56.2%，女生比例为54.4%；对于自慰的认知正确率男生比例为37.3%，女生比例为31.1%；女生在生理期能够做出完全正确处理方式的仅占12.3%。通过以上数字可以看出，中职学生对青春期性健康知识有一定的了解，但是由于性别不同，生理特点不同，关注点不同，认识上存在着较大的性别差异。

2. 关于怀孕和避孕知识的认知情况

上述调查还显示，对于女性排卵期的计算，男生和女生的了解比例分别为11.2%和7.4%，大约只有10%的中职学生知道易孕时间的计算方法。对于避孕方法的使用调查表明，认为应当采用避孕套进行避孕的占62.2%，采用口服避孕药的占58.3%，采用安全期进行避孕的占38.8%，采用体外排精法的为29.85%。

3. 预防性传播疾病的情况

关于避孕方法对性传播疾病和艾滋病的预防，中职学生正确认识率很低。“即使知晓程度较高的避孕套，认为其能够预防性传播疾病及艾滋病的学生只有23.6%，认为口服避孕药不能预防性传播疾病及艾滋病的有17.0%。”[②]由于近年来预防艾滋病的宣传到位，有近80%的中职学生认为性交、输血、共用针头会造成艾滋病传播，近70%的中职学生认为正常的拥抱、握手是不会感染到艾滋病病毒的。

二、获取性知识的途径

自古以来，我国对性的认识就比较传统、保守，对性知识的普及也是半遮半掩。近年来，虽然不同程度上开展了对性知识的普及，但仍存在一些问题，例如普及对象有局限性，科普读物种类偏少，获得性知识渠道不规范等。根据我们2018年对某市部分中职学校学生的调查显示，中职学生了解性知识大多有以下几个途径：

①② 张幸福，何颖，许曙光，等．中职生性与生殖健康知识，态度和行为状况调查［J］．黑河学刊，2013（4）：187.

1. 学校开设课程或讲座

部分学校会开设相关课程或定期给学生开展讲座，甚至会将学生按性别分别进行。但有的学校此类课程形同虚设，有的老师甚至会将有关性知识的章节留做自习内容。通过此渠道了解相关性知识的中职学生占到40.86%。

2. 父母进行性教育

作为父母在孩子成长过程中或多或少会给孩子进行性方面的说教，但是由于中职学生的家长大多文化水平较低，对子女的教育相对不够，尤其是许多中职学生来自农民家庭，父母的思想也较为传统，对孩子的性知识教育几乎为零。通过此渠道了解相关性知识的中职学生仅占到4.9%。

3. 通过媒体了解相关知识

网络、影视、游戏、书籍、报纸、杂志等公共资源对中职学生的影响较为深刻。当今社会疾速发展，网络、影视、游戏无处不在、无孔不入，书籍、报纸、杂志种类繁多，内容丰富。即使是在落后的乡村，孩子们也都有一部智能手机，即使在田间地头，也会有几本大众杂志。这极大地丰富了青少年的知识，当然性知识也被囊括在内。通过此渠道了解相关性知识的中职学生占到34.77%。

4. 朋友、同学相互交流

中职学生大多学习成绩不好，他们愿意通过交友、甚至恋爱来找回自信，感受关爱。对于这个年龄段的学生来讲更愿意向朋友倾诉心中的烦恼，与同学交流心得感受。通过此渠道了解相关性知识的中职学生占到17.32%。

5. 热线咨询

除了上面提及的渠道外，有部分中职学生会在遇到性困扰时，羞于向身边的家长、老师、同学、朋友去倾诉，而是选择去咨询心理热线。通过此渠道了解相关性知识的中职学生占到1.9%。

通过调查发现，现在的中职学生获得性知识的途径虽然较少，但也逐渐向多渠道、多元化发展，只是这些渠道普遍存在不直接、不规范、不全面、不理性的现象，中职学生的性知识普及渠道应该逐渐走向正规化、统一化。

三、性观念、性态度

（一）性观念

随着时代的进步，中西文化的交织，性观念也在不断地发生变化，对于性观念的内涵，我们要做一个综合性的理解。性观念是对性的总的认识和看法，包括对性生理、性心理、性行为、性道德和性文化等的理解和运用，如择偶观、恋爱观、婚姻观、性别角色、性与爱的关系等。

在西方性革命与性自由的思潮下，我国近年来在社会上也出现大量的未成年性行为，婚外恋现象也见怪不怪，甚至有人把拥有情人这种行为看作一个人能力、金钱、地位的表现。这种不正常的现象严重地影响着我国家庭道德建设，对青少年的健康成长也非常不利，尤其是在校的中职学生。

据李彩辉对中职女生调查显示，[①]可以接受婚前性行为的中职女生占 46.55%，持明确反对态度的占 32.92%，有将近 70% 的中职女生对身边朋友、同学的婚前性行为表示理解，甚至是支持；可以接受“一夜情”的中职学生占 9.84%，持明确反对态度的占 67.26%；对“一人多个性伴侣”的现象可以接受的中职女生占 11.45%，持明确反对态度的占 58.58%。以上数据说明，虽然目前的中职女生所持性观念较以前开放，对婚前性行为持一种宽松的认同的态度，但是对于“一夜情”“一人多个性伴侣”这种现象还是明确反对的。

（二）性态度

性态度是人的一种能够稳定的心理状态，它由 3 种因素构成：性认知、性情感和性行为倾向。首先性认知是最重要的，能否形成正确的性态度取决于性认知，它是人性行为的前提；性情感是人对性行为的体验，是对性生理反应的主观感受，是一个十分复杂的生理过程，性态度是否坚定与持久取决于性情感的好坏；性行为倾向是人对性行为的期待和意向，其具有较强的情境性，容易受到环境条件等因素的干扰。对于中职学生来讲，是否有正确的性态度会影响到其形成正确的恋爱观和婚姻观，影响到中职学生一生的幸福，因此，应该引起全社会的高度重视。

据李彩辉对中职女生调查显示[②]，对于恋爱中恋爱对象提出性行为要求时，中职女生做出的选择是：以感情稳定作为性行为前提的占 23.94%；以谈婚论嫁作为性行为前提的占 27.97%；以步入婚姻殿堂作为性行为前提的占 48.15%。以上数据说明大多数的中职女生性态度逐渐开放，尤其对同学、朋友的性态度比较宽容，但对自身要求还是比较严格与谨慎的。中职女生的性观念、性态度能从一定程度上反映出现代中职学生对性的认识与看法，开放的社会形势必定会引起青年学生，尤其是中职学生对性的看法的改变。

---

①② 李彩辉．中职女生性知识、性观念、性教育现状的调查分析［J］．维吾尔医药，2013(8).

第三节　中职学生的性发育特征

一、中职学生性发育特点

青春期又被称为“人类的第二次诞生”。第一性征与第二性征的出现标志着中职学生正在逐步由青少年走向成熟、长大。中职女生月经越来越规律，中职男生出现遗精现象，这些都在宣告着中职男生和女生已经达到了性成熟，他们已经具有了生育的能力。但是其生理上的发育和心理的成长都与成年人还有一定的差距，均没有达到成人水平，倘若在这个关键的时候过早地发生了性行为，必将对中职学生的身体和心理发育带来极大的影响，甚至会引发整个人生的重大改变。

男女两性除性器官以外，在外观及形体上的差异叫第二性征。步入青春期，身体外形上会发生显著的变化。中职女生主要表现为：皮下脂肪丰富；乳房逐渐隆起；声音变得尖细；骨盆变宽等。中职男生则主要表现为：嗓音低沉，喉头突出；肩宽背阔；出现胡须；身材变得高大粗壮等。因为处于青春期的皮肤皮脂腺分泌较为旺盛，会导致皮肤出现粉刺，很多中职学生的脸上都会长出或多或少的青春美丽痘，这使得许多爱美的中职学生对此极为烦恼。但不必为此担心，这是青春发育期的一种正常现象，令人烦恼的痘痘会随着年龄的长大、青春期的结束而逐渐消失。

对于中职学生来讲，正确认识和了解自己的身体变化，保持好自己良好的第二性征，完全接纳和认同自己的性身份，培养和建立健康的性观念和性态度，是性发育在生理和心理上成熟的表现。

二、中职学生早恋问题

中职学生正值青春年少、情窦初开的时期，他们就如同在雨季里即将绽放的花朵，美丽娇艳而又要经历苦难磨砺。这个时期的中职男女生们生理、心理上都发生着巨变，他们不自觉地对异性产生着好奇和好感，不由自主地想去多接触异性、多了解异性，甚至想尽办法去取悦异性，以此来获得对方的关注和青睐，由此他们也获得了前所未有的开心与快乐！这是一种非常正常的心理和生理现象。这说明我们的孩子们即将长大，他们向往美好的爱情。但是这不成熟的、单纯的、幼稚的爱慕之情并不是真正意义上的爱情，我们会把这份既美好而又稚嫩的情感称之为“早恋”。早恋，通常是指发生在比法定结婚年龄小得很多的青少年这一特定群体里的恋爱行为。这种恋爱行为的特点是恋爱者年龄偏小，生活和经济上都不能完全独立。可以肯定的是，受多种因素的诱导，中职学生发生“早恋”的比例远远高于普通高中学生。

（一）中职学生早恋比例较高的原因

1. 社会因素

近年来，社会上性自由、性开放的接受度越来越大，一次又一次地挑战着人们认知的底线，中职学生也有部分同学认同婚前同居、一夜情等不正常的现象；再有网络的普及，电影、电视、音像制品等忽视社会教育职能，一味地追求金钱利益，为博得大众的眼球，一些色情戏份越来越多，这些对逐渐成熟的中职学生来讲都是潜移默化的影响。

2. 个人因素

据调查，中职学生近70%的同学在中职阶段谈过恋爱。不少中职学生无人生职业规划，无明确学习目标，学习也没有动力。事实上，有很多初中毕业后由于成绩差，上高中无望，于是就很随意地选择一所中职学校来继续学业。据我们2018年对部分中职学校的调查显示，有近50%的中职学生在入学之前，并不了解自己所学的专业，也不清楚所学专业将来的就业去向，甚至有同学就是简单地完全听从父母的安排，根本就没有对自己将来的职业生涯进行合理规划；再者中职学生的学习基础差，学习态度不端正，没有养成良好的学习习惯，这种情况下，如果遇到自己心仪的对象，发生早恋行为的可能性很大。

3. 学校因素

职业学校教学管理宽松，教学随意性大，课余时间较多。学校各专业的课程安排和考核制度不同于高中，不追求升学率、优秀率，致使学生平时作业也比高中学校少很多，期末考试受到专业的限制，很难做到统考，对学生学科成绩要求不严格，这些都造成学生有大量的课余时间；再加上中职学校学生多是住宿生，在这样宽松的环境里，更增多了中职男女生之间的沟通与交往，无形中给学生早恋创造了便利的条件。

4. 家庭因素

缺失家庭关爱，寻求情感寄托。据我们2018年的调查显示，中职学生有10%来自留守儿童，近90%的家长没有固定的工作，有50%的家长工作忙或做短期工，和孩子基本无交流，还有近7%是单亲家庭。这些学生长期得不到关爱，甚至跟父母是无交流状态，这部分缺少家庭关爱的孩子进入青春期以后，更容易为寻求情感寄托而过早谈恋爱。

（二）中职学生早恋的危害

1. 分散精力，感情冲动，影响个人学业

中职学生因为早恋而自毁前程的不在少数。早恋者不乏一些成绩较差，品行不端者，但更多的是一些成绩优秀、出类拔萃的学生，也正是因为他们的优秀才更容易成为早恋的受害者，恋爱的美好让他们痴迷、令他们兴奋，导致少男少女们过分沉醉于爱的幻想中，全身心地投入感情使得他们无法再投入到学习当中去，以致最后耽误学业。

中职学生年龄尚小，自制力较弱，好奇心又强，心智发育不成熟。在恋爱中，极有可能百分之百地投入，认为真爱需要全部的付出，激情之下，热恋中的少男少女控制不住自己的感情而过早地发生两性关系，更有甚者，出现怀孕、堕胎、出走、自杀等悲剧，对自己的身体和心理造成极大的伤害，尤其是许多单纯而又善良的女生成为早恋的牺牲品。

2. 涣散意志，情绪不稳，影响校风、班风

中职学校每个班里基本都有谈恋爱的学生，他们毫无顾忌，在学校的每一个角落里都会留下成双成对的印迹，教室内、食堂里、操场上，甚至有的学生在大庭广众之下卿卿我我，他们的行为也会被同学当作课余饭后谈论的焦点。早恋现象不仅违反了校规、校纪，对校风、班风的树立也极为不利。

恋爱中的少男少女们情绪极不稳定，再加上他们的不成熟，无法很好地掌控自己的情绪，往往会把恋爱中的情绪带到学习中，造成同学之间的矛盾，为班级管理带来了许多不可预见的问题。在解决此类问题时，班主任老师也是常常很难找到原因而处于被动状态。

3. 开销增多，增加家庭负担

中职学生谈恋爱，无任何经济作为基础，基本上完全靠父母供给，可是他们思想不成熟，不顾一切，不考虑现实情况，出于面子或是对对方的“爱”，无节制地向父母索要，给本身就处于低收入阶层的家庭带来了更大的经济负担。据我们 2018 年对部分中职学校学生的调查显示，中职学生的消费主要用于四个方面：饮食、购物、恋爱和其他，分别占 32. 33%、28. 21%、31. 45%、8. 01%。

4. 导致犯罪，危害社会安定

据有关部门调查结果显示，中职学生过早涉足爱情，会给社会带来许多不安定因素。流氓、斗殴、盗窃等犯罪行为的发生，有很大一部分是与中职学生的早恋有关。中职学生年轻气盛好面子，不肯轻易吃亏，特别是在异性面前，更不愿意丢面子，往往会因为对方对自己的女朋友不礼貌或是举动不雅而丧失理智，大打出手，甚至聚众斗殴，以表现自己的本事。还有一些中职男生因为喜欢、追求同一个女孩，而毫无理智地发生打架、群殴的行为，在追求恋爱的道路上，不自觉间触犯法律、违法犯罪。另一方面，中职学生经济不能自立，为了满足恋爱上的物质需求，在向父母索要无果时，就会不计后果，误入歧途，诱发偷盗和抢劫，最后锒铛入狱。

第四节　中职学生性保健

一、人类的诞生及受精过程

人类生命的诞生既是一个偶然，也是一个必然。性发育成熟的女性，一年 365 天中，大约只有 30 天是可以受孕的。每两次月经第一天的间隔时间多在 20～30 天，在此段间隔的中间，女性的卵巢正常情况下都会释放一个发育成熟的卵泡，偶尔也有可能是 2 个，极特殊是多个。这个成熟的卵泡是一堆颗粒细胞簇拥着的一个次级卵母细胞。这时，我们还不能把它叫作卵细胞。等到排卵的时候，卵泡发生破裂，这个穿着透明衣服（透明带）的次级卵母细胞会被输卵管的形似喇叭的大伞（输卵管漏斗部）所接纳，次级卵母细胞向子宫的漫漫长征之路就开始了（如果在 24 小时内此次级卵母细胞没有与精子结合，那么它就会逐渐萎缩直至消失）。

就在此时，上亿个精子喷薄而出，逆流而上，在第一道关口遇到阴道酸性分泌物时，超过半数的精子将在这里阵亡，勇敢的幸存者继续前行，穿过子宫颈口，迅速游过子宫，向输卵管的壶腹部进发。在 2 小时之内，精子加速前行，它们要游过自身长度的 5 万～10 万倍的距离，只有最为健康强壮的大概 300 个精子能够经过考验，到达目的地。

最终，只有一个最为幸运的获能精子会穿过透明带，进入次级卵母细胞膜。这一刹那，透明带会发生本质性的改变，其他精子将无法再进入卵子的大门。与此同时，次级卵母细胞便开始发生蜕变，它在完成一次减数分裂之后终于蜕变成为一个真真正正的卵细胞。几个小时之后，这个承载着我们所有基因特征的卵细胞核融为一体，它将决定我们的一生。就这样，一个生命体从此诞生。任何一个生命的诞生都要经过这样一段千辛万苦的历程。因此，每一个生命都是一个强者，我们每一个生命都极其宝贵，我们每一个人都要去珍惜自己的生命。

二、认识性传播疾病

性传播疾病，又称性病，英文缩写是 STD。性病主要是通过性接触而传播的传染病，常见的性传播疾病有艾滋病、梅毒、淋病、尖锐湿疣、软下疳、生殖器疱疹、沙眼衣原体、乙型肝炎和滴虫病等。目前我国重点防治的性传播疾病共有 8 种。分别是淋病、梅毒、尖锐湿疣、生殖器疱疹、非淋菌性尿道炎、软下疳、性病性淋巴肉芽肿和艾滋病。引起性传播疾病传播的病原微生物主要有病毒、细菌和寄生虫。其中尖锐湿疣、乙型肝炎和生殖器疱疹等性传播疾病是由病毒引起的；淋病和梅毒等性传播疾病是由细菌引起的；由寄生虫引起的性传播疾病有疥疮、滴虫病和阴虱等。

性传播疾病对人类危害最为严重，发病最为广泛。主要原因在于此类疾病不只危害个人身体健康，它还会殃及家庭，坑害无辜的后代，同时严重危害社会。性传播疾病对人类健康的损害体现在诸多方面。感染性传播疾病后，倘若不被及时发现或未做彻底治疗，不仅会损伤人的生殖系统及器官，导致不孕不育，某些性传播疾病还可能损伤人体的其他重要器官，例如心脏、脑等，甚至最终导致死亡。某些性传播疾病一旦被传播上是很难治愈的，例如尖锐湿疣、生殖器疱疹。除上述危害外，还有一部分症状较轻或不表现任何明显症状的性传播疾病患者，因为他们可以通过各种性病传播途径悄无声息地传给其他身体健康的人，存在潜在的风险。

三、如何预防性侵害

性侵害，主要是指在性方面对受害人造成的各种伤害。它是在违背他人意愿的情况下，对他人发生的与性有关的行为。一般来讲，凡是一方通过语言、形体等有关性内容的侵犯或者暗示，即造成另一方心理上的反感、压抑及恐慌的，我们都可以称为性骚扰。性侵害和性骚扰是危害中职学生身心健康的常见问题。由于两性的身体条件、社会分工和家庭角色不同，相对而言，性侵害和性骚扰的对象主要以女性居多，男性相对来讲受到性侵害的人数较少。作为中职学生，此阶段也是最易受到伤害的阶段。因此，了解一些性侵害和性骚扰的基本情况，防患于未然是很有必要的。

1. 加强防范意识，提高识别能力

在思想上要给中职学生筑起防线，培养学生坚强的意志品质，提高观察事物的能力，学会识别是非曲直，不要只看表面现象，被花言巧语所蒙蔽；在交往上碰到对自己十分热情和关注的异性，不管是否相识或熟悉都要时刻加倍注意，也不要轻信刚刚结识的朋友，更不要单独同刚认识的人到陌生的地方；在外出住宿、旅游时要尽量结伴同行，对所去的地点、时间都要合理选择，出行要考虑环境的安全，尽量避免去人群拥挤或偏僻的处所，并且要多留意是否有尾随者，以在遭遇不测时及时避开或第一时间求助。

2. 约束日常行为

平时穿着朴素得体，不要追求时尚穿着过于暴露或性感的衣服；参加社交娱乐，生日派对等活动时，或与男性单独相处时，要理智、有节制地把握好自己，尤其提醒自己勿过量饮酒；时刻牢记勿贪图小便宜，尤其对异性的馈赠与邀请要学会婉言谢绝。对于社会上或校园中陌生的异性，不要把自己的真实情况随口说出，要对陌生人保持一定的安全距离；学会正确处理与异性交往的尺度，把握好分寸，对过于亲昵的举动和超出正常交往的要求，要明确表明自己的反对态度。

3. 学会保护自己

在外乘坐交通工具时，如果遇到故意抚摸或擦蹭，要勇敢地大声斥责或狠打其手，以引起大家注意，千万不要隐忍不说，要勇敢反驳；遭遇骚扰，要直接严厉地提出警告，及时避开。发现违法分子一定要及时向学校教师和保卫部门报告，学会依靠组织和运用法律武器保护自己。

第五节 中职学生生殖健康教育

生殖健康教育是对一个人终身有益的必修课，也是学校教育不可或缺的主要内容。对于现阶段的中职学生而言，生殖健康教育能够帮助中职学生塑造完美的人格、认识真实的自我、培养良好的学习习惯、形成文明的卫生习性等。因此，在中职教育阶段，学校应根据学生的性别和年龄特点，开展生殖健康教育，教育学生正视自己生理变化，解决有关性困惑问题；引导学生树立正确青春意识，建立纯洁友谊关系；帮助学生扫清青春期障碍，为学习奠定良好基础；通过生殖健康教育让中职学生形成正确的婚恋观，形成正确的性观念和性态度，为形成良好的道德品质奠定坚实的基础。

一、中职学生生殖健康教育的必要性

1. 世界各国不同程度开展青少年生殖教育

对青少年的生殖健康教育一直是世界各国都在开展的一项工作，国外的生殖健康教育开始于19世纪末的美国。我国开始的较晚，但是我国处于青春期的青少年已经达到3亿多，每年有2 000万青少年进入性成熟期，每年有600万左右青少年踏入职业学校的大门，数目之大，任务之重，尤其是相当一部分中职学生还是问题青年，对他们开展生殖健康教育是必需的。

2. 我国中职学生生殖健康教育现状不乐观

现在我国中职学生受到多元化文化思想的冲击，多数中职学生家庭经济、教育、文化基础都比较薄弱，对孩子的教育也存在很大差别。相当多的中职学生在性向往、性困惑提前的情况下，一方面缺乏性知识、性认识，另一方面又在快速接受婚前性行为，初次性行为向低龄化发展，随之带来了性传播疾病患者的低龄化。因此，对中职学生开展生殖健康教育是必要的。

3. 中职学生开展生殖健康教育有法可依

早在1988年教育部门就发布了《关于在中学开展青春期教育的通知》；1992年1月正式实施《中华人民共和国未成年人保护法》；1992年9月，原国家教委和卫计委联合印发《中小学健康教育基本要求（试行）》中，将青春期教育概括为性生理、性心理和性道德教育三个方面；2002年9月正式实施的《中华人民共和国人口与计划生育法》首次以法规形式规定在学生中开展性教育，明确学校应当在学生中，以符合受教育者特征的适当方式，有计划地开展生理卫生教育、青春期教育或者性健康教育。[①] 2008年，教育部下发《中小学健康教育指导纲要》，明确中小学健康教育的内容包括健康行为与生活方式、疾病预防、心理健康、生长发育与青春期保健、安全应急与避险，性健康教育正式纳入中小学教育体系。因此，在中职学生中开展生殖健康教育是有法可依的。

二、中职学生生殖健康教育方法

第一，集合多方力量，通过学校、家庭以及社会的共同配合，构建三者结合的优化育人网络，做到学校、家庭和社会齐抓共管，及时发现中职学生存在的生殖健康问题并集中对中职学生开展生殖健康教育，对有生殖健康困惑的中职学生单独进行辅导，从而实现学生自身生殖健康知识水平的提升，同时也有助于中职学生形成良好的道德品质，保证中职学生身心健康的发展。

第二，学校在进行生殖健康教育的过程中要制订切实有效可行的计划，要注意工作细节。例如，结合不同性别的学生、结合不同年级的孩子，采用多样化、灵活化的教育方法，学校组织校级的知识竞赛，本班可以召开主题班会。通过故事暗示、案例剖析，对中

---

① 郭兵．中职学校性健康教育的必要性［J］．中国医药指南，2008，7（14）：18.

职学生开展生动、活泼而又有意义的生殖、避孕知识及自我保护等多方面的教育，让学生懂得自尊、自爱、自信、自强，同时对学生开展相关法律教育，让他们懂得在两性相处中，要遵循一定的行为准则，从而更好地处理两性关系。引导学生从被动的学习发展到主动去解决生活实际问题，形成自我认知，达到自我教育、自我学习的目的，做到生殖健康教育教学有目标、有计划、有效果，以保证生殖健康教育的质量。

第三，理论与实践结合，实行开放式的教学。可以通过课外观摩，定期安排学生进入医院、卫生所及社区卫生中心等场所进行实地考察，安排专业人员进行性健康及生殖健康知识讲解，并且开设相应讲座。也可以通过实践教学，安排专业人员或当事人进行身体生长发育、男女性别差异、月经、遗精、情感发展、家庭组成等知识的现身说法，鼓励学生通过互相沟通交流，清楚自己身体生理周期的变化①，让学生真切了解性健康与生殖健康知识。

思考题

1. 中职学生性与生殖健康的特点是什么？
2. 中职学生获得性知识的途径有哪些？
3. 什么是性观念和性态度？
4. 中职学生发生早恋的原因和危害有哪些？
5. 什么是性侵害，中职学生应该如何预防性侵害？
6. 中职学生生殖健康教育的方法有哪些？

① 吕颖．中职生性健康教育现状的调查［J］．广西教育，2016（10）．

参考文献

[1] 徐学俊．心理与教育研究方法及操作[M]．北京:人民出版社,2013.

[2] 黄家豪．社会学与社会分析[M]．北京:中国社会科学出版社,2000.

[3] 杨延忠．健康研究:社会行为理论与方法[M]．北京:人民卫生出版社,2018.

[4] 郑杭生．社会学概论新编[M]．北京:中国人民大学出版社,2003.

[5] 胡俊生．社会学新编教程[M]．武汉:武汉大学出版社,2010.

[6] 沃林斯基．健康社会学[M]．孙牧虹等译．北京:社会科学文献出版社,1999.

[7] 李国强．社会学视域下的学校心理健康教育[M]．长沙:湘潭大学出版社,2014.

[8] 陈少峰．中华文化通志·第5典·德育志[M]．上海:上海人民出版社,2010.

[9] 毕世明．中华文化通志·第5典·体育志[M]．上海:上海人民出版社,2010.

[10] 艾思奇．辩证唯物主义历史唯物主义[M]．北京:人民出版社,1978.

[11] 李春玉,王克芳．健康教育[M]．北京:北京大学医学出版社,2015.

[12] 马毅,吴明宇,苑海燕,等．大学生生理健康教育[M]．北京:清华大学出版社,2018.

[13] 王陇德．健康管理师基础知识[M]．2 版．北京:人民卫生出版社,2019.

[14] 王卫平,孙锟,常立文,等．儿科学[M]．9 版．北京:人民卫生出版社,2018.

[15] 李林,武丽杰．人体发育学[M]．3 版．北京:人民卫生出版社,2018.

[16] 王庭槐．生理学[M]．9 版．北京:人民卫生出版社,2018.

[17] 李洪．职业健康与安全[M]．北京:人民出版社,2010.

[18] 郑振佺,王宏．健康教育学[M]．2 版．北京:科学出版社,2018.

[19] 王扬南,刘宝民．中国中等职业教育质量年度报告 2018[M]．北京:高等教育出版社,2018.

[20] 赵金垣．临床职业病学[M]．北京:北京大学医学出版社,2017.

[21] 何秀娟,徐晓强．化工安全与职业健康[M]．北京:化学工业出版社,2018.

[22] 中国营养学会．中国居民膳食指南(2016)[M]．北京:人民卫生出版社,2016.

[23] 中国营养学会．中国居民膳食营养素参考摄入量速查手册(2013 版)[M]．北京:中国标准出版社,2014.

[24] 李殿鑫．饮食营养与健康[M]．武汉:华中科技大学出版社,2011.

[25] 韦莉萍．公共营养师[M]．广州:广东经济出版社,2008.

[26] 张静．浅析中职学生的心理问题及解决办法[J]．辽宁教育行政学院学报，2009(4).
[27] 孟万金．积极心理健康教育[M]．北京:中国轻工业出版社,2008.
[28] 夏金星.职业教育心理学专题[M]．北京:北京师范大学出版社,2012.
[29] 吴增强.学校心理辅导通论——原理 方法 实务[M]．上海：上海科技教育出版社，2004.
[30] 任鹏．当前中学体育教学中存在的问题及对策分析[J]．教育理论与实践,2008(S2)．
[31] 任颖．浅谈农村中职校体育教学中存在的问题及对策[J]．科学咨询,2012(5).
[32] 田振生,张秉祥．大学体育教程[M]．保定:河北大学出版社,2010.
[33] 陈广卿．体育与健康教育学研究[M]．北京:中国水利水电出版社,2017.
[34] 彭彧华,向燕辉．青少年性健康教育研究[M]．北京:世界图书出版公司,2012.
[35] 徐明,王红枫．大学生性与生殖健康教育教程[M]．银川:黄河出版传媒集团阳光出版社,2012.
[36] 吕颖．中职生性健康教育现状的调查[J]．广西教育,2016(10).
[37] 张幸福,何颖,许曙光,等．中职生性与生殖健康知识、态度和行为状况调查——以哈尔滨市 3 所中等职业学校学生为例 [J]．黑河学刊,2013(4).
[38] 李彩辉．中职女生性知识、性观念、性教育现状的调查分析[J]．维吾尔医药,2013(8).
[39] 郭兵．中职学校性健康教育的必要性[J]．中国医药指南,2008,6(14).